KB122093

엄마, 내 마음속을 봐주세요

책이있는마을

여는 글

부모는 아이가 태어나는 순간부터 하루하루 성장하는 모습을 보며 기쁨을 느낀다. 그런데 어느 날부터인가 이상한 일이 벌어졌다. 분명 내 뱃속에서 나온 아이인데 하루가 다르게 멀게만 느껴지고 도무지 무슨 생각을 하는지 알 수가 없다.

어느 날부터인가 아이는 유치원에서 돌아오면 혼자 방에 들어가 블록놀이를 하거나, 혼자 만화영화를 봤다. 엄마를 보면 재잘재잘 떠들던 귀여운 아이는 어디로 갔을까? 엄마는 아이가 조금 더 자라면 괜찮아질 거라고 생각했지만 십대가 되자 아이가 침묵하는 시간은 더 길어졌다.

어느 날부터인가 우리 집 '꼬마 천사' 가 '꼬마 악마' 로 변했다. 나이 많은 할아버지에게 버릇없이 이래라 저래라 하질 않나, 할아버지의 등에 올라가 거침없이 말을 탄다. 심지어 땀을 뻘뻘 흘리고 있는 할아버지에게 왜 더 빨리 달리지 않느냐고 소리를 지른다. 눈이 마주치면 방긋방긋 웃기만 하던 예쁜 아이는 도대체 어디로 간 것일까?

어느 날부터인가 아이가 욕심쟁이로 변했다. 집에 최신 장난감과 맛있는 간식들이 잔뜩 있는데도 장난감이 모두 재미없다, 간식이 맛이 없다고 투정을 부리고 새 것을 사러 가자고 한다. 아이는 밖에 나가서 원하는 물건이 있으면 사줄 때까지 그 자리를 떠나지 않는다. 그런데 그렇게 원하던 장난감을 사줘도 이틀이면 시들해져서 한쪽 구석에 밀어 놓는다.

어느 날부터인가 모범생이었던 아이가 학원을 빼먹기 시작했다. 선생님이 집으로 찾아오지 않았다면 몇 달이고 계속 모르고 있을 뻔했다. 좋은 과외 선생님에게 수업을 받게 하기 위해, 좋은 학원에 보내기 위해 엄마, 아빠가 얼마나 고생하고 있는지 아이는 왜 몰라주는 걸까?

처음 태어났을 때의 벅찬 감동은 어디로 가고 이제는 아이의 변화에 초조하고 불안하기만 하다.

"왜 우리 아이는 이 모양일까? 겁도 많고 의지도 약하고……."

"우리 아이도 옆 집 아이처럼 뭐든 열심히 하면 얼마나 좋을까?"

부모들은 도무지 이해할 수가 없다. 매일 아이에게 80%의 사랑을 주고 있는데 왜 아이의 성장은 20%에 그치는 것일까!

이유가 무엇일까? 아이의 잘못일까?

아니다. 잘못은 모두 부모에게 있다. 아이들은 모두 순수하고 깨끗한 마음을 가지고 태어난다. 갓 태어난 아이는 다듬어지지 않은 원석과 같다. 이 원석을 다듬어야 하는 사람은 바로 엄마, 아빠다. 부모가 다듬기에 따라 원석은 보석이 될 수도 있고 아무 가치가 없는 돌덩이가 될 수도 있다. 그러므로 아이가 부모의 마음을 몰라주고 속을 썩일 때는 먼저 엄마로서 내 자신에게 문제가 있는 것은 아닌지 생각해봐야 한다.

아무리 돈이 많이 들어도 아이를 일류 유치원과 학교에 보내고, 남들이 좋다고 하는 학원에는 빠짐없이 보내는 엄마들이 있다. 그리고 정작 자신은 아이의 학비를 벌기 위해 아침부터 밤늦게까지 일을 한다. 그렇다면 이 아이들은 엄마가 원하는 대로 성공한 인생을 살 수 있을까? 그렇지 않을 가능성이 높다. 이 세상에서 아무리 좋은 학교와 학원이라도 엄마의 역할을 대신해줄 수는 없다. 엄마의 따듯한 관심과 사랑은 억만금을 줘도 살 수 없다. 그런데 엄마가 마땅히 해야 하는 역할을 남들에게 맡겨버린다면 그건 아이를 사랑하지 않겠다는 의미 아닐까? 엄마의 충분한 사랑을 받지 못한 아이가 어떻게 건강하게 성장할 수 있을까?

다음 질문을 읽고 아이에게 맨 처음 어떻게 반응했는지 생각해보자.

1. 아이가 피아노 연습을 하기 싫다고 할 때 당신은 아이에게 어떤 말을 했는가?

2. 자신감이 부족한 아이가 학급 반장 선거에 나가고 싶어 했을 때 충분히 격려를 해줬는가?

3. 아이가 새로 오신 선생님에 대한 불만을 이야기했을 때 어떤 반응을 보여줬는가?

문제 1 : 아이가 피아노 연습이 하기 싫다고 투정을 부렸을 때 크게 혼을 낸다면 아이는 더 이상 불평하지는 않겠지만 엄마를 피해 다니게 될 것이다.

문제 2 : 아이가 반장이 되고 싶어 한다는 사실을 전혀 몰랐다면 엄마로서 아이를 충분히 이해하지 못하고 있었다는 의미다. 어쨌든 용기가 부족한 아이를 격려해주고, 선거에서 떨어졌을 때 충분한 위로를 해줬다면 당신은 엄마의 역할을 훌륭히 해낸 것이다.

문제 3 : 아이와 함께 선생님에 대한 불만을 이야기하거나, 아이의 이야기를 가만히 듣기만 한다면 아이의 성적이 크게 떨어질 것이다. 이런 경우에는 아이가 선생님에 대해 좋은 인상을 가질 수 있도록 잘 타일러줘야 한다. 물론 선생님에게 정말 문제가 있는 거라면 학교에 찾아가 문제를 해결해야 한다.

일반적인 가정에서 자녀 교육보다 중요한 문제는 없다. 부모가 아이의 성장과정에서 나타나는 사소한 문제들을 소홀하게 여기면 언젠가 큰 문제가 되어 돌아온다. 그러므로 아이가 무엇을 필요로 하는지 매일 관심 있게 지켜보고 무엇이 필요한지 알았다면 어떤 방향에서 어떻게 도움을 줘야 할지 고민해봐야 한다.

그런데 아이의 문제를 발견하고도 이렇게 말하는 부모가 있다.

"회사 일이 바빠서 아이와 대화할 시간이 없어요."

아이와 일 중에 어떤 것이 더 중요한지 진정 모른단 말인가? 나는 이런 부모에게 아무리 바빠도 아이의 문제를 소홀히 하지 말라고 충고한다.

회사 일이 바쁜 엄마와 그런 엄마의 사랑을 갈구하는 아들에 관한 이야기를 하나 살펴보자.

다섯 살 아들을 둔 엄마가 있다. 엄마는 회사 일이 너무 바빠서 아이와 놀아주거나 함께 대화를 나눌 시간이 없다. 출근 시간이 워낙 이르다 보니 매일 아이가 잠들어 있는 시간에 집을 나서고, 야근하는 날이 많아 대부분 아이가 잠든 후에 집에 들어온다.

그런데 어느 금요일 저녁에 집에 돌아와보니 아이가 잠을 자지 않고 기다리고 있었다. 아이는 엄마가 샤워를 마치고 잠자리에 들 때까지 기다렸다가 다가와 물었다.

"엄마는 하루에 얼마나 벌어요?"

엄마는 아들의 질문에 의아한 표정을 지으며 대답했다.

"하루에 10만 원을 번단다."

그러자 아이는 기분 좋은 표정으로 아무 말도 하지 않고 자신의 방으로 돌아갔다.

다음 날은 토요일이었지만 엄마는 아침 일찍 출근해 밤늦게 집에 돌아왔다. 아이는 소파에 앉아 기다리고 있다가 대문이 열리자 반가운 표정으로 엄마에게 달려갔다.

"무슨 일 있니?"

"엄마, 5만 원만 빌려주시겠어요?"

엄마는 아이가 분명 새로운 장난감이 사고 싶어서 그런 거라고 생각했다.

"사고 싶은 것이 생겼니?"

"네. 엄마의 시간을 하루 사고 싶어요. 그런데 제가 5만 원밖에 모으지 못했거든요."

이야기 속 아이처럼 세상에는 엄마, 아빠의 사랑을 갈망하는 아이들이 너무나 많다. 물론 모든 아이가 엄마 혹은 아빠의 시간을 돈으로 사겠다는 생각을 할 수 있는 건 아니다. 그렇기 때문에 많은 아이들이 마음의 병에 걸린다. 내성적인 아이는 점점 고독하고 우울하게 변해가고 하루 종일 자기만의 세계에 갇혀 있으려고 한다. 반면 외향적인 아이는 학교를 빠지고 PC방에 가는 등 부모의 관심을 불러일으킬 수 있는 일이라면 뭐든지 한다.

바쁘다, 힘들다……. 아이를 외면하는 이유는 너무나 많다. 그러나 모두 핑계일 뿐이다. 아이와 대화를 나누는 것이 학교에서 수업을 하는 것처럼 오랜 시간과 준비가 필요한 일인가? 만약 그렇다면 방법이 잘못된 것이다. 사실 직접 이야기를 나누지 않아도 따듯한 눈빛과 손길로 아이와 교류할 수 있다. 이런 것들은 조금만 시간을 투자해도 충분히 실천할 수 있는 것들이다.

모든 엄마는 아이에게 최고의 심리치료사다. 아이는 엄마를 통해 어떻게 말을 해야 할지, 어떻게 행동해야 할지를 배우고 보이지 않는 사랑 속에서 건강한 심리를 가진 아이로 성장한다.

그런데 안타깝게도 이런 역할에 소홀한 엄마들이 너무나 많다. 아이는 엄마의 거울이다.

게으르고 산만한 아이는 엄마 역시 그럴 가능성이 높고, 냉담한 아이를 보면 엄마의 인간관계도 그리 좋지 않을 거라는 사실을 예상할 수 있다. 또 아이가 거칠고 폭력적이라면 엄마의 감정 조절 능력이 떨어진다고 생각할 수 있다.

아이의 심리에 심각한 문제가 나타날 때까지 기다렸다가 방법을 찾는 바보 같은 부모가 되지 않기를 바란다. 아이들은 일단 마음에 상처가 생기면 어떤 방법으로도 처음처럼 되돌리기 힘들다. 왜 아이의 심리가 건강할 때 더 좋은 방향으로 이끌어주지 못할까?

유년기 아이들은 하루가 다르게 성장한다. 아이들의 심리는 어른들이 상상하는 것보다 훨씬 빠르고 민감하게 발달한다.

아이들은 몇 살 때 사람에 대한 신뢰를 배우게 될까?

아이들은 언제부터 반항하기 시작할까?

아이들의 성격이 형성될 때 주의해야 할 점은 무엇일까?

이런 질문의 답을 찾고 싶다면 지금 이 책을 펴보길 바란다. 아이의 심리를 정확하게 이해하고 있어야만 증상에 맞는 올바른 처방을 내릴 수 있다. 또 부모로서 공부를 게을리하지 않고 끊임없이 자기 자신을 발전시켜야만 아이라는 원석을 아름다운 보석으로 다듬을 수 있다.

차 ◯ 례

Chapter 3 부모는 최고의 심리치료사다

Chapter 4 아이의 행동 뒤에 숨겨진 진실

Chapter 5 아이의 기질에 따라 교육 방식도 달라야 한다

Chapter 6 당근과 채찍을 적절히 이용하라

아이의 부정적인 정서 해소하기

심리 장애는 제때 치료받는 것이 가장 중요하다

건강한 심리는 부모의 노력으로 만들어진다

Chapter 10 아이에게 성공의 씨앗을 심어주자

Chapter 11 부모의 잘못된 교육 바로잡기

아이의 마음은 결코 단순하지 않다

Chapter 1

〈짱구는 못 말려〉라는 만화영화를 본 적이 있는가? 이 만화영화를 본 적이 있다면 아이들의 정신세계가 결코 단순하지 않다는 사실을 알게 될 것이다. 보통 아이들과 마찬가지로 엄청난 개구쟁이인 짱구는 어른들을 손바닥 위에 올려놓고 온갖 장난을 친다. 그러고는 어른들이 화를 내기라도 하면 자신은 아무것도 모른다는 듯 또 다른 장난을 준비한다.

니체는 아이들이야말로 타고난 철학가라고 말했다. 그렇다. 아이들의 모든 행위는 그들의 생각을 반영하는 것이다. 그러니 당신 아이의 머릿속이 굉장히 단순하리라는 착각은 버려라. 때로는 어른들보다 훨씬 복잡한 생각을 하고 있을 테니 말이다.

완벽한 것에 민감한 시기 : 부모의 역할이 중요하다

엄마와 세 살 난 딸아이가 주말에 함께 놀이공원에 놀러갔다. 한참을 놀다 보니 다리도 아프고 갈증이 났다. 엄마는 가방에서 사과를 꺼내 아이에게 건넸다. 커다란 사과를 건네받은 아이는 기분이 굉장히 좋아 보였다.

엄마가 말했다.

"아가, 엄마랑 나눠 먹을까?"

엄마는 과도를 꺼내 사과를 반으로 잘라 아이에게 건넸다. 그런데 이를 본 아이가 갑자기 큰 소리로 울기 시작하더니 엄마가 잘라준 사과 반쪽을 화를 내며 땅으로 던져버렸다. 엄마는 화가 났지만 아이를 달래기 위해 할 수 없이 가방에서 사과 하나를 더 꺼내 건넸고 그제야 아이는 울음을 그쳤다.

아이는 엄마랑 사과를 나눠 먹는 것이 싫었던 걸까? 아니다. 이 시기의 아이는 완벽한 것에 민감하다. 이제 아이는 사물을 관찰할 때 사물 그 자체에 관심을 갖기보다는 그것이 가져다주는 정신적인 만족감을 더 중요시한다. 이는 아이의 정신세계 발달에 매우 중요한 부분이다.

이 시기에 아이는 주위 사물이 자신의 심미적 요구에 부합하는지, 완전한 것인지를 굉장히 중요하게 생각한다. 어떤 사물을 좋아한다는 것은 그것의 본래 형태까지도 좋아한다는 뜻이다. 그래서 완전한 형태의 사물을 발견하면 신대륙을 발견한 것처럼 기뻐하지만, 사물의 형태가 손상되어 있다거나 자신이 원하는 형태가 아니면 화를 내며 울거나 사물을 자신이

마음속으로 생각하는 원래 모양대로 복구하기 위해 노력하는 것이다. 이런 사정을 모르는 어른들은 아이가 버릇이 없다거나 고집이 세다는 오해를 하기 쉽다.

사실 먼저 잘못한 사람은 어른이다. 아이가 마음속에 그려놓은 '완벽한 형상'을 파괴하고 그들이 좋아하는 사물을 불완전한 형태로 만들었으니 아이로서는 화가 나지 않겠는가! 어른들이 조금만 생각을 바꾼다면 아이의 행동이 자신이 좋아하는 사물을 보호하기 위한 것이었음을 깨닫게 될 것이다. 그러한 행동은 아이가 사물의 아름다움을 감상하고 그것을 아끼는 첫걸음이기도 하다.

아이가 어떤 사물에 집착하기 시작하면 완벽한 것에 민감한 시기로 접어든 것이 아닌가 생각해보고 아이의 요구를 만족시켜줘야 한다. 완벽한 것을 추구한다는 것은 아이가 아름다운 것을 좋아한다는 의미다. 그러므로 이런 요구를 만족시켜주면 아이의 미적 감각을 발달시키는 데 도움이 된다. 잘못해서 아이가 추구하는 완벽한 형태를 깨뜨렸다면 다시 복구할 수 있도록 도와주도록 한다. 그래야 막무가내로 떼쓰는 아이를 달랠 수 있다.

0~6세는 아이들이 완벽한 것뿐만 아니라 질서, 언어 등에도 매우 민감한 시기다. 이 특정 시기에 아이들은 주변 사물의 특징을 온몸으로 받아들이고 내적인 요구가 만족될 때까지 혹은 익숙해질 때까지 반복해서 받아들인다.

각종 민감한 시기를 순조롭게 보내고 나면 아이의 지적 능력은 한 단계 더 발달한다. 교육 전문가들은 이런 시기를 학습이나 교육의 핵심 시기로 여긴다. 이때 충분히 발달을 마친 아이들은 열린 사고와 명석한 두뇌를 갖게 되며 정서적 안정감이 강해진다고 한다. 또한 사물의 특징과 본질을 더욱 깊이 이해할 수 있게 된다. 그러므로 부모는 이 특수한 시기를 아이가 순조롭게 보낼 수 있도록 도와주고 아이의 마음을 다치게 하는 일이 없도록 주의해야 한다.

0~1세 영아기 :
기본적인 신뢰를 쌓는 단계

세상에 갓 태어난 아기만큼 무소불위의 권력을 휘두를 수 있는 사람이 있을까? 아기가 입을 삐죽거리며 울기 시작하면 부모는 열 일 제쳐놓고 달려와 기저귀를 갈아줘야 하는지, 배가 고픈지, 목이 마른지 확인한다. 0~1세 아기들은 세상에서 가장 약한 존재다. 무엇이든 스스로 할 수 있는 능력이 없기 때문에 어른들의 보살핌으로 생리적 욕구를 충족해야 한다.

아기는 자신이 신호를 보내면 부모가 반응한다는 사실을 금세 알아차린다. 울기, 소리 지르기, 발버둥치기 등은 모두 아기가 부모에게 보내는 신호다. 아기가 이런 신호를 보내면 부모는 반응을 하고 상응하는 욕구를 만족시켜준다. 이렇게 신호를 보내고 부모가 반응을 하는 과정이 반복되면서 아기는 태어나서 처음으로 신뢰감을 갖는다. 바로 부모에 대한 신뢰감이다.

어떤 엄마들은 아기가 배가 고플 때 특유의 울음소리를 낸다는 사실을 알고 있다. 이런 경우 아기는 어느 정도 울다가 그치고 엄마가 오기를 기다리며, 다른 대부분의 경우에도 아기는 기다림을 통해 원하는 보상을 얻

게 된다.

아기가 엄마를 기다린다는 것은 엄마와 기본적인 신뢰감이 쌓였다는 것을 의미한다. 그리고 엄마가 부름에 반응할 때마다 이런 신뢰감은 더욱 강해진다. 만약 엄마가 즉시 응답해 아기에게 규칙적인 보살핌을 제공하고 기본적인 생리 욕구를 만족시켜준다면 아기는 이 세상이 믿을 만한 곳이라는 신뢰를 갖게 된다. 다시 말해 아기는 부모가 주는 만족감에서 안정을 얻는다. 이런 아이들은 나중에 긍정적이고 자신감 넘치며 적극적인 성격의 아이로 자라난다.

반대로 자신의 요구가 부모의 응답을 받지 못하거나 규칙적인 만족을 얻지 못했을 때 아기는 자신을 통제하지 못하고 울거나 더 이상 부모를 믿지 않게 된다. 이렇듯 부모가 아기의 기대를 자주 저버리고 실망을 안겨주면 아기와 부모 사이의 신뢰감이 점점 깨지고, 그러다 보면 아기는 세상에 대한 불신과 두려움을 갖고 주변 사람들에게도 냉담하게 된다. 이런 아이들은 나중에 비관적이고 우울하며 불안한 성격의 아이로 자랄 가능성이 매우 높다.

0~1세 아이들의 신뢰감은 단계별로 쌓인다. 심리학자 프로이트는 0~1세 시기를 구순기라고 정의하고 이를 다시 두 시기로 구분했다. 첫 번째 시기는 0~6개월 때로 이 시기에 아기의 세계에는 '대상이 없다'고 보았다. 아기는 편안함과 즐거움을 추구할 뿐 사람과 사물에 대한 의식이 없고 누군가와 분리된다는 것이 어떤 의미인지 모른다. 두 번째 시기는 6~12개월 때로 이 시기부터 아기는 타인에게 관심을 갖기 시작하고 특히 엄마와 떨어지게 되면 굉장히 불안해한다.

그렇기 때문에 아기는 6개월 때까지는 엄마와 안정적인 신뢰감을 쌓았

다고 하더라도 떨어지는 것에 크게 반응하지 않는다. 하지만 6개월 이후에는 전혀 다르다. 만약 이때 부모가 아기의 기대를 만족시켜주지 못하면 아기의 불신은 더욱 커지게 된다. 그렇다고 해서 6개월 이전에 신뢰감 형성을 소홀히 해도 된다는 의미는 아니다. 어떤 시기든 아기에게 불신감을 심어주면 아이의 일생에 영향을 미치게 될 것이다.

아이와 기본적인 신뢰감을 쌓을 수 있는 방법은 어떤 것들이 있을까? 다음에 소개하는 방법들을 참고해보자.

민감하게 반응하라

민감한 부모는 아기와 더욱 끈끈한 관계를 형성할 수 있다. 이들은 아기에게 무엇이 필요한지, 아기를 어떻게 달래줘야 할지 더욱 잘 이해한다. 신생아를 한 달 정도 키워보면 부모는 자신이 아기의 요구를 즉각 알아차릴 수 있는 민감한 양육자인지 아닌지 구분할 수 있게 된다.

아기의 울음소리를 구분하라

아기는 울면서 태어나 그 뒤로도 틈만 나면 운다. 아기의 울음소리는 크게 두 가지로 구분할 수 있다. 첫 번째는 생리적인 울음으로 배가 고프거나 기저귀가 축축해서 누군가의 보살핌이 필요하다는 뜻이다. 두 번째는 심리적인 울음으로 불안함을 느껴 누군가 달래주기를 바라는 것이다. 아기의 울음소리를 잘 구분하지 못하는 부모라면 아이를 키워본 어른들의 도움을 받는 것도 좋다. 첫 번째 울음의 경우 아기의 생리적 욕구를 곧바로 만족시켜주고, 두 번째 울음의 경우 아기를 안아서 달래줌으로써 불안을 해소해준다.

아기와 스킨십을 자주 하라

아기의 피부는 매우 민감해서, 아기는 피부를 통해 부모의 사랑을 느낀다. 부모와의 스킨십은 아기가 안정감과 즐거움을 느낄 수 있게 해주며 아기의 부정적인 정서를 해소해줄 수 있다.

0~1세는 아기가 기본적인 신뢰감을 쌓는 시기로 엄마와 아기가 부모 자식 관계를 형성하는 중요한 시기다. 아기가 앞으로의 인생을 스스로 잘 이끌어나갈 수 있도록 부모는 이 시기에 최초의 신뢰감을 잘 형성해줘야 한다. 절대 아기가 아무것도 기억하지 못할 거라고 여겨 냉담하게 반응하거나 중요한 교육 시기를 놓치는 실수를 저질러서는 안 된다.

아기의 3세 이전 기억은 어디로 갔을까

부모로서 아이가 처음 작은 입을 오물거리며 '엄마', '아빠' 라고 말할 때만큼 기쁜 순간이 또 있을까? 부모는 아이가 드디어 자신의 존재를 기억해준다고 생각할 것이다. 그러면서 자신이 엄마나 아빠라고 불릴 수 있음이 얼마나 감사한 일인지 모른다고 여길 것이다. 그리고 아기가 뱃속에 있었던 10개월과, 아기에게 젖을 먹이고 기저귀를 갈아주느라 수고했던 시간들이 모두 가치 있는 시간이었다고 감격할 것이다.

하지만 얼마 지나지 않아 아이의 기억력이 뭔가 이상하다는 점을 발견하게 된다. 아이는 분명 2주 전에 만났던 얼룩무늬 강아지를 보며 이렇게 말하는 것이 아닌가!

"아빠, 어제 본 멍멍이예요!"

심지어 1년 전에 본 할아버지와 할머니 얼굴은 전혀 기억하지 못하는 듯하다. 손주를 끔찍이 아끼는 할아버지 할머니로서는 실망이 클 따름이다. 하지만 아기가 세 살이 넘으면 이런 상황은 더 이상 벌어지지 않으니 실망할 필요는 없다.

왜 아이는 강아지를 언제 봤는지 기억하지 못하는 걸까? 왜 분명 만난 적 있는 할머니와 할아버지의 얼굴을 기억하지 못하는 걸까? 아기의 기억은 도대체 어디로 간 것일까? 지금부터 0~3세 아기들의 기억력에 감춰진 비밀을 파헤쳐보자.

유아기 때 아기의 기억은 두뇌에 보존되는 시간이 비교적 짧고 나이가 많아질수록 사물을 기억하는 시간이 점차 길어진다

3개월 된 아기는 그저께 처음 본 사물을 기억할 수 있고, 이 시기부터 낯을 가리기 시작한다. 기억력을 통해 익숙한 사람과 낯선 사람을 구분할 수 있기 때문이다.

5개월이면 2주 전에 처음 본 사물을 기억할 수 있다.

9개월부터는 활동 기억능력이 발달하기 시작한다. 이때 아기의 뇌는 눈앞에서 일어나는 일들을 정확하게 포착한다. 이전에는 갖고 놀던 장난감을 아기의 시야 밖으로 치워버리면 그 존재를 금방 잊어버렸지만 이 시기부터는 장난감을 숨기면 의식적으로 찾으려 할 것이다.

1세 특히 2세 이후 아기의 기억력은 빠르게 성장해 자신이 경험한 일들과 사물을 기억할 수 있는 시간이 길어지는데, 이것은 두뇌의 용량이 증

가했기 때문이다.

3세 전후의 아기는 몇 주 전의 일들까지 기억해낼 수 있다. 그렇기 때문에 여러 달 동안 할아버지와 할머니를 보지 못한 아이는 그들을 기억하지 못하는 것이다.

아기의 기억은 정확성이 떨어지고 쉽게 잊어버린다

3세 전 아기의 기억은 정확성이 매우 떨어진다. 아기들의 기억은 단편적이고 완전하지 못하며 세세한 내용이 빠졌거나 순서가 바뀐 경우가 허다하고 사건과 시공간을 임의로 조합하기도 한다. 그래서 아기들은 의도하지 않은 '진실한 거짓말' 을 자주 하게 된다.

이 밖에도 3세 이전의 아기들은 기억한 것을 자주 잊어버리고 꽤 오랜 시간이 지난 일들은 대부분 기억하지 못한다. 그래서 '3세 기억의 공백' 현상이 생기는 것이며, 심리학에서는 이런 현상을 '유년시절의 건망증' 이라고 부른다.

대부분의 부모는 아이가 기억을 쉽게 잊어버린다는 특징 때문에 3세 이전에는 기억력 훈련을 소홀히 하는 편이다. 하지만 이는 분명 잘못된 것이다. 이 시기에 아기의 기억력은 매우 빠르게 발달한다. 그러므로 기억력을 향상시킬 수 있도록 훈련하면 아이의 지능 발달에 도움을 줄 수 있다. 특히 2세는 아이의 기억력 발달에서 가장 중요한 시기다. 이 시기에 부모가 기억력 향상 훈련을 잘 시키면 아이는 평생 뛰어난 기억력을 갖게 될 것이다.

그렇다면 어떻게 아이의 기억력을 향상시킬 수 있을까?

생동감 있고 다양한 소리와 선명한 색감이 드러나는 사물을 훈련 소재로 사용한다

0~3세 아기들은 색깔이 선명하고 생동감 있게 움직이는 사물에 흥미를 느낀다. '놀이터', '자동차', '비행기', '기차' 등의 구체적인 사물을 엄마 아빠가 반복적으로 알려주면 아이는 이를 기억한다. 물론 아이 스스로 식사 때 먹었던 음식이나 주변에서 볼 수 있는 사물이나 그림을 인식하도록 하는 방법도 있다. 하지만 아이는 이런 사물이 구체적으로 무엇인지 연결 지어 생각할 수 없으므로 부모가 여러 번 반복해서 알려주며 기억력을 강화시켜주는 것이 좋다.

기계적인 기억을 이용해 훈련한다

3세 이전의 아이는 아직 어리기 때문에 지적 경험이 부족하고 이해를 통해 기억하는 능력이 없다. 이때 부모는 아이가 흥미를 보이는 사물이나 이미지가 선명한 사물을 기계적으로 여러 번 반복해서 알려준다. 그러면 아이의 뇌는 설령 그 사물이 무엇인지 이해하지는 못하더라도 카메라처럼 이미지를 포착한다. 또 아이의 기계적인 기억을 이용해 단어나 동요를 외우게 할 수도 있다. 그런 다음 부모가 적절한 때에 그 의미를 설명해주면 시간이 지남에 따라 이해를 통한 기억이 가능하게 된다.

다음은 기억력 향상 훈련에 도움이 되는 구체적인 방법이다.

● 물건이 들어 있는 상자 찾기

아이의 흥미를 불러일으키려면 먼저 상자 두 개로 훈련을 시작하는 것이 좋다. 두 개 중 한 개의 상자에 물건을 넣고 어떤 상자에 물건이 들어

있는지 아이가 맞혀보도록 하는 것으로, 아이가 물건이 들어 있는 상자를 능숙하게 찾을 수 있게 되면 상자의 수를 점점 늘린다. 이 훈련을 반복하다 보면 상자의 개수를 열 개로 늘리고 그중 세 개의 상자에 물건을 넣어도 정확하게 찾을 수 있을 만큼 기억력이 향상된다.

● 없어진 물건 알아맞히기

책상 위에 몇 가지 물건을 올려놓고 아이가 1분 정도 그것을 관찰하도록 놔둔다. 그런 다음 그중 한 가지 물건을 숨기고 아이에게 어떤 것이 없어졌는지 말해보도록 한다. 물론 이 방법 역시 물건의 개수를 점차 늘려가는 것이 좋다.

● 친구 사귀기

아이를 데리고 밖으로 나가 또래 친구들과 함께 놀도록 한다. 아이가 친구와 어느 정도 익숙해지고 나면 간단한 질문들을 해보자. "친구 이름은 뭐니?" "친구랑 뭐 하면서 놀았어?" 이렇게 하면 아이의 기억력을 향상시킬 수 있을 뿐만 아니라 사교 능력도 키울 수 있다.

● 동네 산책하기

아이와 길을 걷다가 가게 앞을 지나가게 되면 이렇게 물어보자.

"방금 저 가게 입구에 어떤 물건이 있었지?"

아이의 흥미를 높이기 위해 서로 알아맞히기 게임을 해보는 것도 좋다. 동요를 외우게 하는 것 역시 훌륭한 방법이다. 하지만 반드시 주의해야 할 점은 아이가 싫어하는 것을 억지로 외우게 하거나 지나치게 강요해서 필요 이상의 스트레스를 주면 안 된다는 것이다.

3~12세를 왜 '시멘트 시기'라고 할까

네 살 딸을 둔 한 엄마가 하소연했다. 집에서는 누구보다 활발한 아이가 밖에만 나가면 엄마 뒤로 숨어버린다는 것이다. 아이는 친구들과 함께 있을 때도 어울리지 못하고 늘 혼자 주변을 서성인다고도 했다. 열 살 아들을 둔 또 다른 엄마는 아이가 학교 수업이 끝나면 친구들과 한참을 놀아야만 집에 들어온다고 걱정했다. 한번은 아들에게 학교 수업이 끝나면 먼저 집에 들어왔다가 다시 나가서 놀라고 얘기했더니 화를 내며 방문을 쾅 닫고 들어가 저녁식사도 거른 채 나오지 않더라는 것이다. 집에 들어왔다가 다시 나가라는 말이 그렇게 화를 낼 만한 일일까?

아이들은 가르쳐주지 않아도 언제부터인가 화를 내고 고집 피울 줄 알게 된다. 또 어느 날부터인가 내향적이고 소심한 성격으로 변하거나 이기적이고 폭력적인 성향을 드러내기도 한다. 부모들은 아이의 이런 변화에 당혹감을 감추지 못한다. 하지만 조금만 주의 깊게 관찰했다면 아이의 문제는 하루아침에 갑자기 생겨난 것이 아니라는 사실을 알게 될 것이다. 이제 막 태어난 신생아들도 자신의 기분을 표현할 줄 안다. 아기는 돌이 지나면 점차 자아의식이 생겨 성격이 형성되기 시작하고 자신만의 방법으로 만족과 불만을 표현하게 된다. 그리고 이후의 성장과정에서 꾸준히 자신의 성격과 성향을 형성해나간다.

아이의 성격은 아주 오랜 시간을 거쳐 형성되는 것이 아니다. 아이의 심리는 특정 시기에 아주 빠르게 발달하는데, 심리학자들은 3~12세를 성

격이 형성되는 가장 중요한 시기로 본다. 이 시기는 다시 두 단계로 나눌 수 있다. 첫 번째는 3~6세 시기로 '마르지 않은 시멘트' 단계, 두 번째는 7~12세 시기로 '굳어가는 시멘트' 단계라 부른다. 이 두 단계를 거치면서 아이의 심리는 빠르게 발달하고 성격과 성향이 서서히 자리 잡게 되므로, 이 시기에 부모가 아이의 심리가 보내는 신호를 잘 포착하고 관심을 기울인다면 아이는 좋은 성격을 형성할 수 있다.

앞에서 언급한 성격 형성의 두 핵심 단계를 조금 더 자세히 알아보자.

마르지 않은 시멘트 단계

마르지 않은 시멘트 단계는 3~6세 시기로 아이의 성격 형성에 가장 중요한 때다. 이 시기에 성격과 생활방식의 80~90%가 형성된다. 자신감, 감정이입 능력, 표현력, 독립심 등이 모두 이 단계에 형성되는 것이다. 하지만 이런 성격을 아이 혼자서 형성할 수 있는 것은 아니다. 반드시 부모의 관심과 도움이 필요하다. 부모는 독립적이고 긍정적이며 자신감 있는 아이로 성장할 수 있도록 이 시기에 아이의 마음을 잘 들여다봐야 한다.

이 시기에 부모는 아이에게 낯선 사람들과 대면하기, 친구들과 어울리기, 함께 나누기, 새로운 친구를 사귀기, 질서 지키기 등을 가르쳐줘야 한다. 이때 아이들은 우정이라는 개념이 무엇인지 잘 모르지만 친구들과 어울려 놀 줄 안다. 만약 아이가 친구들을 괴롭히고 놀이를 방해한다면 사이좋게 어울리는 법을 가르쳐줘야 한다. 부끄럼이 많은 아이도 관심을 기울여야 하는 대상이다. 부모는 아이가 사람들을 자주 만날 수 있도록 도와주고 자기 자신을 드러낼 수 있는 기회를 제공해 자신감을 심어줘야 한다.

만약 당신이 다혈질의 부모라면 이 시기에 자신의 감정을 잘 조절해야 한다. 말썽을 피울 때마다 화를 낸다면 아이의 성격도 점점 신경질적으로 변하게 된다. 게다가 이런 상황이 반복되다 보면 아이는 관찰과 분석을 통해 당신의 화를 돋우는 방법을 터득하고 불만이 있을 때 일부러 당신을 화나게 할 것이다.

굳어가는 시멘트 단계

굳어가는 시멘트 단계는 7~12세 시기다. 이때 아이의 성격은 85~90%가 이미 형성된 상태이며 학업에 대한 부담이 늘어나 공부와 생활습관이 형성되는 단계다. 이 시기에는 주로 아이의 의사 결정 능력, 집중력, 갈등 해결 능력, 스트레스 해소 능력 등이 발달하므로 부모는 이런 능력을 키워줄 수 있도록 주의를 기울여야 한다. 또 이 시기 아이들은 독립하고자 하는 욕망이 강해져 자기만의 생각과 행동양식으로 점차 외부의 제약에서 벗어나고자 한다.

이 단계의 아이들은 사회성이 발달해 단체 생활을 좋아하며 생각하고 행동할 때 자신이 속한 무리의 영향을 받기 쉽다. 어떤 아이들은 이 시기에 평생을 함께할 친구를 만나기도 한다. 그러므로 부모는 아이의 교우관계에 특별히 신경을 써야 한다. 아이가 남들과 비교하기를 좋아하고 늘 자기보다 강한 사람을 질투한다면 이를 적절히 조절해주고, 아이가 친구들과 어울리지 못한다면 그 원인을 찾아 상황을 개선해줘야 한다. 굳어가는 시멘트 단계에서 이런 문제를 오래도록 방치한다면 이후에는 완전히 굳어버린 시멘트처럼 더 이상 손을 쓸 수 없게 된다.

아이는 친구들과 교류하는 과정에서 자신감을 키우고 자신의 가치를 깨닫는다. 학업 성적 또한 아이의 자존심과 직결되는 중요한 요소이므로

부모는 좋은 공부 습관을 기르도록 도와줘야 한다. 이때 집중력과 창의력도 소홀히 해서는 안 된다. 아이가 성적이 나빠 자신감이 떨어져 있다면 더 많이 격려해줘야 한다. 성적이 나쁘다는 이유로 계속 혼을 낸다면 아이는 공부에 흥미를 잃어버리게 될 것이다. 아이의 성적보다 심리 건강이 훨씬 중요하다는 사실을 잊지 말자.

아이에게는 어떤 경험이 중요할까

70~80년대 태어난 아이들이 이제는 대부분 부모가 되어 아이에게 자신의 어린 시절 이야기를 들려준다.

"아빠가 어렸을 때는 말이야, 나무에 올라가고 담벼락을 넘으면서 놀았어."

그러면 아이들은 눈을 동그랗게 뜨고 물을 것이다.

"나무에 올라갔다고요? 담벼락을 넘어요?"

만약 당신이 지렁이를 낚싯바늘에 꿰어 물고기를 잡았다고 말하면 아이의 눈은 한층 더 커질 것이다. 요즘 아이들은 이런 것들을 경험할 기회가 거의 없기 때문이다. 요즘 아이들은 너무 바쁘다. 아침 일찍 가방을 메고 학교에 가고, 하교 후에도 친구들과 마음껏 뛰어놀 수도 없다. 학원에 가거나 엄마가 시키는 대로 얌전히 집에 돌아와 숙제를 해야 한다.

아이가 지금의 당신 나이가 되어 어린 시절을 되돌아봤을 때 어떤 기억을 떠올릴지 한 번쯤 생각해봤는가? 매일 숙제와 씨름하고, 억지로 피아

노 연습을 하고, 이 학원 저 학원을 열심히 뛰어다니던 기억일까? 아마도 컴퓨터 게임을 하거나 텔레비전을 보면서 바보같이 웃고 있는 기억도 있을 것이다. 만약 당신의 아이가 이런 어린 시절을 보내고 있다면 당장 멈춰야 한다. 이것은 아이가 원하는 어린 시절이 아니라 어른들이 강제로 그렇게 살도록 만든 어린 시절일 뿐이다. 이런 생활은 아이의 건강한 성장에 전혀 도움이 되지 않는다.

심리학자들은 어린 시절의 경험이 그 사람의 개성, 기질, 태도, 가치관, 사고방식을 형성하고 발전시키는 데 결정적인 역할을 한다고 말한다.

프로이트는 이렇게 말했다.

"인간의 성장과 사상의 발전은 모든 이전 단계의 발전과 현 단계의 발전이 공존하며 서로를 이끌어줌으로써 이루어진다. 그러므로 어린 시절에 필요한 경험을 하지 못한 아이는 이 시기의 결핍 때문에 이후에도 온전하지 못한 인생을 살게 된다."

그렇다면 어린 시절에는 어떤 경험이 필요할까?

놀이를 통해 얻는 즐거움

놀이는 아이에게 두 번째 생명이라고 할 수 있을 만큼 중요하다. 아이들은 먹고 노는 것을 가장 좋아한다. 아이는 놀이를 통해 여러 가지 새로운 경험을 하는데 이 모든 것이 학습의 과정이다. 중국의 저명한 교육가인 천허친(陳鶴琴)은 저서 《어떤 부모가 되어야 하는가》에서 "부모라면 아이가 놀 수 있는 충분한 시간을 제공하고 그들의 놀 권리를 빼앗아서는 안 된다."고 말했다.

하지만 대부분의 부모는 아이들의 놀 권리를 빼앗는다. 통계에 따르면,

아이들이 놀아야 할 나이에 마음껏 놀게 해주겠다는 부모는 22.1%에 불과했다. 중국에서 4~12세 아이들은 대부분 학교와 학원을 왔다 갔다 하느라 바빴다. 4~10세 아이들 중 51.6%는 방과 후에 학원에 다니거나 과외 수업을 받았고 이 중 30%는 2개나 2개가 넘는 과외 활동을 했다. 10~12세 아이들 중 학원에 가거나 과외 수업을 받는 비중은 61.9%나 됐다.

놀이가 없는 유년 시절은 너무나 비참하다. 놀지 못하면 아이들은 몸과 마음이 건강하게 성장할 수 없다. 놀이는 단순히 논다는 행위를 넘어 아이들 생활의 일부가 되어야 한다.

사랑에 대한 경험

사랑은 인간의 가장 위대한 감정이자 건전한 인격을 형성하는 중요한 요소다. 사랑은 내면에서 우러나오는 따뜻하고 친절한 감정으로 깊은 이해와 수용이 바탕을 이룬다. 부모의 사랑은 아이가 태어나서 가장 처음 접하는 감정으로 행복하고 따뜻한 기억으로 남는다. 아빠의 든든한 어깨와 엄마의 부드러운 손길은 유년 시절 아이에게 줄 수 있는 최고의 선물이다.

부모가 사랑의 행위가 나와 남에게 얼마나 큰 즐거움을 줄 수 있는지 경험해볼 수 있는 기회를 제공한다면 아이는 친절하고 배려심 깊은 사람으로 성장할 것이다. 사랑이 많은 아이는 길을 가다가 무거운 짐을 들고 가는 어르신을 본다면 먼저 다가가 도와드릴 것이다. 설령 상대방으로부터 고맙다는 인사를 듣지 못해도 아이의 마음은 즐겁다.

그러나 모든 아이들이 부모의 사랑을 온전히 경험하는 것은 아니다. 부모로부터 차별과 냉대를 받은 아이는 사랑을 받고 또 표현하는 능력을 키울 수 없게 된다. 종종 자식이 부모를 증오해 때리거나 심지어 살해했다는 끔찍한 뉴스를 접한다. 그런데 이런 문제들은 사실 부모가 어린 시절 자녀에게 충분한 사랑을 경험시켜주지 못했기 때문에 일어나기도 한다.

성공에 대한 경험

에이브러햄 매슬로(Abraham H. Maslow)는 인간주의 심리학에서 인간의 5단계 욕구를 제시했다. 그중 최고단계가 바로 자아실현, 즉 자신의 필요와 이상을 모두 실현하는 욕구다. 아이에게도 자아실현의 욕구가 있다. 세 살 된 아이가 나무 블록을 높이 쌓은 후 엄마 아빠에게 달려가 자신이 빌딩을 만들었다고 기뻐하며 자랑한다. 이때 아이는 성공을 통한 자아실현을 경험하게 되는 것이다.

우크라이나의 교육철학자 바실리 알렉산드로비치 수호믈린스키(Vasily Aleksandrovich Suhomlinsky)는 이렇게 말했다.

"아이들은 성공의 기쁨을 통해 스스로 공부하고 싶다는 열망을 갖는다. 그러므로 어른들은 아이들에게서 이런 내적인 동기가 사라지지 않도록 주의해야 한다. 자발적인 동기가 사라지면 아무리 훌륭한 교육 방식도 모두 소용없게 된다."

따라서 공부를 좋아하는 아이로 키우려면 혼을 내고 잔소리하기보다는 긍정적인 말로 격려를 아끼지 않아야 한다.

책임과 독립에 대한 경험

대학생들의 취업 현황을 알아본 조사에서, 20%가 넘는 대학생들이 졸업 후에도 여전히 캥거루족(대학 졸업 후 취직할 나이가 되었음에도 취직하지 않고 부모에게 얹혀사는 부류) 생활을 계속하고 있는 것으로 나타났다. 이들은

취업할 수 있는 능력이 충분한데도 부모에게 의존하고 있었다. 심리학자들은 캥거루족 젊은이들이 대부분 유년 시절에 책임감과 독립심에 대한 경험이 부족해 성인이 되어서도 계속 부모에게 의존하게 되는 것이라고 말한다.

아이가 부주의해서 의자에 걸려 넘어졌음에도 대부분의 부모는 이렇게 말한다.

"의자 나빠! 누가 우리 귀한 아들을 넘어지게 했지!"

왜 아이에게 더 조심하라고 말하지 않는 것일까? 아이도 주의하지 않으면 넘어지는 결과를 감당해야 한다는 사실을 알아야 한다.

어렸을 때는 부모에게 의존하는 것이 당연한 일이다. 하지만 부모는 아이가 어리다고 해도 책임감과 독립심을 가르치지 않으면 안 된다. 무조건 부모에게 의존하도록 놔두면 아이는 결국 쓸모없는 어른으로 자라게 된다.

사실 어린 시절에 가장 중요한 것은 아이가 자연스럽게 성장하도록 지켜봐주는 것이다. 이 과정에서 부모는 올바른 방향으로 인도해주고 아이가 사회에 잘 적응할 수 있는 기반을 다지도록 도와줘야 한다.

아이의 첫 경험은 모두 중요하다

아이의 여러 가지 '첫 번째' 행위는 보통 부모가 주의를 기울이지 않을 때 일어난다. 그런데 몸과 마음의 건강한 성장은 여러 가지 첫 번째 행위로부터 시작된다는 사실을 알아야 한다. 부모는 매일 조금씩 자라는 아이의 모습을 보며 감탄하는 데 그치지 말고 아이가 처음 만나는 선생의 책임을 소홀히 해서는 안 된다. 아이의 건강한 심리 성장에 중요한 역할을 하는 첫 경험에 대해 알아보자.

첫 번째 미소: 감정 교류의 시작

생후 2개월 된 아기는 눈앞에 있는 엄마 아빠나 다른 사람의 얼굴을 빤히 쳐다보며 손발을 움직이거나 미소를 짓는다. 이것은 아기가 보이는 맨 처음 교류 방식으로 감정 교류를 시작함을 의미한다. 아기가 미소를 지으면 부모는 손을 쓰다듬거나 품에 안고 얼굴을 마주보는 등의 반응을 보여줘야 한다. 또 "아가야, 웃으니까 정말 사랑스럽구나!"라고 말해줄 수도 있다.

미소를 지었을 때 부모가 적극적인 반응을 보이면 아기는 다음에도 익숙한 사람들과 미소를 지으며 교류할 것이고 이를 통해 사랑을 확인한다. 부모가 작은 장난감이나 색깔이 선명한 손인형으로 아이와 놀아주며 미소를 유도하면 몸과 마음이 더욱 건강하게 성장하는 데 도움이 된다.

첫 번째 옹알이: 소통의 시작

생후 4~7개월 된 아기는 소리 내어 옹알이를 하고 표정도 다양하게 짓는다. 이때 부모가 자주 말을 걸어주면 얼마 후 아이로부터 '엄마', '아빠'라는 말을 듣게 될 것이다. 아기에게 말을 할 때는 두서없이 얘기하기보다는 단어를 여러 번 반복하는 것이 좋다. 쉬운 단어부터 조금씩 난이도를 높여 아이에게 자신감을 심어주도록 한다.

첫 번째 넘어짐: 시련에 마주하기

생후 9개월이 되면 아기는 걷는 법을 배운다. 인생의 첫 걸음마를 떼려면 수없이 넘어져야 한다. 아기가 넘어졌을 때 다친 것이 아니라면 부모는 바로 일으켜 세워주기보다는 스스로 일어날 수 있도록 격려해줘야 한다. 그리고 아기가 스스로 일어나 걸음마에 성공하면 "정말 대단해!"라고 칭찬해준다.

아기는 넘어짐으로써 세상의 모든 일이 한 번에 이루어지는 것이 아니라는 사실을 깨닫는다. 넘어졌다면 반드시 혼자 힘으로 다시 일어나야 한다. 그래야만 이후에 실패를 경험했을 때 쉽게 포기하지 않고 독립심도 강해진다. 아이는 자라면서 수많은 실패를 경험한다. 옷을 입을 때, 세수를 할 때, 이를 닦을 때도 마찬가지다. 그런데 아이는 여러 가지 실패를 경험하면서 성장하며 이로써 인내심과 독립심을 기르게 된다.

물론 어떤 일을 처음 시도할 때는 부모의 도움이 필요하지만, 어느 정도 시간이 지나면 아이도 숙련되고 조금씩 완벽해진다. 뒤처리가 귀찮다거나 아이가 다칠까 봐 모든 일을 부모가 대신 해준다면 아이는 점점 의존적인 아이로 자라나, 틀림없이 혼자 할 수 있는 일도 시도하기 두려워하거나 허둥지둥하게 된다.

첫 번째 호기심: 새로운 사물 받아들이기

걸음마를 떼고 나면 아이의 시야는 훨씬 넓어지고 호기심도 늘어난다. 집에 있는 소파, 엄마의 털실 뭉치, 아빠의 면도기 등 보이는 모든 것이 신기하다. 이때 부모는 아이의 호기심을 꺾으려고 하지 말고 이것이 지능 발달에 얼마나 중요한 부분인지 이해해야 한다. 부모가 아이의 발견을 공유

하면 아이는 탐색하고 설명을 듣는 과정에서 새로운 것을 학습하게 된다.

아이가 뜨개질 바구니에서 털실 뭉치를 발견했다고 치자.

"아가야, 착하지. 얼른 내려놓으렴. 엄마가 장갑을 만들어줄 실이란다."

엄마가 이렇게 말하면서 곧바로 털실 뭉치를 빼앗는다면 아이의 호기심은 더 이상 발전하지 못하고 앞으로의 학습과 성장에도 나쁜 영향을 끼치게 될 것이다. 그러므로 아이가 잠시 갖고 놀게 하거나 비슷한 물건을 찾아서 함께 놀아주는 것이 좋다.

물론 아이가 함부로 만지면 안 되는 물건들도 있다. 사고를 예방할 수 있도록 이런 물건들은 아이의 시선이 닿지 않는 곳에 보관하도록 한다.

아이의 첫 사랑, 부모: 타인을 사랑하기

아이가 어느 정도 나이를 먹으면 부모의 사랑을 깨닫게 된다. 그리고 엄마 아빠가 자신을 사랑하듯이 자신만의 방식으로 엄마 아빠에 대한 사랑을 표현한다. 예를 들어 엄마에게 물을 따라준다거나 아빠의 구두를 닦아준다거나 하는 식이다. 이때 아이는 자신의 행동을 어른들에게 인정받고 싶어 한다. 그러므로 아이가 친절을 베푼다면 설령 그 행동이 완벽하지 않더라도 칭찬해줘야 한다. 이렇게 하면 아이는 타인을 사랑하는 법을 배우고 차차 측은지심과 동정심이 무엇인지도 이해하게 된다.

첫 번째 화내기: 감정 조절 배우기

아이들이 화를 내는 이유는 대부분 부모가 자신의 '비합리적인' 요구를 들어주지 않았기 때문이다. 아이가 이런 이유로 화를 냈을 때 부모가 요구를 들어주거나 달래주면 아이는 화를 내는 것이 옳은 일이라고 생각

한다. 그리고 나중에도 같은 방식으로 목표한 바를 얻으려고 할 것이다. 그러나 아이가 화를 낸다고 해서 체벌하는 것은 금물이다. 체벌은 아이가 진심으로 반성하게 하기보다는 부모의 힘에 어쩔 수 없이 굴복하는 만드는 것밖에 되지 않는다.

이럴 때 좋은 방법은 아이를 모른 척하는 것이다. 어느 정도 시간이 지나면 아이는 자신이 화를 내도 아무 소용 없다는 사실을 깨닫게 된다. 아이의 마음이 진정되었을 때 무엇이 잘못되었는지 가르쳐주면 아이도 쉽게 받아들인다. 아이는 이제 화를 내도 소용없다는 사실을 알았기 때문에 앞으로 화를 내지 않도록 노력할 것이다.

첫 번째 유치원과 학교: 단체 생활의 시작

유치원은 아이가 처음으로 부모를 떠나 단체 생활을 시작하는 곳이다. 갑작스러운 환경 변화는 아이의 심리에 많은 영향을 끼친다. 그러므로 부모는 유치원에 가기 전에 아이와 친구들, 장난감, 놀이, 선생님 등에 관해 자주 이야기를 해주어 낯선 곳에 가는 두려움을 없애줘야 한다.

초등학교 입학은 아이에게 공식적인 사회생활의 시작이다. 하지만 모든 아이들이 첫 학교생활에서 성취감을 얻는 것은 아니다. 학교는 어쨌든 서로 경쟁을 하는 곳이다. 그렇다고 아이가 시험을 못 봤거나 다른 활동에서 성적이 안 좋았을 때 혼을 내는 것은 아이를 더욱 위축시킬 뿐이다.

"○○는 저렇게 좋은 성적을 받았는데 너는 이게 뭐니? 이제 봤더니 수업 시간에 집중 안 하고 딴짓만 했구나!"

하지만 세상에 나쁜 성적을 받고 싶어 하는 아이는 없다. 그러니 아이의 입장이 되어 생각해보면 그 마음을 헤아릴 수 있을 것이다. 만약 아이

가 당신에게 이렇게 말한다면 기분이 어떻겠는가!

"아빠는 왜 그렇게 못났어요? 내 친구 아빠는 외제차를 타고 다니는데 아빠는 왜 자전거를 타고 다녀요?"

첫 번째 나쁜 습관: 잘못된 행동 고치기

많은 아이들이 처음에는 욕을 하고 다른 사람을 때리는 것이 잘못된 행동임을 모른다. 그리고 자신의 행동이 어떤 결과를 낳을지도 생각하지 못한다. 부모는 아이가 처음으로 나쁜 행동을 했을 때 곧바로 그것이 잘못임을 알려줘야 한다. 그렇지 않고 방치한다면 결국 나쁜 행동이 습관이 되어 고치기 힘들어진다.

아이의 첫 번째 경험은 아주 중요하다. 아이가 첫 번째 경험을 했을 때 부모가 올바른 방향으로 지도해야 나중에 시행착오를 덜 겪고 성공한 인생을 살 가능성도 높아진다.

행복하지 않은 아이들

한 교사가 학급 토론 시간에 이런 주제를 내놓았다.

'행복이란 무엇일까?'

아이들이 모두 열심히 고민하고 있을 때 한 장난꾸러기 남학생이 말했다.

"하늘에서 폭탄이 떨어져 학교를 폭파해버렸으면 좋겠어요! 그럼 정말

행복할 것 같아요."

이 남학생의 말이 끝나자마자 아이들은 모두 환호성을 지르며 박수를 쳤다. 선생님은 이 남학생을 혼내지 않았다. 아이의 마음이 얼마나 불행했으면 그런 말을 했을까 하는 생각이 들어서다.

한 설문조사에서 50%의 아이들이 자신이 행복하지 않다고 대답했다. 요즘 아이들은 '재미없어', '지루해' 같은 말들을 입에 달고 산다. 이런 말을 들었을 때 부모로서는 화가 치밀어 오른다. 엄마 아빠는 아이 학원비를 벌기 위해 죽어라 일하고 아이들이 원하는 것이라면 뭐든 해줬는데 도대체 왜 행복하지 않다는 것일까? 이유는 간단하다. 요즘 아이들은 너무 많은 스트레스를 받고 있기 때문이다.

아이들이 가장 행복하지 않다고 생각하는 시기는 8세, 14세, 17세 때다. 이 시기는 아이들이 새로운 학교에 진학하는 때이므로 갑자기 스트레스가 증가할 수밖에 없다. 그래서 이 시기에 아이들은 심리적으로 굉장히 힘든 시간을 보낸다.

8세는 아이가 초등학교에 입학하는 나이다. 아이들은 지금까지와는 완전히 다른 환경을 접하면서 두려움에 사로잡힌다. 14세는 초등학교를 졸업하고 중학교에 진학하는 나이다. 이 시기는 대부분의 아이들이 사춘기를 겪는 때로 여러 가지 생리적인 변화로 두려워하고 혼란스러워한다. 17세는 고등학교에 진학하는 나이다. 공부에 대한 스트레스로 늘 긴장해 있다.

이 시기에 아이들은 정서적으로 혼란스러운 시간을 보내지만 이 문제를 어떻게 해결해야 하는지 모르는 경우가 많다. 그런데 많은 부모들이 아이가 학교를 빼먹거나 자살 같은 극단적인 선택을 했을 때가 되어서야 사태의 심각성을 깨닫는다. 심지어 아이가 자신의 문제를 힘들게 얘기했음에도 대수롭지 않게 넘겨버리는 경우도 있다.

사실 이런 문제의 근본적인 원인은 부모와 자녀 사이에 소통이 부족하기 때문이다. 많은 부모들이 아이들의 '물질적인 수요'를 채워주느라 바쁜 나머지 '정신적인 수요'를 채워주는 것을 잊어버린다. 오늘날 가정교육이 지닌 가장 큰 문제점이라고도 볼 수 있다. 부모는 아무리 바쁘더라도 아이들이 보내는 'SOS'를 절대 무시해서는 안 된다.

아이가 행복하지 않다는 것은 아이 혼자만의 문제가 아니다. 학교를 빠지고 PC방을 전전하는 아이들의 심리는 일탈을 통해 부모에게 경고를 보내려는 것이다. 과잉행동(생리적으로 나타나는 과잉행동은 제외), 주의력 결핍, 등교 거부, 우울증, 폭력적인 행동, 각종 신체의 이상신호 등은 모두 불행한 아이들이 부모에게 보내는 신호다.

부모가 조금만 주의 깊게 관찰하면 아이들이 보내는 SOS를 포착할 수 있다. 신호를 발견했을 때는 즉시 반응하고 아이와 대화할 수 있는 적절한 기회를 만들어 무엇이 문제인지 털어놓도록 해야 한다. 아이와 대화를 충분히 했다면 이제는 아이의 스트레스를 덜어줄 차례다. 잠시 시험 성적 이야기를 내려놓고 방학 동안에는 학원 대신 짧은 여행을 다녀오는 것도 좋다.

아이들의 1차·2차 반항기에 어떻게 대비해야 할까

아이가 요즘 들어 말을 잘 듣지 않거나 아무것도 아닌 일로 사사건건 부모와 충돌한다면 반항기에 접어든 것이 아닌

지 살펴봐야 한다. 심리학자들은 2~5세, 12~15세 시기를 두 번의 특수한 심리 성장기라고 칭한다. 이 시기에는 아이들의 반항 심리가 두드러지게 나타나는데, 이 시기에 아무런 반응이 나타나지 않는다면 오히려 이상 발달을 의심해봐야 한다.

반항기에 접어든 아이들은 쉽게 화를 내고 다른 사람이 자기 일에 간섭하는 것을 몹시 싫어한다. 심리학자들은 아이들의 반항 심리가 두드러지는 이 시기를 1차 반항기와 2차 반항기로 구분한다.

이 시기에 어떤 특징이 나타나는지 살펴보고 그에 맞는 교육 방법을 알아보자.

1차 반항기

2~5세 시기로, 어른들의 말을 듣지 않고 모든 일을 혼자서 하려고 한다면 이는 아이가 1차 반항기에 접어들었다는 표시다. 이때 아이의 목적은 부모에게 반항하려는 것이 아니라 자립하고 자기주장을 피력하려는 것이다.

아이가 "내가 혼자 할래!"라고 말하는 것은 자기주장이 생겼다는 신호다. 아이는 이제 자신이 주변 사람들과 환경에 영향력을 끼칠 수 있다는 사실을 깨달은 것이다. 이것은 심리 성장 측면에서 굉장히 큰 도약이다. 늘 어른들이 해주는 대로 고분고분 따르던 아이가 어느 날 "내 마음대로 할 거야!"라고 말하면 부모는 아이가 반항한다고 생각할 수도 있지만 사실 이 시기의 반항은 아이의 심리가 빠르게 성장하고 있다는 증거다. 이때는 독립심과 자신감을 높일 수 있는 중요한 시기이기도 하다.

이 시기에 아이는 완전히 혼자서 걷는 법을 터득하고 언어능력과 스스로 생각하는 능력도 발달한다. 이렇게 아이는 자아를 표현하고 세상을 탐색할

준비를 미친다. 자아가 발달함에 따라 아이는 자신의 방식대로 주변을 탐색하며, 자유로운 탐색 활동을 제약당하거나 간섭받고 싶어 하지 않는다. 만약 간섭을 받는다면 '반항' 적인 행동으로 자아를 지키려고 할 것이다.

아이는 아직 무엇이 옳고 그른지, 또 무엇이 위험한 행동인지 모를 때이므로 어쩔 수 없이 부모의 간섭을 받는다. 이때 아이는 탐색을 계속하기 위해 울거나 떼를 써서 불만을 표현하는 것이다. 그러니 이런 행동을 부모에 대한 반항으로 생각해서는 안 된다.

막무가내로 떼를 쓰는 아이 때문에 부모는 골치가 아프다. 하지만 아이 입장에서 생각해보면 그 마음이 조금은 이해가 될 것이다. 2~5세 무렵의 아이들은 아직 자신의 감정을 조절하는 능력이 부족해 불만이 생기면 그 자리에서 곧바로 표출한다. 하지만 조금 더 나이를 먹으면 자신의 감정을 에둘러 표현하거나 불만을 드러내면 엄마 아빠가 화내지 않을까 눈치를 볼 줄도 알게 된다. 그래도 이맘때 아이들은 비교적 단순하고 귀여운 편에 속한다.

그러면 1차 반항기에는 아이를 어떻게 교육해야 할까?

부모가 다음 몇 가지 사항만 주의하고 올바른 방향으로 이끌어준다면 아이는 1차 반항기를 순조롭게 보내고 건강하게 성장할 수 있을 것이다.

●아이의 화를 무조건 받아주지 않는다

화를 낼 때 계속 받아주기만 하면 아이는 이다음에도 자신이 원하는 것을 얻으려고 같은 방법을 사용할 것이다. 그러다 보면 습관적으로 화내고 떼쓰는 아이로 자라게 된다.

●아이에게 좋은 모범을 보인다

아이는 모방 능력이 강하다. 그래서 부모가 자신의 감정을 조절하지 못

하고 자주 화를 낸다면 아이 역시 부모를 따라 하게 된다.

● 자아를 표현할 수 있는 기회를 제공한다

이 시기에 아이는 독립적으로 행동하려는 의식이 강해지므로 부모는 아이 혼자 할 수 있는 일을 제공하고 노동의 결과를 존중해준다. 결과가 완벽하지 않다고 해서 아이가 보는 앞에서 부모가 다시 하는 것은 좋지 않다. 이런 행동은 직접 해보고자 하는 적극성을 꺾게 될 뿐이다.

● 규칙을 정하고 일관되게 훈육한다

부모는 규칙과 질서를 정해놓고 아이를 훈육할 때 일관된 모습을 보여줘야 한다. 아빠는 이런 방식을, 엄마는 저런 방식을 사용해 아이를 혼란스럽게 만들면 안 된다.

● 아이를 이해하려고 노력하고 대화를 나눈다

아이와 감정적으로 진심어린 교감을 나눠야 한다. 또 반항적인 행동을 보일 때는 먼저 아이의 생각이나 감정을 이해해주고 그런 다음 잘못된 행동을 지적하도록 한다. 무엇보다 아이와 자주 대화하고 감정을 살피는 것이 중요하다.

2차 반항기

2차 반항기는 12~15세 시기로 사춘기라고도 한다. 이 시기에 아이는 2차성징을 거치면서 신체적으로 정신적으로 성숙해 부모의 간섭에 반감을 갖고 반항적인 행동을 한다. 외국의 한 심리학자는 이 시기를 '심리적 번뇌기' 또는 '부모의 속박에서 벗어나기 위한 전투기' 라고 표현했다.

이 시기가 되면 이전에 말을 아주 잘 듣던 아이도 갑자기 말을 듣지 않고 걸핏하면 화를 낸다. 또 무슨 일이든 부모와 상의 없이 자기 마음대로

하려고 들고 충동적이고 무모한 행동을 한다.

게다가 아직 사회 경험이 부족하기 때문에 다양하고 복잡한 심리 문제를 경험하게 된다. 그러므로 부모는 아이가 겪고 있는 심리 문제에 주의를 기울여 올바른 방향으로 이끌어줄 수 있어야 한다. 이때 적절히 대응하지 못하면 아이는 마음의 병이 생겨 심각한 경우 가출하거나 심지어 자살을 하기도 한다.

한 가지 주목할 만한 점은 반항심이 강한 아이일수록 이 시기를 무사히 보내면 독립심과 의지가 더욱 강해진다는 것이다. 그러므로 무슨 일이든 대담하게 도전하고 끈기 있게 밀고 나감으로써 나중에 성공할 확률도 높아진다.

이 시기에 부모는 다음과 같은 점에 주의해야 한다.

● 아이를 압박해서도 방임해서도 안 된다

아이의 반항심을 억누르려고 하면 더 큰 반항심을 일으킬 뿐이다. '억압이 있는 곳에 반란이 일어난다' 는 말이 이 시기 아이들에게도 적용되는 셈이다. 그렇다고 무조건 방임해서도 안 된다. 아이에게 문제가 발견되었을 때는 적절한 지도를 해줄 수 있어야 제멋대로 성장하는 것을 막을 수 있다.

● 타율을 자율로 바꾼다

말을 잘 듣는 아이가 꼭 착한 아이는 아니다. 부모의 말을 잘 듣지 않을 때는 대화를 통해 지금까지 억지로 해왔던 일들을 자율적으로 할 수 있도록 유도해보자. 그러면 반항심도 사그라지고 독립적인 아이로 자랄 수 있다.

만약 아이가 이 두 시기를 별 탈 없이 보낸다면 더욱 건강한 심리를 갖게 되고 의지력과 창의력도 크게 발달하게 되므로 부모는 절대 아이의 반항기에 소홀하게 대처해서는 안 된다.

아이들은 '작은 어른'이 아니다

올해 여섯 살인 유나는 누구에게나 사랑받는 꼬마 숙녀다. 워낙 말솜씨가 좋아 누구를 만나든 반갑게 인사하고 어른처럼 악수를 나눈 뒤 자연스럽게 대화를 이어나간다. 대화의 주제는 사회문제에서 일상의 일들까지 다양해 모르는 게 없을 정도다. 그뿐만이 아니라 유나는 일상적인 행위를 할 때도 또래 아이들보다 성숙하다. 스스로 밥을 먹고 옷을 입는 것은 물론 양치와 세수까지 해서 한 번도 엄마 아빠 속을 썩여본 적이 없다. 엄마는 유행에 따라 유나의 머리를 갈색으로 염색해주고 예쁜 원피스와 모자와 선글라스까지 사줬다. 유나가 걸어가면 지나가는 사람들이 모두 한 번씩 돌아볼 정도다.

하지만 유나는 결코 즐겁지 않았다. 어른들이 그러는 것처럼 가끔 멍하니 있기도 하고 이유 없이 울음을 터뜨리기도 했다. 그런데 엄마 아빠가 이유를 물어보면 금세 아무 일도 없었다는 듯 눈물을 닦고 웃음을 지었다. 유나는 무엇이든 어른처럼 척척 해낼 수 있는데도 왜 즐겁지 않은 걸까? 왜 다른 아이들처럼 자신의 고민을 부모에게 털어놓지 못하는 걸까?

정상적으로 발달한 아이는 2~6세가 되면 자아의식이 생겨 이전처럼 부모 말에 무조건 따르지 않는다. 아이는 부모의 제약에서 벗어나고 싶은 동시에 의존 심리 때문에 부모의 사랑과 보호를 받고 싶어 한다. 그래서 이 시기에 심리적인 갈등을 겪기도 한다.

그러나 유나의 경우는 조금 다르다. 여섯 살이지만 또래 아이들처럼 부모 말을 거스르는 행동은 거의 하지 않는다. 유나는 엄마 아빠에게 철저

힌 훈련을 받아 학식과 교양을 두루 갖춘 꼬마 숙녀였다. 유나는 사람들에게 칭찬을 듣는 것이 좋았다. 그래야 엄마 아빠가 기뻐하기 때문이다. 물론 말을 잘 들으면 원하는 것을 얻을 수 있으니 자신에게도 나쁠 것은 없었다. 하지만 유나의 마음은 즐겁지 않았다. 그래서 종종 혼자 멍 때리거나 울음을 터뜨렸지만 자신의 마음을 엄마 아빠에게 어떻게 설명해야 할지 몰라 감정을 억눌렀다.

결국 유나의 성숙함은 자신의 천성을 억눌러 얻은 대가였다. 하지만 여섯 살 유나에게 필요한 것은 성숙함이 아니라 엄마 아빠에게 "싫어."라고 얘기하고 자신이 좋아하는 꽃무늬 치마를 입고 어른들 앞에서 재롱을 피우는 천진난만함이다.

아이가 고분고분 말을 잘 들으면 자녀 교육에 성공했다고 자신하는 부모들이 있다. 하지만 이는 부모 혼자만의 생각일 뿐이다. 아이는 아이다워야 하는데 조숙한 '작은 어른'으로 만들어 너무 일찍 어른들의 세계로 들어서게 하는 것은 아이를 열등한 교육의 희생양으로 만드는 것밖에 안 된다.

일본의 아동심리학자 야마시타 도시로(山下俊郎)는 조숙한 아이에 대해 다음과 같이 말했다.

"조숙함은 아동의 건강한 성장에 부정적인 영향을 끼친다. 조숙하다는 것은 마땅히 지니고 있어야 하는 아동의 특징을 일찍 상실했다는 의미다. 천진난만함을 상실하면 즐거운 유년 시절은 그만큼 짧아진다. 아이에게는 결코 좋은 일이 아니다."

그는 선천적으로 조숙한 아이라 해도 부모가 마땅히 주의를 기울여야 한다고 강조했다.

그렇다면 어째서 전문가들은 조숙한 아이에 대해 우려를 나타내는 것일까? 또래보다 성숙한 것처럼 보이는 '작은 어른' 들이 사실 심리적으로는 완전히 성숙하지 못했기 때문일 것이다. 그들이 보여주는 성숙함은 그저 어른들의 행동을 모방하는 것에 불과하다. 이런 상황이 계속되면 아이는 다른 사람을 모방하는 데만 치중해 자아를 제대로 인식하지 못하게 되고 어른이 되어서도 독립적인 사고와 생활이 어려워진다.

아이들의 조숙함은 사회적인 분위기와도 무관하지 않다. 어른들의 옷을 축소해놓은 것 같은 아동복, 낯선 사람들의 칭찬 등이 아이들을 너무 빨리 자라게 했다. 또 아이들을 위한 만화영화, 텔레비전 프로그램, 서적 등이 부족해지면서 아이들은 자연스럽게 어른들의 콘텐츠에 노출되었고 아이로서 지녀야 할 특징들을 잃어버리게 되었다. 그래서 한 교육 전문가는 아이를 아이답게 키우려면 교육의 힘도 중요하지만 사회적인 분위기가 뒷받침되어야 한다고 말했다.

어쨌든 가정에서는 아이가 '작은 어른' 으로 자라는 것을 방지하기 위해 엄마 아빠가 주의를 기울여야 한다.

아이의 조숙함을 칭찬하지 마라

칭찬이 교육에 효과적인 것은 사실이지만 잘못된 부분마저 칭찬하다 보면 오히려 역효과가 생긴다. 아이가 어른 흉내를 내려고 할 때는 칭찬하지 않는 것이 좋다. 예를 들어 어린 여자 아이가 엄마의 립스틱을 바르고 하이힐을 신으려고 한다면 마땅히 못하게 해야 한다. 유나의 사례처럼 엄마가 먼저 나서 머리를 염색해주고 어른들처럼 옷을 입히는 것은 삼가야 한다.

또래 친구들을 많이 만나도록 도와줘라

오늘날 많은 가정에서는 아이를 하나밖에 낳지 않기 때문에 아이가 어른들과 보내는 시간이 더 많아졌다. 그러나 사실 어른들은 아이들의 놀이 상대로 적합하지 않다. 그러므로 부모는 아이가 밖으로 나가 또래 아이들과 어울릴 수 있는 시간을 많이 만들어줘야 한다. 또래 아이들과 함께 어울리다 보면 조숙함도 어느 정도 누그러진다.

어른들의 문화와 오락은 되도록 피하라

많은 부모들이 아이와 함께 자신이 좋아하는 TV 프로그램을 시청한다. 그러니 아이가 어려서부터 어른들의 세계를 접하게 되는 것은 자명한 일. 아이의 나이에 맞는 만화영화를 함께 시청하는 것은 어떨까? 틀림없이 얻는 것이 훨씬 많을 것이다.

아이들도 아이 나름의 성미가 있다. 오늘은 종일 시무룩하게 있다가 다음 날 집 안을 엉망진창으로 만들고, 그다음 날에는 온갖 핑계를 대며 부모에게 대든다. 이럴 때 부모는 대수롭지 않게 넘기지 말고 아이의 심리 건강을 잘 살펴봐야 한다. 현재까지 세계적으로 아동의 심리 건강에 대한 정확한 기준은 없지만, 사춘기 아동을 기준으로 살펴봤을 때 심리적으로 건강하다고 평가되는 아이들은 일반적으로 다음과 같은 특징을 지니고 있다.

정상적인 지능 발달

해당 연령의 지능 발달 수준을 충족한다면 아이의 지능이 정상적으로 발달하고 있다고 보면 된다. 부모는 아이의 관찰력, 이해력, 언어능력, 상상력, 사고능력, 추리능력 등 다양한 영역이 고루 발달하고 있는지 살펴보도록 한다. 일반적인 아이라면 연령이 증가함에 따라 지능도 발달한다. 8세 아이의 지능이 3세 때와 다를 바 없다면 지능 발달이 정상적으로 이루어지지 않은 것이다.

지능 발달 수준이 실제 연령에 부합하다면 심리적으로도 건강하다는 의미다. 지능은 아이들마다 조금씩 차이가 나는데 IQ 85~115 사이가 일반적이다. 만약 IQ가 70에 못 미친다면 발달이 지연되고 있는 것으로, 적응능력이나 학습능력이 떨어지고 심리 발달에도 문제가 나타날 가능성이 높다. 반대로 IQ가 120을 넘는 아이들도 부모가 주의 깊게 지켜봐야 한다. 이런 아이들 역시 적응 능력이 떨어지고 불균형한 발달이 나타날 수 있다.

안정적이고 긍정적인 정서 발달

심리적으로 건강한 아이는 매사에 긍정적이고 적극적이다. 두려움이나 슬픔 같은 부정적인 정서를 느껴도 오래 지속되지는 않는다. 건강한 심리를 가진 아이들은 대부분 활발하고 다른 사람을 대할 때도 상냥하다. 그렇다 보니 어른들로부터 칭찬을 자주 받고, 칭찬을 받으면 긍정적인 정서는 더욱 강화된다.

아이에게 초조함, 두려움, 우울함 같은 부정적인 정서가 자주 나타나거나 오랫동안 지속되면 심리적으로 건강하지 않다는 신호다. 이런 아이들은 부모나 선생님들에게 혼날 때마다 더욱 큰 심리적 압박을 느끼며, 때로는 자신의 감정을 일부러 억압하기도 한다.

정확한 자아 인식

아이는 돌이 지나면 서서히 자아를 인식하게 되므로 부모가 올바르게 지도해주면 자아는 정상적으로 발달한다. 심리적으로 건강한 아이는 자존감이 높고 자기 자신을 비교적 객관적으로 평가하며 자신의 단점을 고치려고 노력한다. 또 자신의 미래에 대해 현실적인 목표를 세우고 꿈을 자신 있게 이야기한다.

반면 심리적으로 건강하지 않은 아이는 자아 인식이 비교적 단편적이고,

자주 위축되거나 열등감에 사로잡히는 등 자존감이 낮은 편이다.

안정적이고 유연한 사고방식

사고방식이나 개인의 성격은 선천적인 요소와 후천적인 요소가 합쳐져 만들어진다. 사람마다 성격이 다르기 때문에 각자 고유한 심리적 특성과 행동양식이 나타난다. 심리적으로 건강한 아이는 대부분 안정적이고 유연한 사고방식을 갖고 있다. 또 책임감과 자제력이 강하다.

하지만 올바른 사고방식이 형성되지 않은 아이는 시련과 좌절을 견디지 못하고 자제력이 없으며 집중력도 낮은 편이다. 이들은 자신의 감정을 조절하지 못해 작은 일에도 쉽게 화를 내고 강력한 자극에도 냉담한 반응을 보인다.

원만한 인간관계

심리적으로 건강한 아이는 적극적으로 행동하기 때문에 인간관계가 원만한 편이다. 이들은 타인을 존중하고 이해하려고 노력하며 함께 나눌 줄 알고 포용하는 자세로 다른 사람과 교류한다. 친구를 대할 때도 진실하기 때문에 타인의 신뢰를 쉽게 얻는다.

하지만 심리적으로 건강하지 않은 아이는 다른 사람과 협력하지 못하고 인간관계에 소극적이다. 또 타인에게 무관심하고 동정심이 결여돼 있으며 의심이 많은 편이다. 그래서 단체 활동에서 늘 위축되어 있다.

연령에 맞는 심리 발달

자신의 아이가 일찍 철이 들었다고 좋아하는 부모들이 있지만 이것은 심리적으로 건강한 것과는 무관하다. 오히려 일찍 철이 든 아이들이 심리적으로 건강하지 않은 경우가 더 많다. 아이는 아이다운 생기와 활기가 있어야 한다. 너무 일찍 성숙해버린 아이들은 각종 심리적인 문제가 나타나기 쉽다는 사실을 유념해야 한다.

좋은 환경이 건강한 아이를 키운다

Chapter 2

어떤 사람이 딸을 가진 한 엄마에게 말했다.

"딸아이 교육을 잘 시키셔야 해요. 어리다고 아무렇게나 행동하도록 놔두면 나중에 큰 문제를 일으킬 거예요."

엄마가 말했다.

"괜찮아요. 애들이 다 그렇죠 뭐. 나이를 먹으면 괜찮아질 거예요."

하지만 어렸을 때 아무렇게나 행동하던 이 아이는 나중에 커서 엄마가 그랬던 것처럼 결혼도 하기 전에 속도위반으로 아이를 가졌다. 그러자 엄마가 이렇게 말했다.

"이런 건 유전인가 봐요."

과연 정말로 유전인 걸까?

환경은 아이의 가장 좋은 선생이다

갓난아기는 아무것도 없는 하얀 종이와 같다. 아기는 자라면서 이 종이에 여러 가지 그림을 그려나간다. 하얀 바탕의 종이는 정직함, 인내심 등의 긍정적인 그림은 물론 외로움, 이기심과 같은 부정적인 그림들로 다양하게 채워진다. 모든 아이들은 주변 환경의 영향을 받아 자신만의 심리와 성격을 형성해간다. 이처럼 성장과정에서 환경은 무엇보다 커다란 역할을 한다.

환경은 아이의 심리에 영향을 끼침으로써 그 생명력을 드러낸다. 이것은 유명한 유아교육가 마리아 몬테소리(Maria Montessori)의 주장이다. 아이는 태어나면서부터 능동적이고 적극적으로 주변에 있는 각종 사물에 대한 인상을 흡수하는 능력이 생긴다고 한다. 아이는 부모의 보살핌을 받으면서 처음으로 신뢰감을 경험하고, 낯선 사람들과 교류하면서 처음으로 부끄러움을 느끼며, 또래 아이들과 노는 과정에서 처음으로 남들과 어울리는 법을 배운다. 자발성, 흡수력 같은 내적인 요소는 적합한 환경에서만 양호하게 발달할 수 있다. 부적합한 환경은 아동의 잠재능력 발달을 억제할 뿐이다. 환경은 아이의 나이에 적합해야 하며 최소한의 제한만이 있어야 한다. 그래야 아이가 육체적, 심리적으로 자연스럽고 건강하게 성장할 수 있는 토양이 만들어진다.

몬테소리는 아이에게 적합한 환경 조건을 두 가지로 보았다.

첫째, 물질 환경이다. 이는 아이가 활동할 수 있고 자연적인 생기가 충만한 외부 환경을 의미하며 아동심리학, 생리학, 위생학적 요구에 맞게

설계한 생활용품과 생활환경을 포함한다.

둘째, 사회문화 환경이다. 부모와 선생이 보여주는 존중과 사랑, 친구들과의 조화로운 관계 등을 의미한다.

물론 이런 환경이 아이가 태어남과 동시에 자연스럽게 생기는 것은 아니다. 아이에게 적합한 환경은 부모와 선생이 함께 노력해서 만들어줘야 한다. 이런 환경은 아이의 성장에 필요한 긍정적 의미의 사물을 포함하고 있는 동시에 성장에 방해가 되는 부정적인 의미의 사물은 배제할 수 있어야 한다.

이에 대해 몬테소리는 '준비된 환경'이라는 개념을 제시하면서, 이런 환경이 정신적으로 배아 상태에 있는 아동이 순조롭게 성장하도록 해준다고 말했다. 그렇다면 부모는 어떻게 아이에게 적합한 환경을 제공해줄 수 있을까?

몬테소리가 제시한 준비된 환경을 살펴보자.

아동의 리듬과 발걸음에 맞춘 환경

어른이 한 걸음 갈 때 아이는 그보다 많은 걸음을 걷는다. 사물을 인식하고 느낄 때도 어른과 아이는 다르다. 아이는 자신만의 걸음걸이로 세상을 인지하며 어른들이 상상할 수 없는 것들을 느끼고 배운다. 그러므로 아이만의 특유한 리듬에 맞춘 환경을 제공해야 한다. 이를테면 아이의 키에 맞는 책상과 의자, 좋아하는 장난감 등을 갖춰주는 것이다. 이런 환경은 아이에게는 천국이나 다름없다.

안전함을 느낄 수 있는 환경

모든 아이는 태어날 때부터 안전에 대한 욕구를 지닌다. 그러므로 부모

와 선생은 아이가 안전함을 느낄 수 있도록 해줘야 한다. 예를 들어 낯선 곳에 처음 갈 때는 아이가 자유롭고 대담하게 행동할 수 있도록 격려해주는 것이 좋다.

자유롭게 활동할 수 있는 장소

아이들은 운동을 통해 자신의 내면을 드러낸다. 다시 말해 운동이 뒷받침되어야만 내면이 충분히 발달할 수 있다. 어린아이를 의자에 앉혀놓고 말로 가르치려는 것은 큰 의미가 없다. 몬테소리는 아이들에게 자유롭게 활동할 수 있는 장소를 제공하면 자아를 훈련하고 발달시키는 데 도움이 된다고 말했다. 그러므로 아이가 주어진 환경 안에 있는 물건들을 자유롭게 수집, 분석, 이동하며 되도록 많이 움직일 수 있게 해줘야 한다. 그리고 가능한 한 아이가 대자연에서 이런 활동을 할 수 있도록 해주는 것이 좋다.

아름다운 환경

사람은 본능적으로 아름다운 것을 좋아한다. 아이들도 마찬가지다. 하지만 아름다움에 대한 개념은 어른들과 다르다. 아이들은 대부분 색깔이 선명하고 형태가 아름다운 사물을 좋아한다. 아이 방을 꾸밀 때 자신이 좋아하는 색깔과 장식품을 직접 고르도록 해보자. 아이는 평소 자신이 생각하고 있던 아름다움으로 공간을 채워나갈 것이다.

질서와 규제가 있는 환경

아이 주변에 너무 많은 물건이 있으면 정신이 분산되어 아이는 어디에서부터 활동을 시작해야 할지 몰라 방황하고 놀이에도 집중하지 못한다.

그러므로 아이에게 사용하지 않는 물건들은 제자리에 정리하는 습관을 길러주도록 한다.

만 2세는 질서 의식이 형성되는 가장 중요한 시기다. 그리고 이후 몇 년간 질서 의식은 주변 환경의 영향을 크게 받는다. 주변 환경이 질서정연하면 아이는 자신의 지혜를 통해 주변 사물을 받아들이지만 주변 환경이 무질서하고 체계가 없으면 방향을 잃기 쉽다.

'준비된 환경' 이란 바로 이런 것이다. 아이들의 내면세계는 이런 환경 속에서 비로소 충분히 보호받고 건강하게 성장할 수 있다. 온갖 억압과 냉담함으로 가득한 환경은 아이들의 마음을 황폐하게 만들 뿐이다.

'유전' 이 실패한 교육의 핑계가 되어서는 안 된다

어떤 사람이 딸을 가진 한 엄마에게 말했다.

"딸아이 교육을 잘 시키셔야 해요. 어리다고 아무렇게나 행동하도록 놔두면 나중에 큰 문제를 일으킬 거예요."

엄마가 말했다.

"괜찮아요. 애들이 다 그렇죠 뭐. 나이를 먹으면 괜찮아질 거예요."

하지만 어렸을 때 아무렇게나 행동하던 이 아이는 나중에 커서 엄마가 그랬던 것처럼 결혼도 하기 전에 속도위반으로 아이를 가졌다. 그러자 엄마가 이렇게 말했다.

"이런 건 유전인가 봐요."

정말 그럴까? 왜 엄마는 자녀 교육의 책임을 다하지 않고 유전이라는 핑계를 대는 걸까? 그런데 실제로 많은 부모들이 자녀를 교육할 때 자신의 책임은 다하지 않고 이야기 속 엄마처럼 유전적인 원인으로 화살을 돌리곤 한다.

"소용없어요. 우리 아들은 원래 내성적인 성격이라."

"애는 아빠 닮아서 원래 성격이 불같아요."

"우리 애는 어렸을 때부터 게을렀어요."

혹시 내 아이를 두고 이렇게 말한 적은 없는까? 왜 정확한 원인을 찾으려고 하지 않고 태생적으로 그렇다고 넘겨짚는 걸까? 정말로 아기가 갓 태어났을 때부터 내성적이고, 성격이 불같고, 게을렀을까? 그렇지 않다. 문제가 있는 아이 뒤에는 언제나 책임을 다하지 않은 부모가 있다.

칼 비테(Karl Witte)라는 아버지가 있었다. 그의 아들 칼 비테 주니어는 아홉 살에 6개 언어를 자유자재로 구사했고 수학, 화학, 동식물학, 물리학에 통달했다. 같은 나이에 라이프치히 대학교에 입학하고 열 살에 다시 괴팅겐 대학교에 들어가 열세 살에 철학박사 학위를 받았다.

이만하면 칼 비테 주니어가 타고난 천재라고 생각하는 사람들이 많을 것이다. 하지만 틀렸다. 그는 천재가 아니었고 심지어 아기였을 때는 발달이 늦은 미숙아였다. 아버지 칼 비테 역시 작은 마을의 평범한 목사였다.

칼 비테는 모든 아이에게 천재가 될 수 있는 가능성이 있다고 생각했다. 대부분의 아이가 천재가 되지 못하는 까닭은 그들의 천부적인 재능이 억압당했기 때문이다. 그런데 이런 재능을 억압하는 사람은 다름 아닌 아이의 부모다.

칼 비테는 자녀 교육을 다룬 자신의 저서에 이렇게 기록했다.

"아이가 가정에서 제대로 된 교육을 받지 못하면 아무리 훌륭한 선생이 열과 성을 다해 가르쳐도 효과가 없다."

아이는 도자기를 빚는 점토와 같다. 그래서 어떤 교육을 받느냐에 따라 미래의 모습이 결정된다. 도둑의 자식이 도둑이 될 확률은 높다. 하지만 도둑의 자식이 반드시 도둑이 되리라는 법은 없다. 도둑질 대신 양질의 교육을 받는다면 아버지와는 달리 정직한 사람으로 자랄 수 있을 것이다. 이것이 바로 교육의 힘이다. 교육은 한 사람의 운명을 완전히 바꿔놓을 수 있다.

그러므로 자녀를 훌륭하게 키우고 싶다면 부모로서 마땅히 해야 할 교육의 의무를 게을리해서는 안 된다. 부모가 교육의 책임은 다하지 않고 "너는 왜 그렇게 바보 같니!"라고 핀잔만 준다면 아이는 정말로 바보 같고 심지어 의기소침한 사람으로 자랄 것이다. 반대로 부모가 늘 "똑똑하고 착하구나." 하고 칭찬한 아이는 정말 똑똑하고 선량한 사람으로 자랄 것이다.

지금까지의 내용을 이해했다면 더 이상 '유전이다', '태어날 때부터 그랬다'는 등의 핑계로 교육의 실패를 감추려고 해서는 안 된다. 물론 혈액형, 호르몬, 지능지수 따위의 유전적인 요소가 어느 정도 영향을 줄 수는 있다. 하지만 이런 요소들이 그 사람의 행위와 사고방식과 인생의 성패를 결정하지는 않는다.

한 사람의 능력과 사고방식은 길러지는 것이지 부모로부터 물려받는 것이 아니다. 부모가 아무리 똑똑하다고 해도 아이가 물려받는 것은 능력의 가능성일 뿐이다. 그리고 부모는 교육을 통해 가능성을 발굴해야만 한다. 그렇지 않으면 가능성은 영원히 시리지고 만다.

유전적인 요소와 교육은 각각 어느 정도의 영향을 미칠까? 한 가지 예를 들어보자. 10m까지 자랄 수 있는 가능성을 타고난 나무가 있는데 실제로는 7m까지만 자랐다. 나무의 성장을 결정하는 요소는 유전적인 것 외에도 토양, 수분, 태양 등 다양하기 때문이다. 이것이 바로 교육의 역할이다.

아무런 가능성도 없이 세상에 태어나는 아이는 없다. 다만 부모의 '열등한 교육'이 아이의 천부적인 재능의 싹을 키워주지 못하는 것이다. 지금 당신이 보기에 유전적으로 나타나는 문제가 사실은 부족한 교육 때문에 생긴 문제는 아닌지 곰곰이 생각해보도록 하자. 무책임한 교육의 결과는 고스란히 아이가 감당해야 한다는 사실을 기억해야 한다.

아이는 부모의 거울이다

어느 날 엄마 꽃게가 아들 꽃게를 보며 이렇게 말했다.

"얘야, 똑바로 걸어야지. 왜 옆으로 걷고 있니?"

그러자 아들 꽃게가 난처한 표정을 지으며 말했다.

"저는 엄마가 하는 대로 따라 했을 뿐인데요."

아이에게 문제점이 있으면 부모는 이렇게 다그친다.

"얘야, 그렇게 하면 못쓴단다."

그런데 혼을 내기에 앞서 아이가 왜 그런 행동을 하는지 생각해봤는가? 아이는 부모의 거울이다. 아이에게서 어떤 문제를 발견했을 때 혹시 내가

그런 문제를 갖고 있지는 않은지 자문해봐야 한다.

아이는 태어나는 순간부터 부모라는 선생을 통해 모든 것을 학습한다. 그런데 부모가 의식적으로 가르쳐주는 것들 외에도 아이는 의식적으로나 무의식적으로 부모의 언어와 행동, 심지어 사고방식을 모방한다. 그리고 모방의 과정에서 즐거움과 괴로움을 경험하고 향후 자신의 생활에서 이를 반복한다.

한 유명한 심리학자는 자신의 아이를 관찰하면서 다음과 같은 사실을 발견했다. 아이가 즐거운 일이나 괴로운 일을 한 번 겪으면 이후에 같은 감정을 경험하려고 무의식적으로 똑같은 상황을 반복해서 만든다는 것이다. 이 심리학자는 이런 현상을 '강박적 중복' 이라고 표현했다. 태어난 지 얼마 되지 않은 아이도 자신의 감정을 표현할 줄 안다. 울거나 웃거나 짜증을 내기도 한다. 그런데 이 과정에서 아이는 자신을 울거나 웃거나 짜증나게 했던 순간을 머릿속에 각인시켰다가 적당한 상황에 다시 같은 감정을 끄집어낸다. 이는 인간관계에서도 마찬가지다. 그래서 아이들은 누구를 만나든 자신이 처음 사용했던 방식을 떠올려 사람들과 교류하는 것을 볼 수 있다.

어렸을 때 부모의 신뢰를 경험한 아이는 이런 경험을 반복하며 일반 사람들뿐만 아니라 함께 어울리기 힘든 사람들로부터도 신뢰를 얻는다. 반대로 부모로부터 신뢰가 아닌 냉대를 경험한 아이는 갈등이 있었던 사람들뿐만 아니라 평소 관계가 좋았던 사람에게도 자주 적대감을 나타낸다.

교우 관계에 문제가 있어 전학한 아이들이 새로운 학교에서도 같은 문제로 어려움을 겪는 것은 이 때문이다. 이전 학교에서 교우 관계가 좋았다면 전학을 가도 무리 없이 새로운 친구들과 잘 어울릴 것이다. 하지만 이전 학교에서 친구들과 사이가 좋지 않아 전학을 간 것이라면 새로운 학교에서 이런 문제가 해결될 가능성은 적다. 그런데 놀랍게도 이런 아이들의 부모를 보면 동료들과 사이가 좋지 않아 여러 차례 직장을 옮기는 등 같은 문제를 겪고 있는 경우가 많다.

부모와 자녀의 관계는 앞에서 이야기했던 엄마 꽃게와 아들 꽃게의 경우와 같다. 아들 꽃게는 엄마 꽃게가 옆으로 걷는 것을 보고 가르쳐주지 않아도 자연스럽게 옆으로 걷는 법을 배웠다. 그러므로 아이가 요즘 들어 문제를 자주 일으키고 말을 잘 듣지 않는다면 혼을 내기 전에 왜 그런 것일까 생각해봐야 한다.

아이가 부모의 관심을 필요로 할 때 충분한 사랑을 주었는가? 괴롭힘을 견디다 못해 친구를 한 대 때린 것뿐인데 아이가 해명할 수 있는 충분한 시간을 주었는가? 사실 아이의 잘못은 부모의 잘못으로 생기는 경우가 많다.

아이가 태어날 때부터 자기만의 생각과 행동양식을 갖고 있었을까? 아이는 부모인 당신에게서 모든 것을 처음 경험한다. 부모가 진실하게 행동하면 아이 또한 정직한 사람으로 성장할 것이고, 부모가 많은 배려를 보여준다면 아이도 포용력 있는 사람으로 성장할 것이다. 그런데 이런 것들은 부모의 생활 속에 깃들어 있어야지 말로만 가르치려 한다면 아무 소용이 없다. 늘 진실해야 한다고 가르쳐놓고 얼마 후에 아이 앞에서 거짓말을 한다면 아이가 과연 무엇을 배우겠는가? 하지만 부모가 늘 주변 사람들을 진실하게 대하고 솔직하게 행동한다면 아이에게 굳이 설교하지 않아도 아이는 부모의 모습을 보고 배울 것이다.

부모의 영향력은 당신이 상상하는 것보다 크다. 한 심리학자가 이렇게 말했다.

"당신의 화원에서 쫓아낸 악마를 아들의 화원에서 보게 될 것이다."

물론 당신의 화원에 천사가 산다면 아들의 화원에서도 천사를 보게 될 것이다. 그러므로 아이를 훌륭하게 키우고 싶다면 부모가 먼저 훌륭한 사람의 조건을 갖춰야 한다.

부모의 지나친 기대가 아이를 힘들게 한다

올해 열다섯 살인 진주는 학교 성적이 우수하고 매년 열리는 논술대회나 영어경시대회 등에 나가면 반드시 상을 타오곤 했다. 이번 학기가 끝나면 진주는 고등학교에 진학한다. 고등학교 과정에 쉽게 적응할 수 있도록 엄마는 방학 기간 진주를 학원에 보내 선행학습을 시켰다. 그런데 개학날이 되자 진주는 갑자기 머리가 너무 아프다며 학교에 가기를 거부했다. 평소답지 않은 진주의 모습에 놀란 엄마는 여러 병원에 데려가 검사를 했지만 건강에는 아무 이상이 없었다. 혹시 아이의 스트레스가 너무 컸던 걸까? 엄마는 반신반의하며 심리상담소를 찾아가 검사를 받게 했다. 검사 결과 예상대로 진주는 학업에 대한 두려움 때문에 학교에 가기 싫었던 것으로 나타났다.

사실 진주는 선행학습을 하지 않아도 충분히 훌륭한 학생이었다. 하지만 엄마는 진주가 지금보다 훨씬 더 공부를 잘하기를 기대했다. 진주의 엄마처럼 많은 부모들이 아이와는 상관없는 자신의 기대치를 만족시키려고 현재 상태로도 충분히 뛰어난 아이에게 계속해서 부담을 준다. 이런 기대는 아이에게서 문제를 발견하고 나서야 멈추게 된다.

부모의 기대는 아이가 태어나기 전부터 시작된다. 누구나 뱃속에 있는 아이가 예쁘고 똑똑하고 사랑스럽기를 바란다. 그리고 태어난 뒤에는 걷기도 전에 뛰기를 바라고 말을 하기도 전에 유창한 영어를 구사하기를 기대한다. 또 아직 유치원에 다니는 아이에게 최고의 초등학교, 중학교, 고등학교, 대학교에 진학해야 한다고 강조한다.

아이에게 전혀 기대하는 바가 없는 부모는 없다. 또 부모의 기대를 저버리고 싶은 아이도 없다. 하지만 지나친 기대는 아이를 부모의 만족을 위한 희생양으로 만들 뿐이다. 부모의 기대가 너무 높다 보면 아이는 거짓말을 자주 하거나 등교를 거부하기도 하고 학업에 대한 두려움, 열등감 등 심리적인 문제를 드러내기도 한다. 그러므로 아이에게 지나친 부담을 주지 않으려면 다음의 세 가지를 명심하자.

부모의 기준이 올바른 기준은 아니다

사실 지금의 부모 세대가 어렸을 때는 학원이니 인터넷이니 하는 개념이 거의 없었다. 이런 것들의 도움 없이도 성장했고 성적도 우수했다. 물론 시대가 바뀌었으니 지금 실정에 맞는 요구를 하는 것이 당연하다고 생각할 수도 있지만, 내가 경험하지 않은 것들을 아이에게 강요하는 것은 불공평한 일 아닐까? 교육은 외부의 현실이 아닌 아이 본인에게 맞춰줘야 한다. 현실이 그렇다고 해서 아이가 원하지도 않는, 또는 필요 이상의 것을 강요하는 것은 부모의 지나친 욕심이다.

당신의 아이는 옆집 아이가 아니다

부모들은 내 아이를 다른 아이와 비교하는 것을 좋아한다.

"옆집 ○○는 공부를 저렇게 잘하는데 너는 왜 그것밖에 못하니?"

부모가 다른 아이와 비교해 약점을 들추어낸다면 아이의 적극성을 해칠 뿐만 아니라 열등감을 심어주게 된다.

합리적인 기대라고 해도 방식이 잘못되었을 수도 있다

많은 부모들이 아이에게 합리적인 기대를 하고 있다 하더라도 그것을 표현하는 방식이 잘못되었을 수도 있다. 아이가 부모의 기대치에 못 미쳤을 때는 다그치기보다는 원인을 정확하게 분석해 개선하도록 도와줘야 한다. 아이에게 필요한 것은 더 많은 격려지 부모의 비난과 질책이 아니다.

부모의 잦은 다툼이 불행한 아이를 만든다

싸우지 않으면 진정한 부부가 될 수 없다는 말이 있다. 특히 혈기왕성한 젊은 부부들은 서로에 대한 애정이 돈독한 만큼 싸우기도 자주 싸운다. 아이가 없을 때는 부부가 다투더라도 둘이 잘 해결하면 그만이다. 하지만 아이가 생기고 나서는 주의해야 한다. 부부 싸움이 아이의 심리에 엄청난 영향을 미치기 때문이다.

상하이 시에서 1000명의 아이들을 대상으로 심리 검사를 해보니 31.68%의 아이들이 부모의 잦은 다툼으로 심리적인 문제를 겪고 있는 것

으로 나타났다. 부모의 이혼으로 말미암아 심리적인 문제를 겪는 아이들의 비율이 28.33%인 데 비해 높은 수치다. 결국 잦은 부부 싸움이 이혼보다 더 심각한 상처를 준다는 의미다.

한 남학생이 자신의 일기에 이렇게 적었다.

"엄마 아빠가 다툴 때마다 정말 어떻게 해야 할지 모르겠다. 남자답게 나서서 말려야 하나, 아니면 그냥 모른 척해야 할까? 이 지겨운 싸움은 언제까지 계속되는 걸까?"

많은 부모들이 부부 싸움을 아이들과는 상관없는 일로 여긴다. 하지만 결코 그렇지 않다. 아이들의 마음은 어른들만큼 성숙하지 않아 부모의 부정적인 정서에 쉽게 영향을 받는다. 자녀에게 부모의 다툼은 '심리적 학대' 나 마찬가지인 셈이다.

부부 싸움을 할 때 아무리 성인이라고 해도 감정 조절을 하기는 쉽지 않다. 아이들은 이런 상황에서 어찌할 바를 몰라 초조해한다. 게다가 부부 싸움을 할 때 아이들의 감정을 살피는 부모는 거의 없다. 옆에서 울더라도 못 들은 척한다. 아이는 부모가 더 이상 자신을 원하지 않는다고 생각하고 불안과 두려움을 느낀다. 아이들은 더 이상 부모의 관심을 받지 못하거나 부모로부터 버림받는 것을 가장 두려워한다.

이처럼 부부 싸움은 아이의 심리에 매우 부정적인 영향을 미친다. 유년 시절에 부모의 잦은 부부 싸움을 목격한 아이는 불안, 초조, 우울함 같은 심리 문제를 일으킬 확률이 높다. 더욱 심각한 상황을 경험한 아이는 정신분열증이나 극심한 우울증을 앓고 심지어 자살을 하기도 한다.

가정불화는 아이의 인간관계에도 영향을 준다. 심리가 발달하는 중요한 시기에 부모의 싸움으로 말미암아 불안과 두려움을 경험하기 때문이

다. 이런 가정에서 자란 아이들은 부모로부터 세상이 차갑고 믿을 만한 곳이 아니라는 인상을 받게 되고 이런 마음가짐으로 세상을 대면하게 된다.

부부 싸움 중에 감정을 추스르지 못해 폭력을 사용하는 부모도 있는데 아이에게 공격적 행위의 '본보기'를 제공하는 것이므로 주의해야 한다. 아이들은 모방하고자 하는 욕구가 강해 부모가 다툴 때 사용한 어휘나 소리의 높낮이를 기억했다가 그대로 따라 한다. 부부 싸움 후에 아이가 인형을 앞에 두고 소리를 지르고 때리거나 친구들에게 욕을 하는 모습을 본 적이 있을 것이다. 사실 아이들은 다투고 폭력을 쓰는 것이 잘못된 일인지 모르고 그저 하나의 교류방식으로 이해하고 있는 경우가 많다.

그러므로 부모는 부부 싸움으로 아이의 심리에 부정적인 영향을 미치지 않도록 되도록 싸움을 줄여야 한다. 피치 못하게 싸울 일이 생긴다면 아이가 상처받지 않도록 주의해야 한다. 구체적인 방법은 다음을 참고하도록 하자.

되도록 아이 앞에서 부부 싸움을 하지 않는다

아이 앞에서 부부 싸움을 하게 되었다면 싸움이 끝난 뒤 많이 놀랐을 아이의 마음을 달래줘야 한다. 나아가 포옹 등의 신체적 언어로 엄마 아빠가 화해했으며 더 이상 싸우지 않겠다는 것을 보여주도록 한다.

아이도 감정을 표출할 수 있도록 해준다

부모가 다투는 장면을 보고 아이가 울음을 터뜨린다면 이렇게 말해주자.

"얘야, 엄마 아빠가 잘못했단다. 울고 싶으면 잠시 울도록 해."

아이의 울음을 억지로 그치게 하지 말고 충분히 감정을 표출하도록 놔두는 것이 좋다. 또는 아이가 지금 어떤 심정인지, 예를 들어 큰 소리가 나서 무서웠는지, 엄마 아빠가 자신을 버릴까 봐 두려웠는지 등을 털어놓도록 유도한다. 만약 정말로 버림받을까 봐 두려움을 느꼈다면 절대로 그럴 일이 없다는 사실을 알려줘야 한다. 아이가 어려서 아무것도 모를 거라고 대강 넘어가서는 안 된다. 당장은 잘 모르더라도 나이를 먹으면서 서서히 상황을 이해하게 될 것이다.

아이가 부모의 행위를 모방한다는 사실을 잊지 말아야 한다

아이가 부부 싸움을 목격한 뒤 화가 났을 때 욕을 하거나 친구를 때리는 등 부모의 안 좋은 행동을 따라 한다면 그것이 분명히 잘못된 일임을 알려준다. 아이가 "아빠도 그렇게 했잖아요."라고 되묻는다면 잘못을 인정하고 다시는 그렇게 하지 않겠다고 말해줘야 한다. 절대 어른은 괜찮고, 아이는 안 된다고 말해서는 안 된다.

부모의 불행한 결혼 생활이 아이에게 미치는 영향

학교 수업을 마친 지원은 다른 날보다 서둘러 집으로 향했다. 오늘은 아빠가 집에 오는 날이기 때문이다. 엄마는 아빠가 회사 일이 너무 바빠 다른 아빠들처럼 항상 집에 함께 있을 수 없다고 얘기했다. 신나게 뛰어 집에 도착한 지원이가 문을 열며 외쳤다.

"엄마 아빠, 다녀왔습니다!"

하지만 집 안에서는 아무 소리도 들리지 않았다. 집 안을 둘러봤지만 거실에는 아무도 없었다. 그때 안방에서 엄마가 우는 소리가 들렸다. 지원이가 걱정스럽게 다가가 물었다.

"엄마, 어떻게 된 일이에요? 아빠는 안 오셨어요?"

엄마는 오래전부터 아빠의 외도 사실을 알고 있었지만 지원에게는 아빠가 회사 일로 바빠 집에 자주 올 수 없다고 말했던 것이다.

지원은 이때부터 집 안에 무슨 일인가 생겼음을 직감했다. 그러다가 한번은 엄마가 통화하는 것을 듣게 되었고, 아빠가 다른 여자 때문에 집에 오지 않는다는 사실을 알게 되었다. 상심한 엄마가 거실에 혼자 앉아 울고 있는 모습을 본 지원은 아빠를 미워하기 시작했다.

사실 어른들이 어떤 식으로 거짓말을 해도 아이들은 본능적으로 뭔가 잘못되었다는 사실을 직감한다. 물론 어렸을 때는 별거니 외도니 이런 말을 이해하지 못하지만 이런 부정적인 상황들이 가져오는 불안과 두려움은 체감할 수 있다. 아무리 거짓말로 둘러댄다 해도 아빠가 집에 자주 들어오지 않고 엄마가 멍하니 혼자 앉아 있는 모습을 본다면 아이는 이상한 낌새를 채고 이렇게 물을 것이다.

"왜 아빠는 집에 안 들어와요?"

"엄마, 왜 울어요?"

"엄마는 더 이상 나를 사랑하지 않아요?"

본인의 감정을 제대로 추스르지 못하는 부모가 어떻게 이성적으로 아이의 질문에 답을 해줄 수 있을까? 배우자의 외도로 고통받는 부모는 종종 아이에게 그 화를 풀곤 한다. 아빠가 우리 가족을 버렸으며 얼마나 나

쁜 사람인지 주입시키거나 아이와 단둘이 있을 때 엄마의 나쁜 점을 얘기한다.

올해 6학년인 진우는 돈 잘 버는 아빠와 어진 엄마를 둔 아주 행복한 아이이다. 적어도 남들이 보기에는 그랬다. 그런데 이렇게 행복한 가정에서 살고 있는 진우가 어느 날 마트에서 물건을 훔치다가 직원에게 적발되었다. 아빠는 진우가 도둑질을 했다는 사실을 들었을 때 너무 놀라고 화가 났다. 쓰고 넘칠 만큼 용돈을 많이 줬는데 도대체 왜 도둑질을 했는지 이해가 가지 않았다. 진우를 집으로 데려온 아빠는 심리상담사를 불러 검사를 받게 했다.

검사 결과 진우와 아빠의 관계가 굉장히 냉담한 것으로 나타났다. 진우는 아빠를 증오하고 있었고 심지어 사람을 시켜 아빠를 실컷 두들겨 패주고 싶다는 말까지 했다. 알고 보니 진우의 아빠는 돈을 잘 벌기 시작하면서부터 도박을 하러 다니느라 집에 잘 들어오지 않았던 것이다. 엄마는 이런 아빠와 자주 싸우기 시작했고, 집 안의 두 번째 남자인 진우가 약자인 엄마의 편에 서서 아빠와 대항하고 있었던 것이다. 도둑질도 아빠에 대한 보복 심리에서 저지른 일이었다.

부부에게 결혼 생활의 갈등은 일시적인 문제지만 아이에게는 평생 지워지지 않는 상처가 될 수 있다. 어린 시절 부모의 불행한 결혼 생활을 경험한 아이는 결혼 자체에 회의감을 갖게 되고 성인이 되어 결혼을 했을 때 부부 사이에 문제가 생기기 쉽다. 부모의 외도를 경험한 아이는 훗날 배우자를 신뢰하지 못하게 되고 자신의 부모처럼 불행한 결혼 생활을 할 확률이 높다.

예를 들어 어린 시절 엄마의 외도를 지켜본 아들은 여자를 믿지 못하게 되고 성인이 되어 여자 친구가 생겼을 때 행여나 바람을 피우지 않을까 의심하고 집착하게 된다. 그런데 이런 집착을 견디지 못하고 여자 친구가 떠난다면 여자를 불신하는 마음은 더욱 깊어진다. 아빠의 외도를 지켜본 딸의 경우도 마찬가지다.

이처럼 부모의 결혼 생활이 불행하면 훗날 아이의 결혼 생활에도 문제가 생길 가능성이 높다. 그러므로 자신의 결혼 생활이 행복하지 않다고 아이가 받을 심리적 상처까지 소홀히 해서는 안 된다. 어쨌든 아이들은 죄가 없지 않은가.

불행한 결혼 생활이 아이에게 상처가 된다는 사실을 알기에 문제가 생겨도 냉전, 별거 등의 상태로 명목상의 관계를 유지하는 부부들이 있다. 하지만 이런 장기적인 불안이 아이에게 더 심각한 심리 문제를 일으킬 수 있다는 사실을 유념해야 한다. 그러므로 아이를 진심으로 행복하게 해주고 싶다면 부모가 먼저 진심으로 행복해지는 법을 찾아야 한다. 단, 그 행복이 무고한 아이의 행복을 대가로 해서는 안 된다.

아이에게 꼭 필요한 네 가지 성장 환경

동식물이 자라는 환경에 따라 각기 다른 특성을 보이듯 아이도 성장하는 환경에 따라 각기 다른 개성을 갖게 된다. 아이에게 환경은 입체화된 3차원 교과서와 같다. 이런 살아 있는 교과서는 무엇을, 어떻게 공부해야 하는지를 알려주고 온몸으로 느낄 수 있는

시청각 자료를 제공해 자연스럽게 체득할 수 있도록 한다. 이것이 비로 환경의 매력이다.

그렇기 때문에 부모는 아이에게 유익한 성장 환경을 제공해야 한다. 구체적으로 아이에게 필요한 환경은 어떤 것일까?

인문 환경: 자유, 민주, 평등, 사랑, 화목, 평안, 즐거움

'아이들에게 자유로운 성장 환경을 제공하라.' 이 말은 프랑스의 수많은 교육 전문가들이 다년간의 가정교육 성공 사례를 통해 얻은 결론이다. 아이는 가정의 일원이지 '피동적인 참여자'가 아니다. 아이에게 자유를 주는 것은 가장 자연스러운 성장 동력을 제공하는 것이다.

자유로운 환경 안에서 가족 구성원들이 서로 사랑하고 분업하며 무슨 일이든지 함께 상의하는 일상의 즐거움을 느끼게 해줘야 한다. 또 아이를 데리고 밖으로 나가 또래 친구들과 어울리고 취미 생활을 즐기며 인간관계의 따듯함을 경험하게 해주어야 한다.

심미적 환경: 청결하고 아름다운 공간

아이의 공간은 부모의 그것과는 달라야 한다. 아이 키에 맞는 책상, 책꽂이, 장난감, 세계지도, 지구의 등을 갖추어야 한다. 또 동식물을 탐색할 수 있는 화분이나 조그만 어항이 있으면 좋다.

아이가 생활하는 실내 공간은 청결하고 아름다워야 한다. 아이가 좋아하는 색깔과 장난감으로 직접 꾸민 공간은 어른들이 꾸며준 공간보다 훨씬 더 많은 애착을 갖게 될 것이다. 아이마다 아름다움에 대한 기준이 다르므로 아이의 감각을 무시하지 말고 직접 자신의 공간을 꾸밀 수 있는

권리를 주어야 한다.

아이들은 많이 움직일수록 좋다. 그러므로 공간이 허락한다면 샌드백과 같이 운동을 할 수 있는 작은 기구나 공들을 놓아 주도록 한다. 물론 가장 좋은 것은 함께 밖으로 나가 그네나 미끄럼틀을 타면서 놀거나 탐색 활동을 하는 것이다.

지적 환경: 독서, 토론

지능 발달을 위한 놀이 : 퍼즐, 블록, 그림 그리기 등 아이의 지능을 발달시킬 수 있는 놀이 환경을 제공해준다. 이런 놀이는 아이에게 즐거움을 줄 뿐만 아니라 잠재적인 지능을 발달시키도록 도와준다.

만화영화 : 아이는 만화영화를 통해 물고기는 물을 떠나서 살 수 없다거나, 사람은 언제나 솔직해야 한다는 등 여러 가지 지식을 습득하고 좋은 습관을 기를 수 있다. 단, 드라마와 같은 성인 프로그램을 함께 시청하는 것은 아이에게 아무런 도움이 되지 않으니 피하도록 한다.

동화책 : 매일 정해진 시간에 아이와 함께 책 읽는 습관을 기르는 것이 좋다. 이때 아이의 나이에 맞고 흥미를 유발할 수 있는 책을 고르는 것이 중요하다.

의지적 환경: 규칙적인 생활, 자기 절제

좋은 습관은 부모가 아이와 함께 규칙을 정해 기르도록 하는 것이 좋다. 아이에게 일찍 자고 일찍 일어나며 정해진 시간에 식사를 하는 습관을 기르게 해주고 싶다면 부모가 먼저 밤늦게까지 깨어 있거나 늦잠을 자지 않도록 해야 한다. 많은 부모가 아이에게 훈계를 할 때 자신이 갖고 있

는 문제점은 인식하지 못하는 듯하다. 엄마 이빠도 집 안에 물건을 여기저기 어질러놓으면서 아이에게 장난감을 정리하지 않는다고 다그친다면 과연 효과가 있을까?

부모는 아이에게 어려서부터 정해진 시간에 식사를 하고 잠자리에 드는 습관을 길러줘야 하며 공부하는 시간에는 공부하고 약속한 시간만큼만 텔레비전을 시청하는 등의 자기 절제를 가르쳐줘야 한다. 이때 아이를 재촉하지 말고 천천히 습관이 몸에 배도록 인내심을 갖고 지켜보도록 한다.

행복한 가정은 아이가 건강하게 성장할 수 있는 비옥한 토양과 같지만 불행한 가정은 아이의 성장을 저해하는 암초와 같다. 다음은 불행한 가정을 만드는 네 가지 대표적인 문제들이다. 부모는 자녀의 건강한 성장을 위해 가능한 한 이런 환경을 만들지 않도록 노력해야 한다.

문제 1_ 부모의 이혼

이혼을 하더라도 성인인 부모의 입장에서는 아이보다 상대적으로 충격이 덜하다. 부부가 서로 맞지 않아 각자의 행복을 찾아 나서겠다고 할 수도 있지만 부모의 이혼은 아이에게 감당할 수 없는 충격이다. 특히 이제 막 세상사를 이해하기 시작했지만 아직 부모에게 의존해야 하는 유년 시절의 아이에게는 충격이 더하다. 게다가 부모가 이혼하면 아이는 아무래도 이전보다 관심과 사랑을 덜 받게 되므로 애정 결핍을 겪게 되고 여러 가지 심리 문제가 나타난다. 그래서 이런 아이들에게서는 극심한 우울증, 열등감, 성적 저하 등의 문제가 자주 발견된다.

문제 2_ 부모의 의견 불일치

부부의 의견이 일치하지 않으면 자녀를 교육하는 문제를 두고도 갈등이 일어난다. 엄마는 이렇게 해야 한다고 말하고, 아빠는 저렇게 해야 한다고 말하며 각자 다른 의견을 주장하면 아이는 중간에서 어찌할 바를 몰라 난처해 한다. 그러다가 결국 방향을 잃고 아무렇게나 행동하게 된다. 또 부모가 의견 다툼을 벌이면 한창 민감한 시기의 아이들은 정서적으로 불안함을 느낀다.

문제 3_ 부적절한 오락

부모가 고스톱이나 포커 등의 부적절한 오락에 빠지면 자연히 자녀에 대한 책임을 소홀히 하게 된다. 게다가 이런 경우 부모가 밤낮이 바뀌어 생활하는 경우가 많다. 이렇게 불규칙한 생활을 하는 부모 밑에서 자란 아이 역시 불규칙한 생활을 하게 되고 아무도 규제하는 사람이 없으니 마음대로 행동한다. 또 부적절한 오락에 빠진 부모는 감정을 제대로 조절할 수 없어 큰 돈을 잃기라도 하는 날에는 격한 감정에 큰 소리를 내게 되고, 아이는 이런 상황에서 불안함과 공포심을 느끼게 된다. 심지어 괜히 아이의 작은 잘못을 트집 잡아 때리거나 욕설을 퍼부음으로써 분노를 표출하는 부모도 있다. 이런 아이들은 늘 마음을 졸이며 생활하고 극도로 민감하거나 반항적인 성향을 나타낸다.

문제 4_ 물질 만능주의

부모들은 자주 아이가 어떤 일을 완성하도록 하기 위해 돈이나 아이가 좋아하는 장난감이며 간식 등을 손에 쥐어준다. 이것을 포상이라고 생각하는 부모도 있겠지만 사실 아이에게 뇌물을 주는 것에 지나지 않는다. 아이들은 이런 방식이 정당하지 않다는 사실을 알지 못한다. 그래서 훗날 성인이 되었을 때 돈이면 무엇이든 다 된다는 물질 만능주의에 빠지기 쉽다.

부모는 최고의 심리치료사다

Chapter 3

내가 누군가의 부모라는 것은 얼마나 행운인가! 아무것도 모르는 아이의 마음속에 사랑이라는 씨앗을 심고 열심히 가꾸어 결실을 맺으니 말이다.

그러니 비난과 질책 대신 가능한 한 아이에게 더 자주 미소를 보이고, 입을 맞추며, 포옹을 해줘라. 그리고 아이를 얼마나 많이 사랑하는지 속삭여줘야 한다.

사랑이 부족하면 키가 크지 않는다

소설 《양철북》의 난쟁이 소년을 다들 기억하는가? 이 소년은 부모님의 불화로 성장을 멈추고 '영원한 어린이'가 되어버린다. 그런데 소설에서뿐만 아니라 우리 주변에서도 어떤 심리적인 원인으로 더 이상 키가 자라지 않는 아이들을 볼 수 있다. 이런 심리적 문제를 일으키는 주요 원인은 관심과 사랑이 부족하기 때문이다. 심리학자들은 부족한 사랑으로 더 이상 성장하지 않는 현상을 '심리적 왜소증' 또는 '정신적 왜소증'이라고 부른다.

미국의 유명한 정신과 교수 크리스티나 호븐(Christina Hoven)은 불우한 환경에서 태어난 아이는 정신이 계속 억압된 상태로 성장한다고 말한다. 부모가 관심을 기울여주지 않고 잦은 폭력과 욕설에 시달리다 보면 내분비계 기능에 이상이 생기고 성장 호르몬과 갑상선 호르몬 등 키가 자라게 하는 호르몬의 분비가 감소하게 되어 아주 천천히 성장하거나 아예 성장을 멈춰버린다고 한다.

어떠한 원인에서 왜소증이 생기든 부모라면 아이의 신체가 정상적으로 성장하고 있는지 관심을 기울여야 한다. 일반적으로 아이들이 급속히 성장하는 것은 다음과 같은 두 번의 시기에서다.

첫 번째는 0~3세 시기다. 돌 무렵 아이의 평균 키는 76cm, 만 3세 아이는 약 95~96cm다. 그리고 만 3세 이후 사춘기 때까지 매년 평균 6cm씩 자란다.

두 번째는 사춘기 무렵이다. 이때 아이는 매년 평균 8~12cm씩 자란다. 여자 아이의 경우 사춘기 발육이 10~12세에 시작되고 남자 아이는 12세

무렵에 시작된다. 사춘기가 시작되기 2년 전부터 성장 속도는 굉장히 빨라지기 시작하는데 매년 8~10cm씩 키가 크고 사춘기를 보내는 동안 여자 아이는 약 20cm, 남자 아이는 약 20~25cm가 큰다.

만약 아이가 만 3세 이후부터 사춘기 때까지 매년 6cm 이하로 성장한다거나 만 12세에 키가 남녀 각각 132cm와 135cm에 못 미친다면 왜소증을 앓고 있는 것이 아닌지 살펴봐야 한다.

엄마와 아빠가 모두 키가 작은 편이 아닌데 아이의 키가 눈에 띄게 작다면 어떤 원인으로 키가 자라지 않는지 알아봐야 한다. 키는 유전적인 요소뿐만 아니라 수면의 질, 영양 상태 등의 다른 영향도 많이 받는다. 하지만 이 중에서도 왜소증을 일으키는 가장 큰 주범은 심리적인 문제다.

일반적으로 불행한 가정에서 자라는 아이들에게서 심리적 왜소증이 많이 나타나는데, 정상적인 가정의 아이들보다 부모가 이혼하거나 재혼한 가정의 아이들이 심리적 왜소증을 앓을 확률이 훨씬 높다.

열여섯 살이 되었지만 키가 채 160cm에 못 미치는 남학생이 있었다. 그 학생은 어렸을 때 부모가 이혼하고 처음에는 엄마와 함께 살았지만 형편이 어려워 외갓집에 보내졌으며 그 이후 엄마는 재혼했다. 남학생이 열여섯 살이 되는 해 외할아버지가 돌아가셨고 외할머니 혼자 키울 능력이 되지 않아 아이는 다시 엄마에게로 보내졌다. 엄마는 이혼 당시 아이 아빠와 했던 약속을 기억했다. 아이가 열여섯 살이 되기 전까지는 엄마가 키우고 그 이후에는 아빠가 부양한다는 약속이었다. 하지만 엄마는 키가 너무 작은 아이를 아빠가 거절할까 봐 걱정이 되어 그제야 아이를 병원에 데려가 검사를 받도록 했다.

남학생은 어렸을 때부터 부모의 온전한 사랑을 받지 못한 탓에 또래 아이들보다 성장이 더뎠고, 중학교 2학년 때 성장이 완전히 멈춰버렸다. 부

모는 아이에 대한 책임은 지려고 하지 않고 시종일관 '짐짝' 취급만 했나. 다른 아이들이 부모의 따뜻한 사랑을 받으며 무럭무럭 성장하는 동안 이 남학생은 심리적 억압 때문에 성장이 너무 일찍 멈춰버렸다.

사실 부모의 이혼 자체가 아이의 성장 문제와 직결되지는 않는다. 다만 부모가 이혼 후 더 이상 아이에 대한 책임을 지지 않으려고 하는 것이 문제다. 만약 남학생의 엄마에게 책임감이 있었다면 아이의 문제에 조금 더 일찍 관심을 기울였을 테고 성장이 멈출 때까지 방치하지는 않았을 것이다. 아이가 '심리적 왜소증'을 앓고 있다 하더라도 이를 조기에 발견하고 충분한 사랑을 준다면 정상적으로 성장할 가능성은 얼마든지 있다.

심리학자들은 정신적으로 억압을 받아 왜소증을 앓고 있는 아이들을 대상으로 일정 기간 화목한 가정에서 정상적인 보살핌과 사랑을 받게 하는 실험을 실시했는데 3개월 후 이 중 95%의 아이들이 또래 아이들과 비슷한 수준으로 성장하는 놀라운 결과를 얻었다.

물론 이것은 성장기에나 가능한 일이다. 아이가 자라 성인이 되고 난 이후에는 아무리 많은 관심과 사랑을 준다 해도 성장에 한계가 있다.

지나친 사랑이 나약한 아이를 만든다

'익애(溺愛)'란 과도한 사랑을 의미하는데, 필요 이상으로 많은 사랑을 받게 되면 아이들에게도 '익애증후군'이 나타난다. 앞에서는 부모의 사랑이 부족할 경우 어떤 문제가 생길 수 있을지 알

아봤다. 하지만 부족한 사랑만큼 문제가 되는 것이 바로 넘치는 사랑이다. 아이에게 필요한 것은 너무 차갑지도, 뜨겁지도 않은 적당한 사랑이다.

익애증후군은 최근 새롭게 등장한 아동 질병이다. 아이를 하나만 낳는 가정이 많아지면서 집안의 모든 어른들이 아이 하나에 엄청난 사랑을 쏟아 붓고 있다. 그런데 이렇게 지나친 사랑을 받다 보면 아이의 심리는 포화 상태에 이르고 익애증후군에 걸리고 만다.

만약 당신의 아이에게 다음과 같은 문제가 발견된다면 익애증후군이 아닌지 의심해봐야 한다.

겁이 많고 나약하다

부모들은 아이가 넘어지거나 부딪혀 다칠까 봐 밖에서 혼자 놀 때는 물론 함께 있을 때도 철저히 감시하고 조금이라도 위험한 행동은 못하도록 막는다. 또 아이가 무슨 일을 저지르든 부모가 대신 나서서 뒤처리를 한다. 그런데 이렇게 감싸고 보호하기만 한다면 아이는 깨지기 쉬운 유리구슬처럼 겁이 많고 나약한 존재가 된다.

이기적이고 다른 사람을 배려할 줄 모른다

가정에서 무슨 일이든 아이를 중심으로 돌아가고 좋은 음식이나 물건을 모두 아이가 혼자 차지하도록 놔둔다면 이후 아이는 매사에 다른 사람은 배려할 줄 모르고 자신의 이해득실만 챙기는 이기적인 사람으로 자라게 된다.

내성적이고 남들과 잘 어울리지 못한다

또래 친구가 부족할 경우 생기는 특징이다. 집에 할아버지, 할머니, 아빠,

엄마가 있지만 함께 놀이를 할 수 있는 또래 친구가 없으면 혼자서 블록을 쌓고, 퍼즐을 맞추고, 만화영화를 본다. 이런 시간이 길어지다 보면 점점 내성적인 성격으로 변하게 되고 다른 사람과 협력할 줄 모르는 것은 물론 경쟁의식도 약해 성인이 되어서 사회에 적응하는 데 어려움을 겪는다.

언어 발달이 늦고 자폐 성향을 보인다

자폐 성향은 주로 3세 전후로 나타난다. 부모가 아이를 과도하게 보호하고 아이가 요구하기도 전에 뭐든 알아서 다 해주다 보면 아이의 언어 발달이 늦어지고 심한 경우 자폐 성향을 나타내기도 한다.

혼자서 할 수 있는 일이 적다

가정에서 아이의 모든 일을 부모가 대신 해주다 보면 어느 정도 나이를 먹고 나서도 옷 입는 것부터 씻는 것까지 혼자 해결하지 못하고 반드시 누군가의 도움을 받아야 한다.

다른 사람을 존중하지 않는다

아이가 울 때마다 원하는 것을 다 들어주다 보면 나중에는 울음을 무기삼아 부모에게 막무가내로 떼를 쓴다. 이런 나쁜 습관이 생기면 아이는 점점 제멋대로 행동하고 밖에서도 다른 사람을 전혀 존중하지 않는 안하무인이 된다.

그렇다면 지나친 사랑으로 생긴 나쁜 습관은 어떻게 고칠 수 있을까? 부모의 무조건적인 사랑은 익애증후군의 주된 원인이다. 그러므로 아이의 나쁜 습관을 고치려면 부모가 먼저 변해야 한다. 구체적으로 다음과

같은 방법을 참고해보자.

상벌을 분명히 한다

아이가 잘못을 하면 혼을 내고 불합리한 요구를 하면 거절해야 한다. 반대로 정당한 요구를 할 때는 마땅히 들어줘야 한다. 아이를 진심으로 사랑한다면 해달라는 대로 다 해주는 것이 아니라 적당한 선을 지킬 수 있어야 한다.

무엇이든 아이 중심으로 생각하지 않는다

무슨 일이든 아이 중심으로 생각하면 부모도 금방 지칠 뿐만 아니라 아이 역시 지나친 관심 때문에 자아를 상실하게 된다.

스스로 할 수 있는 기회를 준다

아이는 하고자 하는 일을 스스로 할 수 있는 기회를 얻었을 때 독립심을 키우고 어려움을 극복하는 법도 배울 수 있다. 특히 아이가 넘어졌을 때는 곧바로 일으켜주지 말고 스스로 일어나도록 격려하고 기다려준다.

아이는 부모의 따듯한 포옹에 목말라 있다

마음이 답답하고 울적할 때 사랑하는 사람이 어깨를 두드려주거나 포옹을 해주면 마음이 따듯해지면서 긴장이 누그러

지는 경험을 누구나 한 번쯤 해봤을 것이다. 이미도 이렀을 때 속상한 일이 생기면 부모님이 따뜻하게 안아주며 위로해주던 기억이 남아 있기 때문일 것이다. 포옹은 부모가 보여주는 관심과 사랑의 표현이기도 했다. 이런 행위가 여러 번 반복되면 조건반사가 형성되고 성인이 되어 사랑하는 사람이 포옹을 해줬을 때 비슷한 감정을 느끼게 되는 것이다.

조건반사가 아니더라도 인류는 본능적으로 포옹에 목말라 있다. 한 연구 결과에 따르면, 인류와 그 밖의 온혈동물들은 서로 피부를 맞대면서 만족시켜줘야 하는 특수한 감정적 욕구를 지니고 있는데 이런 욕구를 '피부의 배고픔'이라고 부른다고 한다. 특히 갓 태어난 아기들에게는 피부의 배고픔이 더욱 뚜렷하고 강렬하게 나타난다. 아이들은 본능적으로 어른들의 포옹과 스킨십을 좋아하며 이런 사랑의 행위는 아이가 건강하게 성장할 수 있는 동력이 된다.

과연 포옹과 스킨십은 아이의 건강한 성장에 구체적으로 어떤 도움을 줄까?

심리학자 밀러드는 포옹과 스킨십이 아이에게 활력을 불어넣고 대뇌의 흥분을 억제하거나 조절해주며 대뇌의 발달을 촉진해 IQ를 높여준다고 강조했다. 스킨십은 또한 긴장과 피로감, 고통을 완화시켜준다.

포옹과 스킨십의 욕구가 충족되지 않으면 아이의 피부는 굶주린 상태에 놓이게 되고 이 때문에 여러 가지 심리적 · 신체적 문제가 생겨나게 되는데 구체적인 증상은 다음과 같다.

첫째, 식욕이 저하된다. 피부의 배고픔을 경험한 아이는 식욕이 없어져 충분한 영양 공급이 이루어지지 않고 신체 발육이 더뎌진다.

둘째, 지능 발달이 지연된다. 스킨십이 부족하면 지능 발달이 지연되고 충분히 이루어지지 못한다.

셋째, 여러 가지 심리 문제가 나타난다. 스킨십이 부족하면 아이는 외로움과 두려움을 느낀다. 그래서 매일 밤 인형이나 이불을 끌어안고 자는 등 특정 사물에 집착하게 된다.

그러므로 아이가 성장할 때 자주 안아줘서 피부의 배고픔을 느끼지 않도록 해줘야 한다. 아이가 부모의 포옹을 가장 필요로 하는 두 번의 시기가 있는데 이 시기를 절대 놓치지 말아야 한다.

첫 번째 시기: 만 1세 이전

중국의 유명한 조기교육 전문가 양젠(楊健) 교수는 돌 전의 아기를 많이 안아주면 아이의 지능 발달과 건전한 인격 형성을 촉진할 수 있다고 강조했다. 아기를 안아줄 때는 등, 목, 배, 팔다리를 부드럽게 마사지하고 이마에 가볍게 입맞춤한다. 안아줄 수 없을 때는 아기의 손이나 발을 가만히 잡아주면 비슷한 효과가 있다.

간혹 아이를 자주 안아주지 않았더니 울지도 않고 보채지도 않는다며 가급적 적게 안아줘야 한다고 말하는 엄마들이 있다. 하지만 따뜻한 스킨십에 대한 인간의 욕구는 시상하부의 조절을 받는 것이므로 아기가 부모의 포옹을 갈망하는 것은 극히 정상적인 심리적 욕구다. 오랫동안 부모가 안아주지 않아 아기가 더 이상 울거나 보채지 않는다는 것은 심리적으로나 생리적으로 문제가 생겼다는 신호이므로 더욱 관심을 기울여야 한다.

독립심을 강조하는 부모들도 아이를 자주 안아주지 않는 경향이 있다. 그런데 독립심 교육과 아이를 안아주는 문제는 별개다. 특히 0~1세 때는 독립심에 대한 개념을 심어주기 아직 이를 뿐 아니라 그러한 시도가 오히

려 역효과를 낳을 수 있으니 주의해야 한다.

두 번째 시기: 사춘기

사춘기는 아이가 피부의 배고픔을 강하게 느끼는 두 번째 시기다. 일반적으로 아이가 열 살 정도 되면 더 이상 부모와 포옹하거나 입을 맞추지 않는다. 대부분의 부모가 아이가 자랐으니 부끄러워할 거라고 생각한다. 하지만 사춘기에 아이를 자주 안아주면 좋은 점이 많다. 심리학자들은 이 시기에 부모가 아이와 스킨십을 자주 하면 그렇지 않은 아이들보다 심리적으로나 신체적으로 더 건강해진다고 말한다. 또 부모와 스킨십이 부족한 아이들은 대부분 사춘기에 이른 연애를 시작하는 경향이 있다.

이 시기의 포옹은 부모와 아이 모두에게 좋은 일이다. 한 심리학자는 포옹이 체내 면역력을 높여주고 근심을 사라지게 해준다고 말했다. 또한 신체에 새로운 활력을 불어넣어 더욱 젊고 활기 넘치게 해준다. 물론 자주 포옹하면 아이와 부딪칠 일도 적어진다.

성인들은 갱년기에 피부의 배고픔을 느끼는데 아이와의 포옹을 통해 이런 문제를 해결할 수 있으니 일거양득이라고 할 수 있다.

엄마의 사랑은 아이의 피난처다

심리학자들은 인간이 태어난 후 3년까지를 가장 미성숙한 시기로 본다. 인간은 동물들처럼 태어날 때부터 뇌가 어느 정도

발달해 있거나 곧바로 걷거나 뛸 수 없다. 그러나 인류는 다른 동물들에게는 없는 지혜와 몇 만 배의 발전 가능성을 갖고 태어난다. 그리고 태어나서 첫 3년 동안 지혜의 발달을 촉진시키는 것이 바로 엄마의 사랑이다.

태어나서 첫 3년 동안 엄마의 사랑을 제대로 받지 못한 아이는 신체나 지능 발달이 느리고 사회 적응 능력도 떨어진다. 심각할 경우 생리적 질병이나 심리적 질병이 생기기도 한다. 고아원에서 생활하는 아이들에게 심리 문제가 빈번하게 나타나는 것을 보면 알 수 있다. 심리학자들은 고아원에 맡겨진 영아들의 사망 확률이 매우 높고, 그렇지 않다고 해도 대부분 발달이 늦고 활기가 없다는 사실을 발견했다. 이런 아기들은 관심과 사랑을 받지 못한 채 혼자서 외롭게 침대에 누워 있는 시간이 많아 만 2세가 되어도 지능이 10개월 된 아기와 비슷했다.

갓난아기에게 엄마의 사랑은 일종의 축복이자 세상을 살아나갈 힘을 얻는 원천이다. 유년 시절에 엄마의 사랑을 제대로 받지 못하면 늘 공허함과 불안함을 느끼게 된다. 아기는 태어나자마자 엄마에게 의존하며 애착 관계를 형성하기 시작하는데 6~7개월이 되면 이런 애착은 더욱 두드러진다. 그러다가 만 3세가 지나면 서서히 엄마와 분리되어 또래 친구나 낯선 사람들과 교류하는 법을 배운다. 그전까지 아이들은 '껌 딱지' 처럼 엄마 옆에서 안전한 애착 관계를 형성하려고 한다.

3세 이전의 아이는 엄마와 함께 있거나 자신의 시야가 닿는 곳에 엄마가 있으면 낯선 환경에서도 안심하고 놀고 처음 보는 사람에게도 적극적으로 다가간다. 아이는 엄마가 일단 시야에서 사라지면 불안해하며 울음을 터뜨리지만 엄마가 돌아오면 다시 안심하고 하고 있던 놀이를 계속한다.

어떤 아이는 엄마가 아침에 출근을 해도 울지 않고 퇴근해서 집에 왔을 때도 잠시 웃으며 반겨주다가 자신이 하던 일을 계속한다. 이런 아이는 엄마와 안정적인 애착 관계를 형성하지 못한 경우로 엄마가 있어도 안전함을 느끼지 못하는 것이다. 불안정한 애착 관계는 아이의 심리 발달에 영향을 준다. 부모와 안정적인 애착 관계가 형성되어야만 아이는 세상이 안전하다는 인식이 생겨 낯선 환경에서도 두려움을 극복하고 주변의 새로운 사물을 탐색하며 자신의 시야를 넓혀간다.

어떻게 하면 아이와 안정적인 애착 관계를 형성해 건강한 심리 발달을 도울 수 있을까? 다음의 방법을 참고해보자.

책임감과 사랑으로 아이와 교류하라

엄마가 아이와 교류하는 태도나 아이가 본래 갖고 있는 성향이 안정적인 애착 관계를 형성할 수 있는지 여부를 결정한다. 책임감이 강하고 사랑이 넘치는 엄마라면 아이와 안정적으로 애착 관계를 형성한다. 반대로 아이에게 무관심하고 냉담한 엄마라면 안정적인 애착 형성이 어렵다.

애착 형성의 중요한 시기를 놓치지 마라

6개월부터 18개월까지는 엄마와 아기가 애착 관계를 형성하는 가장 중요한 시기다. 이때 엄마가 아기와 적극적으로 스킨십하고 행위 하나하나에 민감하게 반응해준다면 아이와 안정적으로 애착 관계를 형성할 수 있다.

아이와 자주 스킨십하라

아기는 엄마 사랑의 최대 '소비자' 다. 그러므로 너무 오랜 시간 아이와 떨어져 있지 않도록 하고 베이비 마사지 등을 해주면서 가능한 한 자주 스킨십을 나눠라. 사랑이 가득 담긴 포옹, 입맞춤, 신체적인 접촉은 모두

안정적인 애착 관계 형성에 도움이 된다.

아빠의 사랑이 지능 발달 수준을 결정한다

이런 비유가 있다. 아이가 자동차라면 엄마는 엔진이다. 하지만 차체와 엔진만으로는 자동차가 달릴 수 없다. 이때 주유소(아빠)에서 기름(아빠의 사랑)을 듬뿍 넣어준다면 자동차(아이)는 힘차게 달릴 수 있을 것이다. 이처럼 아빠의 사랑을 받지 못한 아이는 기름이 떨어진 자동차처럼 힘없이 멈춰 서 있을 뿐이다.

선원으로 일하는 한 아빠가 아이가 태어난 지 얼마 되지 않아 원양어선을 타고 먼바다로 일을 하러 나갔다. 그런데 3년 후 집에 돌아왔을 때 아빠는 아이에게서 활기를 전혀 찾아볼 수 없었다. 그리고 아이가 거친 행동이나 성향을 보이고 늘 열등감에 사로잡혀 있다는 사실을 알게 되었다. 이를 이상하게 여긴 아빠는 아이를 심리상담소에 데려가 검사를 받게 했다. 의사는 아이의 문제가 모두 아빠가 오랫동안 집을 비워 아빠의 사랑을 충분히 받지 못했기 때문에 생긴 것이라는 결론을 내렸다.

이처럼 아빠의 사랑을 충분히 받지 못한 아이는 성인이 되어서도 성공적인 삶을 살기 어렵다. 아빠의 사랑이 부족하면 인내심, 지구력, 모험심, 창의력, 용기 등 성공한 사람들이 가진 심리적 소양을 제대로 갖추지 못하기 때문이다.

그러므로 아이가 어렸을 때 아빠의 역할을 과소평가해서는 안 된다. 아이의 유년 시절에 엄마의 사랑 못지않게 아빠의 사랑도 굉장히 중요하다. 갓난아기라 할지라도 아빠의 사랑을 받고자 하는 강한 열망이 있다. 태어난 지 2주 된 아기는 아빠의 목소리를 구분할 수 있고 심지어 아빠의 손짓 등의 간단한 행동을 모방하려고 한다. 아이는 아빠의 늠름하고 씩씩한 모습을 좋아하는데 이는 엄마에게서 느끼는 감정과는 전혀 다른 것이다. 또 아빠와 빨리 달리기나 레슬링 등 몸으로 할 수 있는 놀이를 함께 하면서 즐거움을 느낀다. 그러나 아빠가 멀리 떠나 있지 않더라도 아빠에게서 충분한 사랑을 받지 못하면 불안, 수면 장애, 식욕 감퇴, 우울증 등 각종 심리 문제가 나타난다. 심리학에서는 이를 '부성애결핍증후군' 이라고 부른다.

관련 연구 데이터에 따르면, 어린 시절 부성애결핍증후군을 앓은 중학생의 학업 중단 비율이 일반 아이들의 두 배가 넘고, 범죄율 역시 두 배가 넘는 것으로 나타났다. 여자 아이의 경우 성인이 되었을 때 '싱글 맘' 이 될 확률이 일반 아이들보다 세 배 높았다. 하지만 여자 아이에 비해 남자 아이가 아빠의 사랑을 받지 못했을 때 심리적 문제가 발생할 확률이 두세 배 더 높았다. 아빠와 아들의 사이가 특히 좋지 않은 가정을 많이 볼 수 있는데 이는 어린 시절 아빠가 아이에게 충분한 사랑을 주지 않았기 때문이다. 아이는 어린 시절에 아빠에 대한 신뢰를 쌓지 못했기 때문에 커서도 아빠가 멀고 낯설게만 느껴지는 것이다. 심지어 자신이 받아야 할 아내의 사랑을 아이가 빼앗아 갔다고 생각하는 아빠들도 있는데 이런 경우 민감한 아이들은 아빠를 점점 멀리하게 된다.

아이에게 주는 아빠의 사랑이 엄마의 사랑에 비해 상대적으로 부족한 경우가 많았다. 게다가 부모가 모두 함께 살고 있는 가정에서 자란 아이가 부성애결핍증후군에 걸릴 가능성이 훨씬 컸다. 아빠는 남자로서 가정 경제를 책임져야 하는 부담도 크고 엄마에 비해 상대적으로 부성애가 강하지 않기 때문이기도 하다. 아빠들은 아이가 태어나면 굉장히 행복하지만 아이에 대한 책임 의식은 엄마들보다 약한 편이다. 물론 엄마처럼 열 달 동안 아이를 배에 품고 있지 않았으므로 느끼는 감정이 다를 수밖에 없다.

하지만 그렇기 때문에 아빠의 사랑은 더욱 소중하다. 그렇다면 유년 시절에 아빠의 사랑을 받고 싶은 아이의 욕구를 어떻게 하면 충족시킬 수 있을까?

할 수 있다는 믿음을 가진다

많은 아빠들이 자신이 서툴다는 이유로 아이 돌보는 일을 엄마에게 미루곤 한다. 하지만 처음부터 잘하는 사람은 없다. 무슨 일이든 배우고 경험을 함으로써 익숙해지는 것이다. 아빠가 아이의 양육과 교육에 적극적으로 참여하다 보면 자연스럽게 좋은 아빠, 책임감 있는 아빠가 될 수 있다.

아이 돌보는 법을 배운다

회사 일이 아무리 바빠도 퇴근하고 돌아오면 우선 아이를 따뜻하게 안아준다. 그리고 아내가 아이 씻기는 것을 도와주거나 기저귀 갈기, 양치하기, 이불 정리, 옷 갈아입히기 등을 맡아서 한다.

아이와 함께 할 수 있는 놀이를 찾는다

아이와 아빠가 하는 놀이는 엄마와 할 수 있는 놀이와 많이 다르다. 특히 2~3세 아이들은 활동량이 많고 긴장감 있는 놀이를 좋아하는데 이런

놀이는 엄마가 함께 하기 힘들다. 그러므로 이때는 아빠가 나서야 한다. 하루 종일 회사 업무에 시달려 피곤해도 "아빠가 지금 많이 피곤해. 다음에 하자."는 말은 절대 하지 말자. 대신 "아빠가 많이 피곤하니까 조금만 쉬었다가 할까?"라고 말하는 것이 좋다. 아빠는 놀이를 통해 아이의 성격이나 취미를 이해할 수 있는데 이런 정보를 엄마와 공유하면 아이의 성장에 많은 도움이 될 것이다.

아이와 즐거움을 공유한다

하루 종일 회사 일에 시달려 피곤하지만 집에 와서 아이의 천진난만한 웃음을 보면 덩달아 마음이 밝아지는 것을 느낄 것이다. 아이 앞에서만큼은 회사에서처럼 진지하거나 엄숙할 필요가 전혀 없다. 아빠는 아이와 상호작용을 통해 생기를 얻고 더욱 활기찬 생활을 할 수 있다. 아빠가 아이의 좋은 놀이 상대이기도 하지만 아이 역시 아빠의 좋은 놀이 상대가 되어줄 수 있다.

사랑이라는 이유로 아이의 자유를 억압해서는 안 된다

하버드 대학교의 한 심리학과 교수는 자신의 아들을 천재로 키우고 싶었다. 그래서 서너 살 무렵 아이만을 위한 맞춤형 언어 학습법을 개발했다. 이 학습법으로 아이는 여러 외국어를 자유롭게 구사할 수 있게 되었고 여섯 살에 중학교에 입학했다. 열두 살에는 하버드 대학교에 입학해 열여섯 살에 박사 과정에 입문하고 열여덟 살에 공부를 마쳤다. 이 교수는 이제 자신이 할 일은 다했다고 생각하고 한시름 놓았다.

그런데 아들은 아빠의 기대와는 달리 영국 런던에 있는 한 마트 직원으로 취직했고 이 사실을 아주 만족스러워했다. 아들의 입장에서는 지난 18년 동안 오로지 아빠의 의지에 따라 공부만 하다가 스스로 할 수 있는 일을 찾았으니 얼마나 기뻤을까! 사람들이 어떻게 생각하든 상관없었다. 아이는 마트에서 일하는 순간이 훨씬 즐거웠다.

이 이야기는 조금 특수한 경우지만 실제로 많은 부모들이 교육 문제로 자녀와 갈등을 겪는다. 대부분의 부모가 아이에게 최상의 교육 환경을 제공해주고 싶어 한다. 뱃속에 있을 때부터 태교에 힘쓰고 세상에 태어나면서부터 가장 좋은 유치원, 가장 좋은 중학교와 고등학교, 가장 좋은 대학교에 보내기 위해 온갖 정성을 기울인다. 그런데 이 과정에서 아이의 의견을 묻고 존중해주는 부모가 과연 몇이나 될까?

"이게 다 너를 사랑해서 그러는 거야. 그러니까 무조건 엄마가 시키는 대로 해!"

"다 너 잘되라고 그러는 건데, 왜 이렇게 말을 안 듣니?"

부모는 이런 식으로 말하며 아이가 자신의 의견에 복종하도록 강요한다. 부모의 마음을 이해할 수 없는 것은 아니지만 이것이 정말 아이를 사랑하는 방법일까?

일류 대학 학생들의 자살 소식을 접할 때마다 많은 부모들이 자신의 일이라도 되는 양 안타까움을 나타낸다.

"쯧쯧, 부모 생각은 안 하나 봐. 얼마나 고생해서 공부를 시켰을 텐데."

아이가 견디다 못해 자살을 했는데도 자신의 교육 방식이 잘못되었음

을 깨닫지 못하는 부모들이 있다. 원하지 않는 일을 강요했을 때 아이가 얼마나 고통스러워할지 생각하지 못하는 것이다.

아이를 사랑한다는 이유로 부모 마음대로 모든 일을 결정해도 되는 것일까? 혹시 사랑을 명목으로 한 부모의 이기심 아닐까? 아이는 가족의 독립적인 구성원으로 부모 마음대로 할 수 있는 대상이 아니라 그저 도움이 필요한 존재다. 왜 부모는 자신의 욕심 때문에 아이의 자유를 억압하려 하는 것일까?

'사랑과 자유'는 몬테소리의 중요한 교육 이념이기도 하다. 당시 교육자들 사이에서는 의견이 분분했지만 오늘날 몬테소리는 세계인들이 인정한 20세기 위대한 교육가 중 한 명으로 평가받고 있다. 그녀는 생전에 아이들을 대신해 이런 말을 남겼다.

"제가 혼자 할 수 있도록 도와주세요."

이것은 몬테소리가 주장했던 사랑과 자유의 교육 방식을 가장 잘 설명해주는 말이기도 하다.

아이를 교육할 때 진심으로 도와주려고 했는지 아니면 부모의 의지대로 아이를 이끌어가려고 했는지 한번 곰곰이 생각해보자. 아이는 어른들이 만들어놓은 굴레에서 벗어나야 성장할 수 있다는 말도 있다. 부모는 교육이라는 미명하에 아이의 모든 행위를 간섭하고 제약하려고 한다. 처음에는 먹고 입고 공부하는 등의 일에 모두 부모의 도움이 필요하지만, 어느 정도 시간이 지나면 아이에게도 자신의 인생을 스스로 설계할 선택의 자유가 있어야 한다.

아이에게는 아무 생각 없이 부모가 정해놓은 길을 걷는 것보다 자유로운 생활이 훨씬 값지고 의미 있다. 그리고 자유로운 환경에서만이 온전한

사람으로 성장할 수 있다. 자유를 허용하면 규칙이나 질서도 모르는 아이로 자랄까 봐 걱정하는 부모도 있다. 하지만 이에 대해 몬테소리는 이렇게 말했다.

"아이에게 용기를 심어주고 혼자서 생각할 수 있는 시간을 주어 일의 옳고 그름을 스스로 판단할 수 있도록 해야 한다. 그래야만 마음에서 우러나오는 도덕심과 절제 능력이 생긴다. 이는 억지로 주입시키는 것보다 훨씬 크고 본질적인 효과가 있다."

인간은 누구나 스스로 규칙을 만들고 질서를 지키고자 하는 의지가 있다. 그러므로 부모가 철저한 자유를 허락한다면 아이는 자유로운 환경 속에서 스스로 규칙을 만들고 절제할 수 있게 될 것이다. 3세 전후는 본능적으로 질서에 민감한 시기다. 그래서 이 시기에 아이는 어른들이 시키지 않아도 자신의 행위를 규제할 수 있게 된다.

사실 아이들보다 어른들이 고집이 세고 제멋대로 하려는 성향이 더 강하다. 그래서 아이의 뜻은 무시하고 아이 인생을 자신의 생각대로 좌지우지하려는 실수를 저지른다. 자녀를 교육하며 자유를 억압하면 할수록 아이는 성장하면서 반항 심리가 커진다. 아이가 부모의 마음을 이해하지 못한다고 하소연하기 전에 부모로서 아이의 마음을 진심으로 이해하고 있는지 생각해 보는 것은 어떨까?

교육은 결국 스스로 깨우쳐가는 과정이다. 부모는 자녀를 교육할 수 있는 기회와 자녀로부터 가르침을 얻을 수 있는 기회를 동시에 부여받는다. 부모가 아이에게서 자유에 대한 갈망과 삶에 대한 열정을 배울 수 있다면 부모와 아이 모두가 즐거운 교육이 될 수 있을 것이다.

아이를 올바로 사랑할 줄 아는 부모가 되어야 한다

만약 다시 아이를 키운다면 더 많이 웃어주고 더 자주 안아줄 것이다. 일이 바쁘다는 이유로 아이를 외갓집에 보내지도 않을 것이고 새로 산 휴대폰을 바닥에 집어던져도 화를 내지 않을 것이다. 이것은 아이의 천성이니까. 물론 피아노 학원이나 미술 학원에 가야 한다고 강요하지도 않을 것이고 아이가 좋아하는 일을 마음껏 할 수 있게 해줄 것이다. 다시 아이를 키운다면 아이가 행복한 유년 시절을 보내고 즐겁게 공부할 수 있도록 지켜봐줄 것이다.

많은 부모들이 아이를 혼낸 뒤 자책감에 빠진다. 아이를 보며 늘 한숨을 쉬는 부모들도 있다.

'아이를 위해 이토록 노력하고 고생하는데 왜 제대로 따라와주지 않는 걸까?'

그런데 부모의 노력과 고생이 정말 아이를 위한 일이었을까? 아이에게 심리 문제가 발견되고 나서야 부모들은 그동안의 사랑이 잘못된 사랑이었음을 깨닫는다.

아이를 진정으로 사랑하는 부모라면 자신이 주고 싶은 것이 아니라 아이가 원하는 것을 줘야 한다는 사실을 알아야 한다. 사랑에는 이해와 존중, 책임과 배려의 요소가 포함된다. 자녀 교육은 사랑을 전달하는 과정이 되어야 한다. 많이 웃어주고, 자주 안아주고, 더 많이 이해하고 배려하려고 노력해야 한다. 그래서 아이가 즐겁고 부모의 사랑을 느낄 수 있다면 자녀 교육은 절반의 성공을 거둔 것이다.

그렇다면 아이를 올바로 사랑하는 방법은 무엇일까?

조건 없는 사랑을 쏟아라

아이가 아직 어렸을 때 부모는 많은 희망을 품는다. 아이가 음악을 잘했으면 좋겠고 그림도 잘 그렸으면 좋겠고 무용이나 체육에도 소질이 있었으면 한다.

"아빠 엄마는 너만 믿는다!"

부모들은 이렇게 말하면서 자신이 꿈꾸는 미래를 아이에게 강요한다. 하지만 아직 어린아이의 어깨에 너무 무거운 짐을 지워주는 것 아닐까? 부모를 기쁘게 하려고 아이는 원하지도 않는 음악가, 화가, 무용가가 되어야 하는 걸까?

만약 지금 이런 방식으로 아이를 사랑하고 있다면 당신의 사랑은 아이에게 상처가 될 뿐이다. 아이는 당신의 꿈을 이뤄줄 도구일 뿐 자신의 인생을 살고 있지 못하기 때문이다. 왜 아이에게 상처를 주는 부모가 되어야 할까? 아이는 저마다 다른 재능을 타고나고 스스로 성공에 대해 생각할 줄도 안다. 부모의 역할은 올바른 길로 갈 수 있도록 인도해주는 것이지 아이의 미래를 대신 설계해주는 것이 아니다. 그러므로 성적표에 나온 숫자만 보고 다그칠 것이 아니라 아이가 정말로 원하는 것이 무엇인지 진지하게 대화를 나눠보자. 그러면 아이도 높은 성적보다 훨씬 값진 것으로 당신의 사랑에 보답할 것이다.

사랑하는 마음을 표현해라

아이를 진심으로 사랑하는 부모는 아이가 그 사랑을 느낄 수 있도록 표현할 줄도 알아야 한다. 아이가 그린 그림을 보고 "정말 멋지다!"라고 말해주는 것이, 아이에게는 비싼 옷을 사주고 좋은 학원에 보내주는 것보다 훨씬 의미 있다.

하지만 무조건 칭찬해주는 것이 올바른 사랑은 아니다. 아이가 잘못을 저질렀는데도 잘했다고 칭찬해주면 잘못된 길로 이끌어주는 것밖에 되지 않는다. 한 도둑이 재판을 받으며 이렇게 말했다고 한다.

"만약 처음 물건을 훔쳤을 때 아버지께서 혼을 내셨다면 지금과는 전혀 다른 인생을 살고 있을 겁니다. 하지만 그때 아버지는 저한테 '정말 대단하다!' 고 말씀하셨어요."

아이 스스로 미래를 설계하도록 하라

자신이 공부하는 이유가 무엇인지 묻는다면 아마 대부분의 아이들이 모른다고 대답할 것이다. 아무도 공부를 해야 하는 이유를 알려주지 않았으니 아이들은 모를 수밖에 없다. 어떤 아이는 '부모님을 위해서' 라고 대답할 수도 있다. 부모의 마음을 이토록 헤아려준다니 철이 들었다고 생각할 수도 있겠지만 정말 그런 것일까?

아니다. 아이는 단지 엄마 아빠가 기뻐하니까 공부를 하는 것뿐이다. 아이는 왜 자기 자신을 위해 공부하지 않는 것일까? 아무리 어려도 아이는 자신의 인생을 설계하고 책임지는 법을 배워야 한다. 아이를 진심으로 사랑하는 부모라면 아이가 이유도 모른 채 공부하도록 놔두기보다는 자신의 미래에 대해 생각해볼 수 있도록 지도하고 이끌어줘야 한다.

효과적인 자녀 교육을 위해서는 아이가 갖고 있는 재능과 성향에 맞는 교육 방식을 찾아야 한다. 이를 위해서는 먼저 아이가 어떤 분야에 재능이 있는지 확실히 알아야 한다. 하지만 태어난 지 얼마 되지 않은 아이의 기질과 성격을 파악하기는 쉽지 않다. 그렇다고 아이가 다 클 때까지 기다리는 것은 소중한 교육 시간을 낭비하는 것이다.

아이의 성향이나 사고 능력을 판단하는 가장 간단한 방법은 어떤 색깔을 좋아하는지 알아보는 것이다. 심리학자들은 아이가 무의식적으로 선택한 색깔이 심리적 특성과 연관성이 있다는 사실을 발견했다. 아이가 어떤 색깔을 특히 좋아한다면 이와 연관된 개성이 더욱 두드러지게 나타난다는 것이다. 부모는 이런 내용을 파악해 어떤 방법으로 자녀를 교육해야 할지 생각해볼 수 있다. 단, 색깔로 성향을 알아보는 것은 3~8세 아이들에게만 적합한 방법이다.

붉은색 계통을 좋아하는 아이의 성격

붉은색 계통을 좋아하는 아이는 호기심이 강하고 무슨 일이든 끝을 봐야 직성이 풀린다. 부모가 자신의 요구를 들어주지 않았을 때도 절대 포기하지 않고 활동적인 놀이나, 전동차나 꼬마기차 등 움직이는 장난감을 좋아한다. 전반적으로 호방하고 시원시원한 성격의 아이들이 여기에 포함된다.

● 붉은색을 좋아하는 아이의 교육 방법

움직이는 것을 좋아하고 다른 사람의 말을 듣지 않고 제멋대로 하려는 성향이 강하기 때문에 교육하기 쉽지 않다. 그러므로 부모는 되도록 아이와 많이 대화하고 교류하려고 노력해야 한다. 시원시원한 성격 덕분에 누구에게든 쉽게 마음을 열고 교류한다. 하지만 이런 유형의 아이가 올바른 교육을 받지 못하면 성인이 되었을 때 반사회적인 성향을 나타내거나 범죄를 저지를 가능성이 높다.

● 분홍색을 좋아하는 아이의 교육 방법

대부분의 여자 아이들이 분홍색을 좋아하는데, 이런 아이들은 붙임성이 좋고 애교가 많다. 분홍색을 좋아한다는 것은 아빠 엄마의 사랑을 충분히 받았다는 증거로, 이런 아이들은 세심하고 배려심이 깊으며 대부분 성격이 부드럽고 온화하다.

그러나 한편으로는 부모에게 의존하려는 성향이 강하고 자신의 문제를 누군가 해결해주기만을 바라므로 독립성을 키우는 데 중점을 둬야 한다.

푸른색 계통을 좋아하는 아이의 성격

푸른색 계통을 좋아하는 아이들은 나이에 비해 성숙하고 사물에 대한 판단 능력이 뛰어나다. 책임감이 있고 일의 시작과 끝이 분명하며 무슨 일이든 흐지부지한 것을 싫어한다. 또한 호불호가 분명하고 이성적이다. 전반적으로 이런 유형의 아이들은 계획성이 있고 원칙을 중시하는 성향을 보인다.

● 초록색을 좋아하는 아이의 교육 방법

초록색을 좋아하는 아이는 경쟁을 싫어한다. 그래서 유치원에서도 아이들과 '의자 빼기' 등의 놀이를 하는 것보다 식물 관찰처럼 정적인 활동을 즐긴다. 경쟁을 싫어하기 때문에 늘 남들에게 뒤지는 경향이 있다. 비록 경쟁을 좋아하지는 않지만 호기심이 많고 진취적이며 고집이 센 편이다. 이런 유형의 아이들이 제대로 된 교육을 받을 수 있다면 성인이 되었을 때 무슨 일이든 끈기 있게 밀고 나가 성공할 확률이 높다. 여러 방면에 재능을 보이는 남자 아이들이 대부분 이 유형에 속한다.

● 남색을 좋아하는 아이의 교육 방법

남색을 좋아하는 아이는 침착하고 진지하며 생각하는 것을 좋아한다. 초록색을 좋아하는 아이와 마찬가지로 경쟁을 좋아하지 않는다. 그래서 또래들 사이에서 대장 역할을 하는 경우는 드물지만 쉽게 다가갈 수 있는 성격이라 교우 관계가 좋다.

회색 계통을 좋아하는 아이의 성격

회색 계통을 좋아하는 아이는 형이나 대장 역할을 하는 것을 좋아한다. 이런 유형의 아이들은 리더십이 강하고 불의에 용감하게 맞설 줄 안다. 하지만 이런 아이가 집안의 장남이나 장녀일 경우 밖에서는 누구에게나 친절한 모습을 보이다가 집에 와서는 제멋대로 구는 등 이중적인 모습을 보여 어른들을 놀라게 할 수가 있다.

● 갈색을 좋아하는 아이의 교육 방법

부모가 일 때문에 바빠 조부모에게 맡겨진 아이들 중 25% 정도가 4세 무렵 갈색을 좋아하는 것으로 나타났다. 이런 아이들은 또래보다 성숙한 것처럼 보이지만 사실 내면이 굉장히 불안한 상태로 걱정이 많은 편이다. 만약 유년 시절에 엄격한 교육을 받는다면 창의력이 억압당하고 매사에 부정적인 성격을 갖게 된다. 그러므로 아이에게 이런 특징이 나타나면 즉시 바로잡아 줘야 한다.

검정색 계통을 좋아하는 아이의 성격

검정색을 좋아하는 아이는 적극적이고 경쟁을 좋아한다. 승부욕이 강해서 무슨 일이든 지고 싶어 하지 않는다. 조용한 것을 좋아하지 않고 기회만 생기면 밖으로 나가려고 한다. 다른 사람과 비교하는 것을 좋아하기 때문에 친구들과 자주 다툼이 일어난다. 부모는 아이의 이런 성향을 고려해서 적절한 교육을 해야 한다.

하얀색 계통을 좋아하는 아이의 성격

하얀색을 좋아하는 아이는 다른 사람과 교류하는 것을 좋아하지 않고 무엇이든 혼자서 하고 싶어 한다. 말수는 적지만 반항적인 성향이 강하다. 이런 유형의 아이는 집에서 혼자서 책을 보거나 음악을 듣는 것을 좋아하며 전반적으로 고독하고 내성적인 성격이다.

● 하얀색을 좋아하는 아이의 교육 방법

이런 유형 중 15%의 여자 아이들과 6%의 남자 아이들에게서 완벽주의 성향이 나타난다. 하얀색 물건을 좋아하기 때문에 무엇이든 깨끗한 것을 좋아한다. 수시로 옷이나 양말을 갈아 신고 다른 사람이 자신의 물건을 만지는 것을 싫어한다. 또 어떤 일을 할 때 스스로에 대한 요구치가 굉장히 높고 완벽하게 끝내지 못하면 불안하고 초조해한다. 이럴 때 부모는 아이의 불안함을 해소해주고 잘못을 자책하지 않도록 위로해준다.

노란색 계통을 좋아하는 아이의 성격

노란색 계통을 좋아하는 아이는 대부분 외향적이고 어려서부터 인간관계가 좋다. 이런 유형의 아이는 명량하고 말솜씨가 좋아 많은 사람들에게 사랑을 받는다.

● 주황색을 좋아하는 아이의 교육 방법

주황색을 좋아하는 아이는 외향적이고 활발하지만 누구에게나 사랑을 받기 때문에 자기중심적으로 생각하는 경향이 있다. 또 시간이 길어질수록 이기적인 모습을 보이며 다른 사람을 배려할 줄 모르게 된다. 그래서 이런 유형의 아이는 사람들과 쉽게 친해지지만 다툼을 일으키기도 쉽다. 성격이 세심하지 못하고 사람들을 쉽게 믿어 속임수에 잘 넘어간다. 그러므로 부모는 이런 점에 주의를 기울여 자녀를 교육해야 한다.

이상은 아이들이 좋아하는 색깔과 성격의 연관성을 알아봤다. 주의할 점은 아이의 성격은 환경의 영향에 따라 언제든 변할 수 있다는 것이다. 현재 아이의 성격이 어떻든 부모가 좋은 환경을 제공한다면 나쁜 성격도 좋게 변할 수 있고 좋은 성격은 더 좋은 방향으로 발전할 수 있다.

아이의 행동 뒤에 숨겨진 진실

Chapter 4

아이들은 정말 이해할 수 없는 이상한 행동을 많이 한다. 손에 잡히는 것은 무조건 던지기를 좋아하는 아이가 있는가 하면 하루 종일 인형을 끌어안고 다니는 아이도 있다. 이런 아이는 누군가 인형을 빼앗아 가기라도 하면 대성통곡을 하고 심지어 먹지도 자지도 않는다. 과연 아이들이 이런 이상한 행동을 하는 진짜 이유는 무엇일까?

아이들은 왜 장난감 던지기를 좋아할까

아기들은 9~10개월 정도 되면 약속이나 한 것처럼 물건들을 집어던지기 시작한다. 일단 손에 넣은 것은 가차 없이 바닥으로 내동댕이치고 많이 던질수록 기분이 좋아진다. 아빠 엄마는 아이가 실수로 물건을 떨어뜨린 줄 알고 곧바로 주워주지만 물건을 손에 넣은 아이는 다시 바닥에 던져버린다. 이런 일이 몇 번 반복되고 나면 부모는 아이가 일부러 물건을 던진다는 사실을 알아채고 더 이상 주워주지 않거나 장난을 친다며 혼을 낸다. 하지만 아이는 계속해서 떨어진 물건을 손으로 가리키며 주워달라고 한다.

아이들은 왜 이렇게 물건 던지기를 좋아하는 걸까? 사실 아이가 물건을 던지는 것은 어른들이 생각하는 것만큼 단순한 행동이 아니다. 아이들의 '물건 던지기' 뒤에는 다음과 같은 비밀이 숨어 있다.

세상에 대한 탐색

아동심리학자들은 물건 던지기가 아이들이 반드시 거쳐가는 학습 단계라고 말한다. 아이는 일정 단계가 되면 사물의 인과관계에 관심을 보이기 시작하는데, 반복해서 물건을 던지는 활동을 통해 자신의 동작(던지는 것)과 동작의 대상(물건)을 구분할 수 있게 된다. 또 물건을 던졌을 때 그것이 바닥으로 떨어지고 물건에 따라 떨어질 때 다른 소리가 난다거나 형태가 변한다는 사실을 발견하게 된다. 이런 것들이 호기심을 자극해, 아이는 태어나서 처음으로 세상에 대한 탐색을 시작하는 것이다.

예를 들어 공을 바닥으로 던졌을 때 아이는 공이 굴러간다는 사실을 알게 된다. 물론 처음에는 공을 던졌기 때문에 굴러간다는 사실을 인식하지 못하지만 이런 우연이 여러 번 반복되면 서서히 자신의 동작이 공을 굴러가게 한다는 사실을 깨닫는다. 이를 통해 아이는 자신의 능력을 인식하고 자신과 다른 사물과의 관계를 발견하게 된다.

부모의 관심 끌기 또는 도움 요청하기

물론 모든 '물건 던지기'가 탐색과 발견의 과정은 아니다. 때때로 아이들은 던지는 행위를 통해 자신의 의사를 전달하고자 한다. 만약 아이가 빈 컵을 바닥으로 던졌다면 엄마에게 목이 마르다는 신호를 보내는 것이다. 또 아무도 자신에게 관심을 기울이지 않는다면 놀아달라는 신호로 물건을 던지기도 한다. 이 과정에서 아이는 어른과 '주고받는 관계'를 형성하며 최초의 사교 활동을 경험한다.

자신의 능력 시험하기

갓 태어났을 때 아기의 손동작은 자유롭지 않다. 하지만 신체가 발달하면서 물건을 집을 수 있고 던질 수도 있게 된다. 아이는 물건을 던질 때 어른들에게 자신의 능력을 보여주는 것이다.

아이가 건강하게 성장할 수 있도록 부모는 던지고 싶어 하는 욕망을 충분히 만족시켜줘야 한다. 계속해서 물건을 주워줄 시간이 없다면 아이가 앉아서 장난감 등을 던지고 놀 수 있도록 일정한 공간을 마련해준다. 이때 아이에게 던진 물건을 스스로 주워올 수 있도록 반복해서 가르쳐주면 나중에 물건을 자주 잃어버리는 나쁜 습관이 생기지 않는다.

아이는 어른들처럼 자신의 물건을 귀중하게 생각하거나 망가뜨리면 안 된다는 인식을 하지 못한다. 그러므로 설령 아이가 부모의 비싼 시계나 휴대폰을 바닥에 던져 망가뜨렸다고 해서 화를 내면 안 된다. 이때 잘못은 분명 부모에게 있다는 사실을 알아야 한다. 아이가 부모의 물건을 던져서 망가뜨릴까 봐 걱정이 된다면 손이 닿지 않는 곳에 보관하고 아이에게는 공이나 딸랑이 등 던져도 깨지거나 망가지지 않는 장난감을 충분히 제공해줘야 한다.

주의할 점은 아이가 두 돌이 지나도 여전히 물건이나 음식물을 던진다면 이때는 '물건을 던지는' 특수한 시기가 지났으므로 나쁜 습관으로 자리 잡지 않도록 지도해야 한다.

말썽꾸러기 아이의 비밀

아이들은 늘 장난을 치는 것을 좋아한다. 친구의 필통에 벌레를 넣는다거나 엄마가 청소한 방을 일부러 어지럽힌다거나 높은 농구 골대에 기어 올라가서 뛰어내린다거나……. 부모는 아이가 이런 식으로 장난을 치다가 다치기라도 할까 봐 한시도 마음을 놓을 수가 없다. 아이의 장난은 기어 다니기 시작하면서 시작된다. 장난감을 집어던지고, 쓰레기통을 뒤지고, 때로는 집에서 키우는 강아지 밥을 집어 먹기도 한다. 아이들은 정말 못하는 게 없다.

그런데 장난을 쳤을 때 버럭 화부터 낸다면 아이의 전도유망한 미래에

먹구름이 드리울 수도 있으니 주의해야 한다. 아이는 부모에게 반항하기 위해 일부러 장난을 치는 것이 아니다. 그러므로 훈육하기 전에 아이가 어떤 마음으로 그랬는지 앞뒤 사정을 잘 고려해야 한다.

호기심에서 비롯된 장난

유아기 아이들은 대부분 활동적이고 호기심이 많다. 아이가 사물에 호기심을 갖는 것은 탐색하고 학습하는 과정이므로 굉장히 좋은 일이다. 호기심이 발동한 아이는 이 신기한 세상을 이해하고 싶어진다. 그래서 뭐든 만져보고 맛보고 싶어 하는 것이다. 이때 부모가 못하게 하면 아이의 호기심은 더욱 커지고 더 많은 장난을 치게 된다.

해결 방법 : 아이의 호기심을 만족시켜준다

아이가 호기심에 이것저것 만져보다가 물건을 깨뜨렸을 때 부모가 화를 낸다면 호기심과 학습 의욕이 억압당하고 자신감이 사라지게 된다. 이렇게 되면 IQ와 EQ 모두 충분히 발달하지 못한다. 그러므로 부모는 아이의 호기심을 충분히 이해해주고 위험하지 않은 장난은 너그럽게 받아줄 수 있어야 한다. 아이 역시 사물을 충분히 탐색하고 나면 더 이상 장난을 치지 않을 것이다.

어른들의 관심을 끌려는 장난

아이들은 누구나 관심을 받고 싶어 한다. 그래서 부모가 다른 일을 하느라 바쁘면 관심을 끌기 위해 일부러 장난을 치거나 말썽을 피우기도 한다.

해결 방법 : 아이의 장난이 어른들의 관심을 끌려는 것임을 이해해야 한다

아이가 관심받기 위해 장난을 쳤다는 사실을 알았다면 당장 하던 일을 멈추고 아이가 심리적 위안을 받을 수 있도록 관심을 기울여줘야 한다. 부모가 아이에게 줄 수 있는 최고의 '예방주사'는 냉대로 말미암은 불안을 느끼지 않도록 사랑을 듬뿍 주는 것이다.

넘치는 힘을 소비하려는 장난

아이는 신체가 성장함에 따라 할 수 있는 일도 많아진다. 그러나 부모가 이런 능력을 발휘할 수 있는 환경과 조건을 제공해주지 못하면 아이는 넘치는 힘을 주체하지 못하고 이런저런 장난을 치게 되는 것이다.

해결 방법: 아이의 성장 단계를 주의 깊게 살핀다

만약 주변 환경이 아이의 성장 단계를 만족시키지 못한다면 더 수준 높은 교육 환경을 조성해줘야 한다. 또 아이가 정상적인 방법으로 힘을 발산하도록 지도해주고 자신의 능력에 적합한 활동을 찾을 수 있도록 도와준다.

불만을 표출하려는 장난

종종 자신의 불만을 표출하려고 장난을 치는 아이들도 있다. 부모가 지나치게 잔소리를 한다거나 반대로 아무 관심도 가져주지 않으면 아이는 반항 심리가 생겨 일부러 말썽 피울 거리를 찾는다. 그 밖에도 아빠와 엄마가 서로 다른 교육 방식과 태도를 보인다면 아이의 장난기가 더욱 심해질 수 있다.

해결 방법 : 아이가 의식적으로 장난을 친다면 부모의 잘못을 냉정하게 생각해본다

이때는 부모의 교육 방식이 잘못된 것은 아닌지 냉정하게 생각해봐야 한다. 아이에게 반성할 수 있는 시간을 주는 동시에 부모도 자기 자신을 돌아볼 수 있는 시간을 가져야 한다. 장난이 심한 아이들 중에는 선천적으로 정신적인 문제가 있는 경우도 있다. 이때는 반드시 전문적인 치료를 받아야 한다.

아이들이 어떠한 이유에서 장난을 치든 부모는 먼저 그 원인을 파악한 다음 훈육해야 한다. 그래야만 아이의 천성을 억압하는 실수를 저지르지 않을 수 있다.

고자질하기 좋아하는 아이

"선생님, 재가 때렸어요."

"엄마, 재가 내 장난감을 뺏어갔어."

아이들은 이렇게 소소한 일들을 일러바치기 좋아한다. 그런데 이때 어른들은 어떻게 해결해야 할지 몰라 고민하는 경우가 많다. 아이의 문제를 해결해주면 툭하면 일러바치는 습관이 생길 것이고, 그렇다고 모른 척하면 친구들에게 당하고만 있을까 봐 걱정이다. 그런데 아이들은 때때로 자신과 상관없는 일을 고자질하기도 한다.

"엄마, 재는 신발도 신지 않고 밖에 나갔어."

"선생님, 재는 밥 먹으면서 계속 떠들어요."

어른들은 이렇게 사사건건 고자질하기 좋아하는 아이들을 마냥 좋게 보지 않는다. 하지만 심리학자들은 아이들이 무슨 일이든 일러바치기 좋아하는 데는 다 그만한 이유가 있다고 설명한다. 이런 특성은 유아기에 대부분 뚜렷하게 나타나는데 고자질은 아이의 심리 발달과 인간관계를 형성하는 과정에서 정상적으로 나타나는 현상이다.

고자질하기 좋아한다는 것은 아이가 혼자서 문제를 해결할 수 없음을 알려준다. 또 이것은 아이의 소통 방식 중 하나로 이 과정에서 인간관계에서 발생하는 문제를 처리하는 능력을 키우게 된다. 고자질은 또한 누군가에게 의존하고자 하는 심리의 표출이기도 하다.

아이가 나이를 먹을수록 이런 현상은 점점 줄어든다. 그러므로 아이가 고자질한다고 너무 걱정할 필요는 없다. 대신 아이가 어떤 사건을 얘기했을 때 그 문제를 스스로 해결할 수 있도록 도움을 줄 수 있어야 한다.

구체적으로 어떤 방법이 있을까? 먼저 아이들이 고자질하는 이유를 살펴보자.

긴장감의 해소

아이들은 일반적으로 친구와 다툼을 벌이거나 불리한 대우를 받았을 때 어른들에게 이런 사실을 일러바친다. 이때의 고자질은 어른들로부터 보호를 받고 긴장감과 두려움을 해소하며 마음의 평정을 되찾기 위한 행위다. 아이는 누군가에게 자신의 억울함을 호소하고 나면 심리적인 만족감을 느낀다.

해결 방법 : 아이를 충분히 위로해준다

어떤 불합리한 대우로 아이가 상처를 받았다면 충분히 위로해준다. 하지만 아이의 말을 곧이곧대로 믿기보다는 사건의 정황을 차근차근 이야

기하도록 해서 누구의 잘못이었는지 분명히 밝힌 다음 해결 방법을 찾을 수 있도록 도와줘야 한다.

어른들에게 긍정적인 평가를 얻고 싶은 심리

아이들은 자신이 가진 문제는 보지 못하고 다른 친구들의 단점만 찾아내는 경향이 있다. 그럼에도 어쨌든 아이가 잘못된 일을 분별할 수 있는 판단 능력이 생겼다는 것은 좋은 일이다. 이때의 고자질은 다른 사람의 잘못을 들어 자신의 올바른 행위를 칭찬받고 싶은 심리에서 나오는 것이다.

해결 방법 : 아이의 올바른 행위를 칭찬해준다

부모는 아이의 긍정적인 행위를 충분히 칭찬해주고 격려한다. 그러나 고자질한 내용이 사실은 아이에게도 있는 단점일 수도 있다. 이런 경우에는 "너도 그렇게 하면 안 되겠지? 어떻게 하는 것이 옳은 걸까?"라고 말해주며 고자질을 통해 교훈을 얻을 수 있도록 가르쳐준다.

문제 해결 방법을 찾기 위해

어떤 일에 직면하거나 어떤 상황을 목격했을 때 이를 어떻게 처리해야 할지 몰라 어른들에게 이르는 아이들이 있다. 예를 들어 어떤 친구가 밖으로 뛰어나가는 것을 보고 아이가 부모에게 "쟤가 밖으로 나갔어!"라고 다급하게 일러바쳤다고 치자. 이때 아이의 심리는 자신도 똑같이 밖으로 나가고 싶지만 그렇게 해도 되는지, 그렇게 하는 것이 옳은 일인지 잘 모르는 것이다.

해결 방법 : 명확한 답을 준다

이때는 부모가 아이에게 일의 옳고 그름을 명확하게 알려주고 마땅히

어떻게 해야 하는지 설명해준다.

질투와 시기심

어린아이들은 질투심이 매우 강하다. 그래서 자기보다 훨씬 우월한 친구를 만나면 어른들의 힘을 빌려 상대방을 무너뜨리고 싶어 하거나, 불리한 대우를 받았을 때 그 일을 기억했다가 복수할 수 있는 기회를 찾기도 한다.

해결 방법 : 엄격하게 훈육한다

이런 경우에는 엄격한 훈육을 통해 친구들과는 사이좋게 지내야 하며 상대방을 너그럽게 이해해줄 수도 있어야 한다는 사실을 알려줘야 한다.

부모는 아이가 고자질을 했을 때 객관적으로 문제를 바라보고 해결 방법을 찾을 수 있도록 도와줘야 한다. 단순히 '알았다' 고 대답하고 넘어가는 것은 아이의 의견을 존중하지 않는 태도로, 아이를 더욱 위축되게 하거나 화를 돋우게 된다. 물론 건강한 심리 발달에도 도움이 되지 않는다. 가장 좋은 방법은 아이가 고자질을 했을 때 함께 문제를 분석하고 스스로 해결할 수 있도록 도와줌으로써 어른들에게 지나치게 의존하거나 너무 자주 고자질하는 습관이 생기지 않도록 하는 것이다.

동물을 학대하는 아이

아이들은 대부분 동물들을 좋아한다. 집에서 키울 고양이나 강아지를 사주면 아이들은 금세 친해져 먹이를 주고 함께

놀아주며 심지어 한 침대에서 같이 잠을 잔다. 하지만 모든 아이들이 동물을 좋아하는 것은 아니다. 어떤 아이들은 지나가는 고양이나 강아지를 보기만 하면 가서 다리를 잡아당기거나 털을 뽑는 등 온갖 학대를 한다. 그리고 동물들이 괴로워하는 소리를 듣거나 그 모습을 보면서 쾌감을 느낀다.

아이들이 동물을 학대하는 이유는 무엇일까? 단순히 즐거움을 느끼기 위해서일까? 아이들이 동물을 학대하는 행위의 배후에는 어떤 심리가 숨어 있을까?

순진한 아이들이 잔인하게 동물을 학대하는 것은 정말 이해할 수 없는 행위이다. 아동심리학자들은 아이들이 마음속의 우울함이나 긴장감을 해소하기 위해 동물을 학대하는 것이라고 말한다. 결국 아이가 갖고 있는 심리적 장애가 동물 학대라는 행위로 표출되는 것이다.

연구에 따르면, 인간은 심리적 압박이나 좌절을 경험했을 때 공격적 행위에 대한 욕구가 강해진다고 한다. 하지만 아무에게나 공격적 행위를 가할 수 있는 것은 아니기 때문에 자신의 욕구를 해소할 수 있는 '희생양'을 찾게 된다. 일부 아이들이 동물을 학대하는 이유도 바로 이 때문이다. 어떤 일 때문에 마음이 괴로운데 엄마 아빠가 모두 바쁘고 아무도 관심을 가져주지 않으면 아이는 힘없는 동물들을 괴롭히며 그 마음을 위로받으려고 하는 것이다.

또한 자신감이 없는 아이들이 작은 동물들을 괴롭히며 자신의 능력을 과시하고 심리적 보상을 얻으려고 하거나, 넘치는 힘을 주체하지 못하는 아이들이 동물을 학대하며 에너지를 발산하기도 한다.

그렇다면 동물을 학대하는 아이들에게 어떤 문제가 나타날 수 있을까?

첫째, 동물을 학대하면 사랑의 능력을 상실할 수 있다. 유아기는 사랑을 경험하는 민감한 시기다. 만약 이 시기에 부모의 충분한 사랑을 경험하지 못하면 사랑의 부족함을 동물을 학대하면서 보상받으려고 하며 점차 사랑하는 능력을 상실하게 된다.

둘째, 동물 학대 행위가 방치되면 성인이 된 후에 반사회적 인격을 갖게 되며 이런 인격을 가진 사람들에게는 다음과 같은 일곱 가지 특징이 나타난다.

- 사회적 책임감이 없다.
- 도덕적 관념이 없다.
- 자기 제어 능력이 부족하다.
- 죄책감을 느끼지 못한다.
- 두려움이 없다.
- 잘못을 뉘우치지 않는다.
- 진실한 감정이 없다.

이런 인격을 가진 사람은 범죄자가 될 확률이 높고 같은 범죄를 여러 번 저지르며 그중에서도 잔인하고 악랄한 범죄를 저지를 가능성이 높다. 그러므로 부모는 아이가 동물을 학대하는 모습을 발견하면 즉시 제지하고 아이의 불만이나 걱정을 해소해줘야 한다.

일반적으로 아이들이 느끼는 심리적인 압박은 다음과 같은 요인에서 비롯된다.

- 새로운 환경에 대한 두려움
- 공부에 대한 스트레스

- 엄격한 가정교육으로 말미암은 심리적 긴장
- 가정불화
- 부모가 바빠 아이의 감정을 살펴주지 못한 경우

이런 이유로 아이가 동물들을 학대한다면 다음 방법으로 지도해준다.

첫째, 원인을 찾는다. 구체적인 상황을 파악해 아이가 받고 있는 심리적 압박을 해소해주고 평소에 더 많은 관심과 사랑을 준다.

둘째, 사랑에 대한 교육을 강화한다. 동화나 옛날이야기에 나오는 생동감 있는 이미지를 통해 아이에게 동물은 착하고 우리가 보호해야 하는 존재라는 사실을 알려줘 동물을 사랑하는 마음을 갖도록 한다.

셋째, 적절한 훈육으로 잘못된 행동은 바로잡아준다. 동물 학대가 습관이 되어버린 아이는 적절한 훈육으로 바로잡아줘야 한다. 그리고 훈육을 하기 전에는 아이에게 왜 벌을 받아야 하는지 명확하게 알려준다.

인형을 끌어안고 다니는 아이

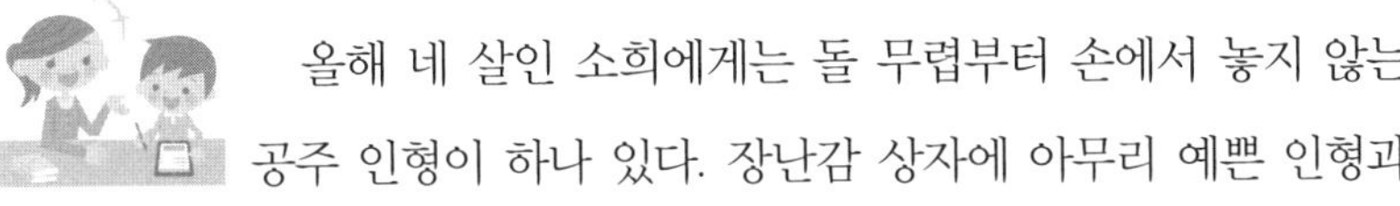

올해 네 살인 소희에게는 돌 무렵부터 손에서 놓지 않는 공주 인형이 하나 있다. 장난감 상자에 아무리 예쁜 인형과 장난감이 많아도 소희는 쳐다보지도 않고 오직 이 공주 인형에만 집착했다. 소희에게는 공주 인형이 세상에서 가장 소중한 물건이었다. 그래서 어딜 가든 언제나 인형을 가지고 다니고 인형이 눈에 보이지 않으면 매우

불안해하며 심지어 잠을 자지도 못했다. 나중에 엄마가 인형이 너무 더럽다며 내다버렸을 때 소희는 하루 종일 울음을 멈추지 않았다.

그런데 이상하게 소희는 공주 인형 말고는 특별히 애착을 보이는 대상이 없었다. 엄마와의 관계도 마찬가지였고 새로운 환경에 적응하는 것도 힘들어했다. 유치원에서 친구에게 먼저 말을 걸거나 함께 놀자고 요청하지도 않았고 수업 시간에 한 번도 손을 들고 말을 해본 적도 없다. 누군가 말을 걸면 늘 인형을 끌어안고 구석으로 숨어버렸다.

어째서 소희는 늘 인형을 끌어안고 다니는 것일까? 소희에게 인형은 어떤 의미일까?

소희가 인형에게 보이는 애착은 아동에게 나타나는 전형적인 페티시즘(fetishism)이다. 이것은 많은 아이들에게 나타나는 현상이다. 어떤 아이는 엄마의 귀를 만지작거리거나 공갈 젖꼭지가 있어야 잠을 자고 또 어떤 아이는 하루 종일 엄지손가락을 빨고 다닌다.

아이들의 페티시즘은 조금 더 어렸을 때 생활에서 그 원인을 찾을 수 있다. 유아기 아이들은 각종 감각기관을 통해 욕구를 만족시키고 정서를 조절한다. 예를 들어 공갈 젖꼭지나 엄지손가락을 빠는 것은 빨고 싶어 하는 구강의 욕구를 만족시키기 위한 것이고, 이불의 한쪽 귀퉁이나 손수건 등을 비비는 것은 부드러운 촉감에 대한 욕구를 만족시키기 위한 행위다.

이런 현상은 부모 때문에 더욱 악화되기도 한다. 아이가 잠을 자고 싶을 때, 배가 고플 때, 기저귀가 축축할 때, 기분이 안 좋을 때 부모가 문제를 해결해주기보다는 공갈 젖꼭지, 부드러운 이불, 인형 따위로 달래주려고만 했을 때 그렇다. 사실 지나치지만 않다면 이런 물건을 적절히 사용

하면 아이의 집착은 나이를 먹을수록 서서히 사라지거나 정도가 약해진다. 그러나 잘못된 방식으로 사용하거나 아이가 지나치게 의존하게끔 하면 페티시즘으로 자리 잡게 된다. 아이가 잘 때 엄마가 늘 젖을 물려서 재운다면 시간이 흘러도 계속 젖을 물고 자려고 한다. 늘 특정 장난감을 안고 잠을 자던 아이는 밥을 먹을 때도, 텔레비전을 볼 때도 장난감을 손에서 놓지 않게 되고 결국 장난감에 계속 집착하는 모습을 보이게 된다.

부모가 아이의 감정을 제대로 살펴주지 않았을 때도 페티시즘이 생길 수 있다. 아이가 부모로부터 충분한 사랑과 보호를 받지 못하면 외로움을 느끼고 주변에 있는 사물에 의존해 고독과 무력감을 달래게 된다. 심리학자들이 아동의 페티시즘을 경미한 자폐증이라고 이야기하는 것도 바로 이 때문이다.

아이의 페티시즘을 오랜 시간 방치하면 굉장히 민감하고 우울한 성격의 아이로 자라게 된다. 위에서 언급했던 소희가 유치원에서 친구들과 어울리지 못하고 늘 위축되어 있는 것도 심각한 페티시즘 때문에 보이는 현상이다.

그러므로 아이가 어떤 장난감이나 사물을 좀처럼 손에서 놓으려고 하지 않는다면 반드시 주의 깊게 살펴봐야 한다. 단, 경미한 정도의 집착은 강제로 제지할 필요는 없다. 심리가 발달하는 과정에서 아이들은 모두 조금씩 사물에 대한 집착을 보인다. 이것은 정상적인 현상이므로 크게 걱정하지 않아도 된다.

그러나 아이가 지나치게 한 가지 사물에 집착한다면 이를 바로잡아줘야 한다. 부모는 아이가 관심을 돌릴 수 있을 만한 다른 사물을 준비해 한 가지 사물에 집착하는 것을 막을 수 있다. 하지만 아무리 더 좋은 대체품을 가져다줘도 아이에게 더 많은 관심과 애정을 기울이는 것이 가장 중요하다는 사실을 잊어서는 안 된다.

세상에서 엄마가 제일 좋아

성장 과정에서 아이들은 모두 조금씩 특정 사람이나 사물에 특별한 애착을 보인다. 아이가 애착을 갖는 대상은 자신의 부모나 다른 양육자일 수도 있고 아니면 장난감이나 아주 작은 단추 같은 사물일 수도 있다.

일반적으로 3세 이하의 아이들은 부모의 품을 떠나지 않는다. 아이들은 부모의 품 안에서 아무런 의식주 걱정 없이 생활하고 필요한 장난감도 부모가 알아서 준비해준다. 이렇게 따듯한 보살핌을 받은 아이들은 부모와 애착 관계를 형성하게 된다. 특히 심리 발달 과정에서 엄마와 애착 관계를 형성하는 것은 아주 정상적이고 반드시 필요한 일이다. 적정한 수준의 애착 관계는 타인에 대한 신뢰와 자신감을 키워주고 향후 원활한 인간관계를 유지하는 데 도움을 준다.

하지만 이런 애착은 너무 오랫동안 지속되어서는 안 된다. 일반적으로 3세 이후에는 이전보다 더 다양한 사람과 사물을 접하게 되면서 엄마 아빠와 형성한 애착 관계는 조금씩 감소하고 유치원에서 또래 친구들과 새로운 관계를 형성한다.

3세 이후에도 엄마와 떨어져 새로운 사람들과 만나는 것을 강하게 거

부하는 아이들을 볼 수 있는데 이것은 정상적인 현상이라고 할 수 없다. 이런 아이들은 하루 종일 엄마와 붙어 있으려고 하고 유치원 문 앞에서 들어가지 않겠다고 대성통곡한다. 억지로 유치원에 들어갔다 하더라도 한쪽 구석에 숨어 집에 돌아가는 시간만 기다릴 뿐이다. 심지어 엄마와 함께 있는 장소에서도 다른 사람과 어울리려고 하지 않고 엄마 주변만 맴도는데, 이것은 과도한 애착 관계가 형성되어 있다는 증거다.

과도한 애착 관계 형성은 결코 바람직하지 않다. 그러므로 엄마는 아이가 엄마밖에 모른다고 감격할 일이 아니라 아이에게 다음과 같은 문제들이 나타날 수 있으니 주의를 기울여야 한다.

- 분리불안증이 있고 엄마가 사라지면 무조건 운다.
- 자립심이 부족하다.
- 주변 사람들과 잘 어울리지 못한다.
- 학습할 때 친구와 교류하지 못한다.
- 성인이 된 뒤에도 직장 동료들과 어울리지 못하고 사회의 치열한 경쟁에 적응하지 못한다.
- 원만한 인간관계를 형성하지 못한다.

엄마에게 지나치게 집착하는 남자 아이는 용감하고 결단력 있는 남성의 성격 대신 유약하고 민감한 여성의 성격이 자리 잡을 가능성이 높다. 반대로 아빠에게 지나치게 집착하는 여자 아이라면 부드럽고 섬세한 여성적인 성격 대신 남성적인 성격이 나타나게 된다. 이렇게 편향적인 성격 형성은 아이의 건강한 심리 발달에 악영향을 끼칠 수 있다.

아이들이 부모에게 지나치게 집착하는 원인은 무엇일까?

첫째, 부모가 지나친 보호와 사랑으로 아이가 독립할 수 있는 틈을 주지 않았기 때문이다. 부모의 교육 방식이 일치하지 않을 때도 이런 문제가 발생한다. 아빠는 엄격하게 훈육하는데 엄마가 무조건 감싸주기만 한다면 아이는 자신의 편을 들어준 사람에게 지나치게 의존하게 된다.

둘째, 아이의 천성이 나약하면 자신감과 독립심이 부족해 부모에게 지나치게 의존하게 된다.

셋째, 가정불화가 원인이 되기도 한다. 가정에서 부모가 자주 다툼을 벌이면 아이는 부모, 특히 엄마를 잃을 수 있다는 불안감에 휩싸여 부모의 곁을 떠나려고 하지 않는다.

넷째, 직장 등의 문제로 부모 중 한 사람이 아이를 양육할 때도 자신을 양육하는 엄마나 아빠에게 집착하게 된다.

3세 이상의 아이들이 부모에게 지나치게 집착한다면 다음과 같은 방법을 참고해보자.

첫째, 부모의 교육 방식을 통일해 잘못을 저질렀을 때 무조건 편을 들어줄 사람이 없다는 사실을 알게 해준다.

둘째, 천성이 나약해 부모에게 의존하는 아이들이라면 스스로 할 수 있는 일을 제공해 독립심을 기를 수 있도록 도와준다.

셋째, 부모의 잦은 다툼으로 아이가 의존하는 경향을 보인다면 가급적 아이 앞에서 다투지 않도록 노력한다.

넷째, 가능한 한 부모가 함께 자녀 교육에 참여하고 교육에 대한 책임을 함께 지도록 한다.

질투심은 심리 발달 과정에서 나타나는 정상적인 현상이다

캐나다 요크 대학교의 한 연구에서 3개월 된 아기가 주변 사람을 인식할 수 있다는 사실이 밝혀졌다. 또 엄마가 다른 사람에게 시선을 돌리면 아기는 이불을 차거나 소리를 내어 자신의 질투심을 표현한다고 한다. 이 연구 결과가 나오기 전까지 사람들은 아이들이 만 2세가 넘어야 질투심이나 부끄러움, 자만심 등의 복잡한 심리를 표현할 수 있다고 여겼다.

질투심을 표현하는 것은 아이들에게는 아주 정상적인 일이다. 전문가들은 질투가 사랑하는 사람을 잃을지도 모른다는 두려움의 표출이며 아기들의 질투 역시 이와 마찬가지라고 말한다. 태어난 지 얼마 되지 않은 아기는 제3자의 등장으로 자신과 부모의 관계가 위협받는다고 생각되면 즉시 반응을 보여 질투심을 표현한다. 만 2~3세가 지나면 부모의 사랑 외에도 선생님의 칭찬 등 질투심을 느끼게 되는 요인이 더욱 많아진다.

나이를 먹을수록 아이들의 질투심은 더욱 뚜렷하게 나타난다. 하지만 동시에 심리적으로 성숙해지기도 하므로 질투심을 어느 정도 조절할 수 있게 된다. 물론 어른들만큼 성숙하지는 않으므로 질투심으로 다른 사람에게 상처를 주는 말이나 행동을 하기도 한다.

한 엄마가 아들을 데리고 직장 동료의 집에 놀러갔다. 동료에게는 딸이 하나 있었는데 피아노를 아주 잘 쳐서 그날도 사람들이 모인 자리에서 연주를 했다. 어른들은 정말 훌륭한 연주였다며 칭찬을 아끼지 않았다. 그런데 갑자기 아들이 시큰둥한 말투로 이렇게 말했다.

"칫, 자기가 무슨 랑랑(중국의 유명한 피아니스트)이라도 되는 줄 아나 봐!"

초대를 받은 엄마는 아들의 말에 난처해서 어쩔 줄 몰랐다.

질투심을 표현하는 것이 정상적인 현상이라고 해도 부모가 적절히 지도해주지 않으면 질투가 인격의 한 부분으로 자리 잡게 되고 심리 발달에 나쁜 영향을 끼친다. 질투심은 크게 다음과 같은 두 가지 문제를 일으킬 수 있다.

조화로운 인간관계를 해친다

한 사람이 누군가를 질투하면 그 사람을 악의적으로 공격하게 되고 이런 행위는 인간관계에 악영향을 준다. 그래서 질투심이 강한 사람 주변에는 진실한 친구가 거의 없다. 또 질투심이 강한 사람은 단체 생활에 제대로 적응하지 못하고 단체의 화목한 분위기를 깨뜨리기도 한다.

내면에 상처를 준다

질투는 일반적으로 다른 사람이 나보다 강할 때 생긴다. 오랫동안 스스로 약자의 위치에 서 있다 보면 심각한 열등감이 생기고 자신의 내면에 상처가 된다. 프랑스의 문호 발자크(Jean Louis Guez de Balzac)는 이렇게 말했다.

"질투심이 많은 사람은 그 어떤 불행한 사람보다 고통스럽다. 왜냐하면 늘 다른 사람들만 행복하고 자신은 불행하다고 생각하기 때문이다. 이보다 더 고통스러운 삶이 있을까!"

그렇다면 부모가 자녀의 질투심을 누그러뜨릴 수 있는 방법은 무엇이

있을까?

칭찬의 수위를 조절한다

가정에서 늘 칭찬만 받아온 아이는 밖에서 다른 아이가 칭찬받는 것을 견디지 못한다. 그러므로 아이의 질투심이 심하다고 생각될 때는 칭찬의 정도를 조절해야 한다.

올바른 경쟁의식을 심어준다

질투심이 심한 아이들은 대부분 승부욕이 강하다. 그래서 누군가와 경쟁하는 과정에서 질투심이 생기기 쉽다. 이럴 때 부모는 아이가 자신의 능력과 노력으로 정정당당하게 경쟁하면 설령 이기지 못했다 하더라도 성취감을 느낄 수 있다는 사실을 가르쳐주고, 경쟁 상대는 적이 아니며 질투를 한다고 자신이 더 강해지는 것이 아님을 알려준다. 또한 다른 사람의 성공을 진심으로 축하해주고 즐거움을 함께 나눌 수 있는 사람이 진정한 승리자라는 사실을 아이가 이해할 수 있도록 설명한다.

남들과의 차이를 인정하고 부족한 부분은 노력할 수 있도록 교육한다

아이에게 사람은 각자 능력의 차이가 있으며 세상에 완벽한 사람은 없다고 알려준다. 그래서 다른 사람에게 없는 능력을 갖고 싶다면 질투하기보다는 더 많이 노력해야 한다고 일러준다.

자아를 정확히 인식할 수 있도록 도와준다

질투는 자신과 타인에 대한 정확한 인식이 없기 때문에 생긴다. 부모는

누구나 장점이 있으면 단점도 있다는 사실을 알려주며 아이가 가진 강점과 약점을 함께 이야기하는 시간을 갖는다.

다른 사람의 장점을 겸허히 배울 수 있도록 가르친다

아이에게 성공한 사람들의 이야기를 들려주며 노력이 가져오는 기쁨을 간접적으로 경험할 수 있도록 해준다. 다른 사람들의 장점은 겸허히 배우고 자신의 노력으로 더 뛰어난 사람이 될 수 있도록 격려한다.

말 잘 듣는 아이가 최고는 아니다

한 중국 유학생이 리카이푸(李開復)가 구글 차이나의 대표이사를 맡고 있을 때 이런 편지를 보냈다.

어린 시절 제 꿈은 빨리 어른이 되는 것이었습니다. 커서 무엇을 할지는 생각하지 못했습니다. 초등학교 때 부모님은 제게 좋은 중학교에 가야 한다는 목표를 심어줬습니다. 저는 중학교에 가서 무엇을 해야 할지 아무 생각이 없었습니다. 중학교 때 부모님은 제게 좋은 고등학교에 가야 한다는 목표를 심어줬습니다. 저는 고등학교에 가서 무엇을 해야 할지 아무 생각이 없었습니다. 고등학교 때 부모님은 제게 좋은 대학교에 가야 한다는 목표를 심어줬습니다. 저는 대학교에 가서 무엇을 해야 할지 아무 생각이 없었습니다. 대학교 때 부모님은 제게 유학을 가야 한다는 목표를 심어줬습니

다. 저는 유학을 가서 무엇을 해야 할지 아무 생각이 없었습니다. 그리고 이제 학위를 받고 취직을 준비하고 있습니다. 이번에는 무엇을 해야 할지 진지하게 생각을 해보려고 합니다.

리카이푸의 개인 홈페이지에는 수많은 아이들은 물론 대학생과 대학원생들이 이런 글을 남기곤 한다.

"제가 어떻게 하면 좋을지 알려주세요."

왜 성인이 된 이후에도 자신이 무엇을 해야 할지 모르는 것일까? 왜 아무 생각도 없이 남들이 알려준 길을 가려는 것일까?

이유는 간단하다. 편지를 보낸 유학생처럼 대부분의 아이들이 부모가 시키는 대로만 살아왔기 때문이다. 부모들은 "어른 말씀 안 들으면 큰일 난다!"는 엄포로 제멋대로인 아이를 말 잘 듣는 아이로 길들여 그저 부모가 원하는 방향으로 이끌어왔다.

부모는 말 잘 듣는 아이를 좋아한다. 시키는 일에 군말 없이 따르고 부모의 속을 썩일 만한 문제도 일으키지 않으니 말이다. 부모는 자신의 교육 방식이 성공했다고 믿는다. 하지만 정말 그럴까? 어린 시절 부모의 말을 잘 들은 아이들은 대부분 별 볼 일 없는 평범한 회사원이 된다. 반대로 사회에서 두각을 나타내고 특별한 일을 하는 사람들 중에 어린 시절 부모의 말을 잘 들었던 아이는 드물다. 이런 점에서 본다면 말 잘 듣는 아이로 키우는 것이 올바른 교육 방법이라고는 말할 수 없다.

유년기 아이들은 부모의 말을 잘 듣는 것에 대한 개념이 없다. 2~3세 정도 된 아이들은 넘치는 호기심에 사사건건 부모의 말을 거스르고 제멋대로 행동한다. 그런데 이렇게 부모의 말을 듣지 않고 부모의 지시에 따

르지 않는 것이 아이들의 정상적인 특징이다. 심지어 일부 심리학자들은 아이가 반항하지 않는 것을 정상적인 현상으로 보지 않는다.

하지만 대부분의 부모들은 아이가 장난을 치거나 의견을 거스를 때 이렇게 타이른다.

"부모 말을 잘 들어야 착한 아이지."

실제로 이런 교육을 받는 아이는 점점 말 잘 듣는 아이로 변해가고, 부모는 자신의 의지대로 아이의 인생을 이끌어간다. 하지만 이렇게 자란 아이는 어떤 일에 직면했을 때 주관이 없고 두려움을 느낀다. 무엇보다 부모의 지시가 없으면 무엇을 해야 하는지 전혀 알지 못한다.

어느 정도 나이를 먹으면 부모의 억압에서 벗어나려는 아이들도 있다. 예컨대 매년 학교에서 모범상을 받던 말 잘 듣는 아이가 한순간 공부에는 관심을 잃고 게임에 빠져서 학교 수업에도 빠지는 등 온갖 말썽을 다 피우곤 한다. 그 원인은 아주 간단하다. 그동안 부모의 강한 억압에 지쳐버린 것이다. 이런 아이들은 그동안 자신의 의지와는 상관없이 부모가 원하기 때문에 말 잘 듣는 아이의 역할을 해왔던 것이다.

이럴 때 적절한 교육 방식은 어떤 것일까?

말 잘 듣는 아이와 억압당한 아이를 구분한다

아이가 부모의 의견을 받아들인다는 것은 좋은 일이다. 하지만 지나치게 부모의 의견만 강요하다 보면 아이는 자기 자신을 스스로 억압하게 된다. 할 말이 있어도 하지 못하고, 하고 싶은 일이 있어도 감히 행동으로 옮기지 못하며, 늘 어른들의 눈치를 살핀다면 아이는 말을 잘 듣는 것이 아니라 부모에게 억압당하고 있는 것이다. 내 아이가 이렇다면 부모는 아이

를 억압하지 않는 선에서 올바로 교육할 수 있는 방법을 찾아야 한다.

아이가 충분한 안정감을 느낄 수 있도록 한다

"너 말 잘 안 들으면 더 이상 네 엄마 안 할 거야!"

엄마들은 아이가 말을 듣도록 하기 위해 종종 이런 말을 한다. 그런데 어른들이 생각 없이 내뱉은 말에 아이들은 불안함을 느낀다. 아이는 정말로 자신을 버릴까 봐, 더 이상 자신을 사랑하지 않을까 봐 두려워 억지로 부모의 말에 순종한다.

부모의 말을 잘 듣는다고 무조건 칭찬하지 마라

부모는 아이가 말을 잘 듣고 말썽을 피우지 않을 때 주로 칭찬을 한다. 그러나 아이가 다른 의견을 제시했을 때도 마땅히 칭찬해야 한다. 아이가 남의 의견에 휩쓸리지 않고 자신의 생각을 표현할 수 있다는 것이므로 좋은 현상이라고 볼 수 있다. 아이가 다른 사람들에게 칭찬을 받을 때도 어른들의 의견에 무조건 따르고 말썽을 피우지 않아서 칭찬을 받는 것인지, 아니면 자신의 생각을 자유롭게 이야기할 수 있어서 칭찬을 받는 것인지를 잘 구분해야 한다. 만약 아이가 전자의 이유로 주로 칭찬을 받는다면 조금은 '나쁜 아이'가 될 수 있도록 교육한다.

자유롭고 편안한 가정 분위기를 만들어준다

지나치게 엄격한 가정 분위기는 아이의 발언권을 억압한다. 장난을 칠 때마다 심하게 혼을 내고 벌을 준다면 아이는 그저 부모의 생각대로 움직이는 꼭두각시 인형이 될 뿐이다.

활동적인 아이 VS 과잉행동장애

다섯 살 지호는 한시도 가만히 있지 않는 아이다. 집 안에서는 이리저리 뛰어다니다가 의자에 부딪히거나 물건을 깨뜨리기 일쑤고, 밖에만 나갔다 하면 부딪히고 넘어져 다리 여기저기에 시퍼런 멍이 들어서 돌아온다. 그런데 지호는 그 멍이 언제 어떻게 생긴 것인지 기억하지 못한다. 밥을 먹을 때도 가만히 앉아서 먹는 법이 없고 심지어 잠을 잘 때도 이불을 발로 차버리거나 베개를 바닥으로 던지는 등 끊임없이 움직인다.

지호의 부모는 혹시 지호가 주의력결핍과잉행동장애(ADHD)가 아닐까 의심했다. 주변에서 ADHD를 가진 아이들은 한시도 엉덩이를 붙이고 앉아 있지 못한다는 이야기를 들었기 때문이다. 그래서 지호를 데리고 병원에 가서 검사를 받아봤지만 의사는 ADHD가 아니라 단순히 에너지가 넘치고 활동량이 많은 것뿐이라고 말했다.

그렇다면 ADHD와 지호처럼 단순히 활동량이 많은 것은 어떻게 구분할 수 있을까?

1845년 독일의 소아정신과 의사 호프만(Heinrich Hoffman)은 처음으로 아동의 과도한 활동을 질병으로 간주했다. 취학 아동 중 8~12%가 이런 질병을 앓고 있는데 ADHD라고 해서 무조건 활동량이 많다거나, 활동량이 많다고 해서 무조건 ADHD라고 진단할 수 없다. 부모는 다음과 같은 세 가지 기준을 통해 자녀가 ADHD인지 아니면 단순히 활동량이 많은 것인지를 구분할 수 있다.

집중력의 차이

ADHD를 가진 아이들은 어떤 장소에서도 오랜 시간 집중하는 것을 힘들어한다. 자신이 좋아하는 만화영화를 보거나 블록 놀이를 할 때도 마찬가지다. 그러나 단순히 활동량이 많은 아이들은 동화책이나 만화영화를 집중해서 보고 누군가 방해하는 것을 싫어한다.

행동의 목적

ADHD를 가진 아이들은 일반적으로 아무런 목적이 없고 충동적으로 행동한다. 반면 활동량이 많은 아이들은 어떤 목적을 가지고 행동하며 계획을 세울 줄도 안다.

자제력

활동량이 많은 아이들은 자신을 제어할 수 있는 능력이 있기 때문에 엄숙하거나 낯선 환경에서는 크게 떠들거나 말썽을 피우지 않는다. 하지만 ADHD를 가진 아이들은 이런 환경에서도 평소와 똑같이 행동해 어른들의 눈총을 산다.

ADHD는 유전적인 요소의 영향을 받기도 한다. 일반적으로 ADHD를 가진 아이들은 가족이나 친척 중에 ADHD를 가진 사람이 한 명 이상 있다. 한 연구에서는 아빠가 어렸을 때 ADHD였던 경우 아이가 ADHD일 확률이 30%가 넘는다는 결과가 나왔다. 하지만 활동량이 많고 적은 것은 유전적인 것과는 크게 상관이 없다.

성장기 아이가 활동량이 많은 것은 전혀 나쁜 일이 아니다. 오히려 어린 시절 부모의 속을 썩이는 장난꾸러기들이 커서 성공할 가능성이 높다.

하지만 ADHD는 성장에 부정적인 영향을 끼친다.

ADHD가 주로 발견되는 시기는 7세 때로 증상이 가장 심하게 나타나는 때이기도 하다. 취학 전 공부에 대한 지나친 스트레스가 ADHD를 일으키기도 하고 취학 후 갑작스러운 환경의 변화가 그 원인이 되기도 한다. 아이들은 유치원에서는 활동적인 놀이 위주의 수업에 익숙해 있다가 초등학교에 들어가면 가만히 앉아서 공부를 해야 한다. 정상적인 아이들은 이런 환경에 금방 적응하지만 ADHD를 앓고 있는 아이들에게는 굉장히 힘든 일이다.

그렇다면 ADHD는 어떤 부정적인 영향을 줄까?

가벼운 ADHD는 자발적으로 공부를 하지 못하거나 집중하지 못하는 수준이다. 자기 제어 능력이 없고 규칙을 잘 지키지 않기 때문에 주변 사람들에게 무시당하기 쉽고 이로써 열등감을 갖게 된다.

심각한 ADHD를 앓는 경우 학업 성적이 매우 낮고 심지어 초등학교나 중학교 때 중퇴하기도 한다. 이런 이유로 공평한 대우를 받지 못하기 때문에 반항 의식이 생기고 늘 문제를 일으킨다. 사회에 나가서도 많은 난관에 부딪히고 사람들로부터 인정을 받지 못하기 때문에 반사회적 성격이 형성된다.

이처럼 ADHD를 제때 치료받지 못하면 아이는 평생 고통받게 되고 사회에도 부정적인 영향을 준다. 그러므로 아이가 ADHD 증상을 보이면 즉시 치료를 받도록 해야 한다. ADHD는 어릴수록 치료 효과가 좋다.

ADHD는 주로 의사가 처방한 약물로 치료한다. 하지만 약물 치료만으로는 부족하기 때문에 심리 치료를 병행해야 한다. 다음은 부모가 아이와

함께 할 수 있는 일반적인 심리 치료 방법이다.

자기 제어 능력 훈련

몇 개의 간단하고 고정된 자기 명령으로 자기 제어 능력을 키울 수 있도록 훈련하는 방법이다. 다시 말해 아이에게 간단한 문제를 주고 스스로 문제를 해결할 수 있도록 도와주는 것이다. 먼저 하고 있는 모든 활동을 멈추고 침착하게 앉도록 한다. 그런 다음 부모가 내주는 문제를 경청하고 답을 말하게 한다. 이런 훈련은 언제 어디서나 할 수 있다. 예를 들어 횡단보도를 건널 때 '멈춘다→신호를 본다→건넌다'는 자기 명령에 따라 행동할 수 있도록 한다. 주의할 점은 자기 제어 능력을 훈련할 때 과제는 간단한 것에서부터 시작해 복잡한 것으로 단계적으로 늘려가야 한다는 것이다.

이완 훈련

일반적으로 ADHD가 있는 아이들은 힘이 왕성하고 끊임없이 움직이므로 오랜 시간 긴장 상태에 있다. 그래서 긴장을 이완할 수 있도록 도와주는 것만으로도 ADHD 증상을 완화시킬 수 있다. 이완 훈련은 일정 시간 동안 집중적으로 한다. 연속으로 며칠 동안 식사와 휴식 시간을 제외하고 아침부터 저녁까지 훈련을 진행한다. 일반적으로 한 시간에 15분 동안 가만히 앉아 있는 훈련을 하고 시간을 모두 채우면 적절한 물질적 보상을 준다. 나머지 45분 동안은 아이가 좋아하는 놀이를 할 수 있도록 하지만 시간이 다 되면 즉시 멈추도록 한다.

이런 치료 외에도 일상생활에서 부모가 주의해야 할 점들이 있다.

- 인내심을 갖고 계획에 따라 지도한다.
- 아이가 ADHD가 있다면 요구 수준을 낮춰야 한다. 정상적인 아이와 같은 수준을 요구해서는 안 되며 치료 수준에 따라 요구치를 단계적으로 높여간다.
- 에너지가 넘치는 아이의 경우 달리기나 공놀이 등 활동적인 놀이를 함께 하도록 한다.
- 밥을 먹을 때나 숙제를 할 때 아이의 주의력을 분산시키지 않도록 주의한다.
- 마지막으로, 부모가 인내심을 갖고 지도하고 치료를 받을 수 있도록 도와준다면 ADHD는 충분히 완치될 수 있다는 사실을 기억하자.

아이들은 왜 거짓말을 할까

올해 네 살인 릴리는 유치원에서 어린이날 행사를 마치고 돌아와 엄마에게 이렇게 말했다.

"엄마, 제가 춤추기 대회에 나가서 1등을 했어요. 그래서 선생님께서 장미꽃을 주셨어요."

그런데 며칠 뒤 릴리의 엄마는 유치원에 갔다가 선생님을 만나 전혀 의외의 이야기를 들었다.

"춤추기 대회라니요? 릴리는 분명 연극에만 참여했는걸요."

엄마는 놀라지 않을 수가 없었다. 릴리는 도대체 왜 엄마에게 거짓말을

한 것일까?

누구나 진실해야 한다는 사실을 알지만 이 세상에 한 번도 거짓말을 안 해본 사람은 없을 것이다. 아이들도 마찬가지다. 아동심리학 연구에 따르면 아이들은 누구나 거짓말을 한다고 한다. 하지만 아이들의 거짓말은 어른들의 그것과는 다르다. 아이들의 거짓말은 정직함과는 크게 관련이 없다. 그러므로 아이가 거짓말을 했다고 무조건 혼부터 낼 것이 아니라 먼저 그 연유를 알아본 다음 지도를 해야 한다. 아이들은 자신이 거짓말을 한다는 사실을 인식하지 못하는 경우도 많다. 그래서 부모는 아이가 거짓말을 하게 된 동기를 분석하고 상황에 따라 각각 다른 반응을 보여줘야 한다.

아이들은 일반적으로 다음과 같은 이유로 거짓말을 한다.

상상과 현실을 구분하지 못할 때

정말 갖고 싶은 장난감이 있는데 엄마 아빠가 오랫동안 사주지 않는다면 머릿속에서나마 장난감을 이미 가졌다는 상상을 해본다. 그리고 누군가에게 이렇게 말한다.

"우리 엄마가 너랑 똑같은 로봇 장난감 사주셨다!"

로봇 장난감은 아이의 상상 속에만 존재하는 것이다. 아이들은 이처럼 상상을 현실로 착각하고 자신의 바람이 실제로 존재하는 것처럼 말하기도 한다.

기억력에 착오가 있을 때

기억력의 문제는 아이들이 거짓말을 하는 주된 요인이다. 한 아이가 이

웃집 아주머니에게 이렇게 말한다.

"저 내일 엄마랑 여행 갈 거예요."

하지만 그 다음 날 이웃집 아주머니는 아이와 엄마가 여행을 떠나지 않았음을 발견한다. 알고 보니 여행은 엄마와 아빠가 지나가는 말로 주고받은 이야기였던 것이다. 하지만 아이는 그중 일부분의 내용만 기억하고 있다가 거짓말로 나머지 부분을 채워 이야기를 전달한 것이다. 일반적으로 3세 이전에는 기억이 완전하거나 정확하지 않다. 그러므로 부모는 아이가 하는 모든 이야기를 사실로 받아들여서는 안 된다.

간절한 바람이 있을 때

아이들은 물질적 욕망이나 정신적 욕망이 충족되지 않을 때 거짓말을 한다. 예를 들어 초콜릿이 먹고 싶을 때 '배가 아프다' 고 말하거나, 목욕하기 싫을 때 '머리가 아프다' 고 말한다. 이런 경우에는 아이의 요구를 어느 정도 충족시켜 거짓말하는 횟수를 줄이도록 한다. 하지만 그 전에 거짓말해서 원하는 것을 얻는 방법은 잘못되었다는 것을 분명히 알려줘야 한다.

혼이 날까 봐 두려울 때

4~6세가량의 아이들은 혼이 나는 것이 두려워 거짓말을 하기도 한다. 이때는 아이들이 상상과 현실을 구분하고 정직함을 기를 수 있는 최적의 시기이기도 하다. 그러므로 부모는 아이에게 거짓말을 하면 어떤 결과와 위험이 있을 수 있는지 잘 설명해주도록 한다. 거짓말을 했다고 화를 내거나 벌을 주면 두려워서 더 자주 거짓말을 하게 된다.

문제를 쉽게 해결하려고 할 때

10세가량의 아이들은 이미 거짓말이 나쁘다는 사실을 인지하고 있다. 하지만 동시에 거짓말을 했을 때 문제가 더 쉽게 해결될 수도 있다는 사실을 발견한다. 그래서 어른들에게 아부한다거나, 부모를 기쁘게 하기 위해 거짓말을 한다. 그러나 이 시기에는 아이들이 어떠한 이유로든 거짓말을 하지 않도록 엄격히 지도해야 한다.

물론 아이들의 거짓말 중에는 부모에게서 배운 것도 있다. 그러므로 아이에게 거짓말에 관한 교육을 하기 전에 혹시 부모가 원인을 제공하지는 않았는지 생각해볼 수 있어야 한다.

아이들은 어른들과 다르게 심리적인 억압을 받았을 때 아무리 큰 충격을 받아도 그것을 말로 표현할 줄 모른다. 그러므로 부모는 아이의 행동을 통해 심리적인 억압을 받았는지 알아보고 마음을 달래줘야 한다.

다음은 아이들이 심리적인 억압을 받았을 때 보이는 일반적인 특징이다.

식사 거부

음식물 섭취는 사람의 심리를 가장 잘 반영하는 행위다. 어른들도 마음에 걸리는 일이 있으면 식욕이 없는 것처럼 아이들도 마찬가지다. 심리적인 억압을 느꼈을 때 아이들은 식사를 거부한다. 이때 부모는 억지로 밥을 먹이려고 하지 말고 아이에게 밥을 먹고 싶지 않은 이유를 차근차근 설명하도록 해 마음속에 갖고 있는 걱정이나 불안을 근본적으로 해결해줘야 한다. 재미있는 모양으로 음식을 만들어 아이의 관심을 끄는 방법도 시도해볼 수 있다. 하지만 아이가 계속해서 식사를 거부한다면 의사에게 상담을 받아야 한다.

불안한 수면

사람은 누구나 어둠에 대한 두려움이 있다. 아이들은 더더욱 그렇다. 서랍장을 열고 괴물이 나오지는 않을까 두려운 마음에 아이들은 혼자 방에서 잠자는 것을 무서워한다. 엄마 아빠는 아이가 편안한 마음으로 잠을 잘 수 있도록 도와줘야 한다. 얼른 잠을 자지 않으면 괴물이 잡으러 온다는 등의 이야기로 겁을 줘서는 안 된다. 이렇게 하면 오히려 공포심이 커져 잠을 잘 수 없다.

오랜 기간 아이가 불면에 시달린다면 무슨 고민이 있어서 그런지 잠자리에 들기 전에 함께 이야기해보는 시간을 갖는다. 혹시 친구와 크게 다퉜다거나 학교에서 무슨 일이 있었는데 엄마 아빠가 너무 바빠 이야기할 기회가 없었을 수도 있으니 아이가 마음속에 있는 고민을 털어놓을 수 있도록 충분한 시간을 줘야 한다.

반복되는 질병

아이가 정신적으로 계속 긴장된 상태에 있으면 배가 아프다거나 머리가 아프다는 이야기를 자주 한다. 사실 아이도 자신이 어디가 불편한지 잘 모르는 경우가 많다. 만약 아이가 계속 배가 아프다는데 병원에서 별 이상이 없다고 한다면 심리적인 원인으로 통증이 발생하는 것일 수 있으므로 소아정신과를 찾아가 상담을 받아본다.

공격적 행위

평소에 말을 잘 듣던 아이가 갑자기 친구와 자주 다투거나 동물을 학대하는 등 공격적 성향을 보인다면 심리적인 문제를 겪고 있는 것일 수도 있다. 그러므로 말썽을 피운다고 혼을 내기보다는 마음속에 있는 근심을 해결해줘야 한다. 하지만 아이의 문제를 단시간에 억지로 해결하려고 하면 오히려 역효과가 날 수 있으니 충분한 시간을 갖고 지켜봐야 한다.

지나친 우려

부모가 성적에 지나치게 간섭하면 아이는 좋은 성적을 받지 못해 혼이 날까 봐 걱정하고 늘 긴장하게 된다. 아이들은 또 자연재해나 인재 등 거대한 사건 앞에서 자신의 힘이 미약함을 느끼고 지나치게 걱정하는 경향이 있다. 그러므로 부모는 지진이나 태풍 등 재해에 관한 영상물은 아이들이 감당하기 힘들어하므로 가급적 보여주지 않는 것이 좋다.

잦은 거짓말

어느 정도 나이를 먹으면 아이들도 거짓말을 하면 안 된다는 사실을 알지만 그럼에도 자신의 심리적 압박을 해소하기 위해 종종 거짓말을 한다. 예를 들어 부모님이나 선생님에게 혼나거나 친구들의 비웃음을 사기 싫어서 거짓말을 하는 경우다. 그러나 거짓말은 결코 좋은 일이 아니므로 아이가 자주 거짓말을 한다면 올바로 지도해야 한다.

잦은 울음

울음은 심리적 압박을 해소하는 가장 자연스러운 행위다. 아이들은 혼이 나거나 다쳤을 때 울음을 터뜨린다. 하지만 울음이 모든 심리적 압박을 해소해줄 수 있는 것은 아니다. 그러므로 아이가 이유 없이 자주 울음을 터뜨린다면 무슨 일이 있는지 차분히 물어보고 문제를 해결해줘야 한다. 이때 억지로 울음을 그치게 하는 것은 좋지 않다.

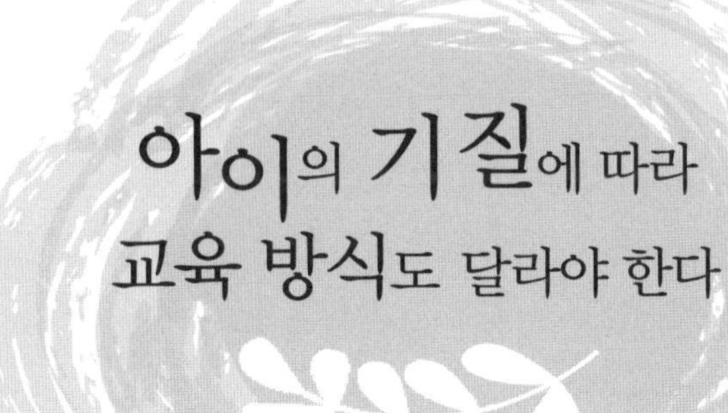

아이의 기질에 따라 교육 방식도 달라야 한다

Chapter 5

많은 부모들이 말 안 듣는 아이들에게 이렇게 말하곤 한다.

"옆집 철수 좀 보렴. 얼마나 얌전하게 앉아서 공부하니? 너도 저렇게 좀 할 수 없겠니?"

아이는 자신이 왜 다른 아이들처럼 얌전하게 앉아서 공부하지 못하는지 당연히 알지 못한다. 하지만 부모는 아이들마다 각자 기질이 다르다는 사실을 알아야 한다. 만약 당신의 아이가 다혈, 담즙질(기질의 분류 중 하나로, 성격이 급하고 적극적이며 외향적이다) 기질을 가지고 태어났다면 가만히 앉아 있는 것이 당연히 힘들 수밖에 없다. 이런 아이에게는 얌전히 앉아 있는 법을 가르쳐줘야지, 왜 그러지 못하느냐고 묻는 것은 아무 소용이 없다.

아이의 기질을 일찍 파악할수록 교육 효과는 높아진다(1)

부모들은 늘 다른 집 아이들을 보며 이런 의문을 갖는다.

'저 집 아이는 저렇게 얌전하고 말을 잘 듣는데 왜 우리 아이는 고집이 세고 말을 잘 듣지 않을까?'

'저 집 아이는 부모가 혼을 내면 눈물을 흘리며 잘못했다고 하는데 왜 우리 아이는 그저 웃고만 있을까?'

아이들은 왜 태어나면서부터 이런 차이를 보일까? 심리학자들은 아이들마다 각자 타고난 기질이 다르기 때문이라고 말한다. 성격이나 자아에 대한 인식과 마찬가지로 기질 역시 한 사람의 개성을 나타내는 중요한 일부분이다.

사람의 기질은 태어날 때 어느 정도 정해진다. 그렇다고 해서 기질이 평생 변하지 않는 것은 아니고 성장함에 따라 조금씩 완성되고 발달한다. 기질은 기본적으로 타고나는 것이지만 후천적인 영향으로 그 특징이 더욱 두드러지거나 약해질 수도 있다.

그러므로 부모는 아이의 타고난 기질을 잘 파악해서 좋은 점은 더욱 강화시켜주고 나쁜 점은 점차 사라질 수 있도록 교육해야 한다. 특히 유아기에 아이의 좋은 기질이 더욱 발달할 수 있도록 도와준다면 자녀 교육이 한결 수월해질 것이다. 아동심리학자들은 기질이야말로 자녀 교육의 가장 중요한 단서라고 말한다. 부모는 아이의 행위를 통해 기질을 분석하고 이런 기질에 따라 적절한 교육 방식을 선택해야 한다.

기질에 따른 교육 방식 중에는 공자의 가르침을 참고해볼 만하다. 2000

여 년 전 공자는 제자들의 기질에 따라 각각 다른 교육 방식을 선택했다.

자로가 공자에게 물었다.

"스승님께서 가르쳐주신 '인의(仁義)'의 정신을 곧바로 실천해야 합니까?"

공자가 말했다.

"아직 부모 형제가 살아 있는데 가정을 먼저 돌봐야 하지 않겠느냐? 어째서 인의를 먼저 실천하려고 하느냐?"

얼마 뒤 염유가 공자에게 똑같은 질문을 했다.

"스승님께서 가르쳐주신 '인의'의 정신을 곧바로 실천해야 합니까?"

공자가 말했다.

"그렇다. 곧바로 실천하도록 하여라."

그러자 줄곧 옆에서 듣고 있던 공서화가 의아해하며 공자에게 물었다.

"스승님, 자로와 염유가 똑같은 질문을 했는데 어째서 자로에게는 나중에 실천하라 하시고 염유에게는 곧바로 실천하라고 하셨습니까?"

공자가 대답했다.

"염유는 심성이 나약해서 용기를 심어줘야 하지만 자로는 정의감이 넘치기 때문에 그 열정을 중화시킬 필요가 있기 때문에 그리하였다."

공자는 만약 자로에게 곧바로 인의를 실천하라고 하면 부모 형제를 고려하지 않고 아무 일에나 살신성인하며 나설까 봐 걱정했던 것이다. 반대로 나약한 염유는 인의를 실천하지 않으면 나쁜 무리들과 어울리게 될까 봐 그렇게 말했던 것이다.

기질이 다른 두 제자에게 공자는 각각 다른 교육 방식을 선택했다. 사실 가정교육도 이와 크게 다를 바 없다. 장난이 심하고 활동적인 아이라면 좋아하는 일을 찾아 집중할 수 있도록 도와주고, 차분하고 안정적인 아이라면 활동적인 취미를 가질 수 있도록 도와준다.

다른 집 아이를 기준으로 자신의 아이에게 같은 것을 요구하는 것이나, 다른 가정의 교육 방식을 그대로 자신의 아이에게 적용하는 것은 잘못된 일이다. 반드시 아이의 기질을 정확히 파악해 적합한 교육 방식을 찾아야 한다.

아이의 기질을 일찍 파악할수록 교육 효과는 높아진다(2)

아이에게 딱 맞는 교육 방식을 찾으려면 먼저 아이가 어떤 기질에 속하는지 알아야 한다. 다음에 소개하는 내용을 참고해 아이가 어떤 유형에 속하는지 알아보도록 하자.

담즙질

담즙질 아이는 신경 활동이 매우 활발하고 균형 잡혀 있다. 이들은 성격이 급하고 정력이 왕성하며 열정적이다. 그래서 자신이 좋아하는 일을 찾으면 온 힘을 쏟고 어떠한 난관도 극복할 수 있다고 생각한다. 하지만 정력을 모두 소비하고 나면 한순간에 무기력해진다.

다혈질

다혈질 아이 역시 신경 활동이 매우 활발하고 균형 잡혀 있다. 누구에

게나 열정적이고 친절하게 대하고 사교 활동을 좋아한다. 그래서 학급에서 반장이나 임원을 맡고 있는 아이들 대부분이 이 유형에 속한다. 이들은 유연하고 긍정적인 사고를 지녔으며 주의력이 쉽게 이동하고 감정 변화가 잦다. 그러나 다혈질 아이는 기분에 따라 일을 처리하고 환상에 젖어 있는 경우가 많으며 일을 세심하게 처리하지 못한다.

점액질

점액질 아이 역시 신경 활동이 활발하고 균형감이 좋은 편이다. 대부분 침착하고 절제할 줄 알며 생활이 규칙적이고 상관없는 일에는 마음을 쓰지 않는다. 이들은 대부분 성실한 모범생이고 착실히 공부하며 인내심이 강하다. 무슨 일이든 신중하고 진지하게 임하고 탁상공론을 싫어한다. 하지만 규칙에 얽매이고 사고가 유연하지 않은 편이라 성인이 되었을 때 좋은 기회를 놓치기 쉽다.

우울질

우울질 아이는 신경 활동뿐만 아니라 흥분과 억제 과정이 모두 느리다. 조용한 것을 좋아하고 쉽게 다가갈 수 있는 유형이라 인간관계도 좋다. 맡은 일을 침착하고 책임감 있게 처리하며 엄마, 아빠와 약속한 일은 대부분 지키는 편이다. 또 점액질 아이와 마찬가지로 인내심이 강한 편이다. 하지만 민감하고 우유부단한 성격이라 좌절을 쉽게 이겨내지 못하고 피로 회복 능력도 더디다. 부모는 우울질 아이가 진취성이 없다고 생각할 수 있지만 사실 충분한 시간이 필요할 뿐이다.

물론 기질이 뚜렷이 드러나지 않는 아이들도 있다. 그러므로 아이의 기질 유형을 판단할 때 다음과 같은 점에 주의해야 한다.

첫째, 일시적이거나 우연히 나타나는 현상은 아이의 기질로 보지 않는다.

둘째, 일상적으로 자주 보이는 현상을 아이의 기질로 이해한다.

아이가 어떤 유형에 속하는지 알았다면 내 아이가 다른 집 아이와 똑같은 잘못을 저질렀거나 똑같은 성공을 거두었을 때 그 집 부모의 방법은 참고만 하고, 내 아이에게 맞는 특별한 교육 방식을 찾아야 한다. 예를 들어 우리 아이가 우울질 유형에 속한다면 실수를 하거나 실패를 경험했을 때 혼을 내기보다는 더 많이 격려해줘야 한다. 하지만 다혈질 유형에 속한다면 우울질 유형의 아이보다는 엄격하게 교육해야 한다.

최적의 교육 시기는 정해져 있다. 그러므로 아이의 기질을 일찍 파악할수록 교육 효과는 그만큼 높아진다는 것을 반드시 기억해야 한다.

좋은 기질과 나쁜 기질을 구분할 수 있을까

사람들은 흔히 이렇게 말한다.

"저 사람은 기질이 참 괜찮은 것 같아."

"저 사람은 기질이 참 못됐어."

그래서 알게 모르게 좋은 기질과 나쁜 기질을 구분하게 된다. 그런데 아직 어린아이들의 기질도 좋고 나쁨을 구분할 수 있을까? 담즙질 유형의

아이는 기질이 좋은 편이고, 다혈질 아이는 기질이 나쁘다고 말할 수 있을까?

그렇지 않다. 아이들의 기질에는 좋고 나쁨의 구분이 없다. 기질과 관련해 심리학자들은 다음과 같은 간단한 실험을 했다.

심리학자들은 각자 기질이 다른 네 사람을 매우 유명한 음악회에 초대하고 일부러 지각을 하도록 상황을 만들었다. 그러고는 그들에게 중간 휴식시간에 들어갈 수 있으니 기다리라고 말했다.

그러자 기질이 다른 네 사람은 각자 다른 반응을 보이기 시작했다. 담즙질 유형은 음악회장으로 들여보내달라고 경비원과 한바탕 싸움을 벌였고, 다혈질 유형은 어떻게 하면 경비의 눈을 피해 안으로 들어갈 수 있을지 기회를 살폈다. 점액질 유형은 규정은 규정이라며 중간 휴식시간이 될 때까지 그 자리에 서서 기다렸고, 우울질 유형은 억울한 표정으로 한쪽 구석에 앉아서 기다렸다.

사실 어떤 일에 직면했을 때 누구의 방법이 더 좋다고는 쉽게 판단할 수 없다. 경비와 싸워서라도 들어가는 것이 좋을까? 그 자리에 그대로 서서 기다리는 것은 바보 같은 것일까? 정당하지 못한 방법으로 들어가는 것이 옳을까? 한쪽 구석에 불만 가득한 표정으로 앉아 있는 것은 나쁜 걸까? 어떤 방법도 쉽게 옳고 그름을 따질 수는 없다. 아이들의 기질도 마찬가지다.

담즙질의 아이는 열정적이고 생기가 넘치는 반면 인내심이 부족하고 행동이 거칠다. 다혈질의 아이는 친절하고 능동적인 반면 진지하지 않고 충동적이다. 점액질의 아이는 차분하고 안정적이지만 행동이 느리고 사고가 유연하지 않다. 우울질의 아이는 진지하고 안정적이지만 부끄러움

을 많이 타고 다른 사람과 잘 어울리지 못한다.

이처럼 모든 기질은 각각 긍정적인 면과 부정적인 면을 모두 갖고 있다. 긍정적인 면은 아이가 더 나은 방향으로 성장하게 하고 부정적인 면은 실수와 실패를 경험하게 한다. 그러므로 기질 유형에 따라 아이의 장래를 판단할 수는 없다.

아이는 태어나면서 특정 기질의 성향을 보이지만 반드시 한 가지 기질만 나타나는 것이 아니라 여러 가지가 복합적으로 나타날 수 있다. 다만 그중에서 두드러지게 나타나는 기질이 있을 뿐이다. 그러므로 부모는 아이가 가진 기질의 단점만 보려고 하지 말고 장점을 키워줄 수 있는 적절한 교육 방법을 찾아야 한다. 기질이 좋고 나쁘다는 것은 구분할 수 없지만 교육의 옳고 그름은 분명히 판단할 수 있다.

담즙질 아이:
열정과 충동 사이의 균형을 찾아라

요즘 윤호 엄마는 마음이 복잡하다. 며칠 전 선생님으로부터 윤호가 수업 태도가 좋지 않고 숙제도 제출하지 않으며 친구들을 자주 때린다는 이야기를 전해들은 것이다. 이런 일은 매 학기 초마다 반복되었다. 윤호는 학교와 선생님 그리고 친구들에 대한 불만을 토로하며 전학 가기를 원했지만 엄마가 들어주지 않자 주먹으로 벽을 치고 식사를 거부하는 등 이상 행동을 보였다. 결국 유치원부터 초등학교 2학년 때까지 윤호는 학교를 네 번이나 옮겼다.

엄마는 윤호가 다른 사람들을 잘 도와주는 심성이 착한 아이라는 걸 잘 안다. 하지만 윤호는 늘 충동적으로 행동하다가 일을 그르쳤다. 윤호는 학교를 여러 번 옮기는 동안 제대로 친구를 사귀지 못했다. 처음 새로운 학교에 갔을 때는 솔직하고 거리낌 없는 성격 덕분에 친구들과 잘 어울렸고 친구들을 잘 도와주었기 때문에 누구나 윤호를 좋아했다. 하지만 윤호는 작은 마찰에도 버럭 화를 내고 누군가 자기를 무시한다 싶으면 주먹을 날렸다. 시간이 흐르면서 친구들은 하나둘 윤호를 멀리하기 시작했고 이제는 아무도 같이 어울리려고 하지 않았다.

윤호는 어렸을 때부터 자신이 좋아하는 일에는 누구보다 열정적으로 나섰지만 좋아하지 않는 일은 눈길조차 주지 않았고, 엄마는 이런 윤호의 의견을 최대한 존중했다. 그러나 학교에 들어간 이후에는 이런 점이 문제가 되었다. 윤호는 음악, 미술 등 자신이 좋아하는 과목의 수업은 열심히 듣고 참여했지만 영어, 수학 등 싫어하는 과목의 수업은 전혀 듣지 않았다. 그런데 싫어하는 과목들이 모두 주요 과목들이었기 때문에 윤호는 늘 성적이 좋지 않았다. 엄마는 할 수 없이 윤호의 숙제를 엄격히 검사하기 시작했다. 윤호는 엄마가 숙제를 검사한 날은 열심히 했지만 깜박하고 검사하지 않는 날에는 대충대충 하기 일쑤였다.

윤호는 전형적인 담즙질 유형이다. 이 유형의 아이들은 자신이 좋아하는 일에는 굉장한 열정을 보이고 머릿속에 어떤 생각이 떠오르면 앞뒤 사정 생각하지 않고 곧바로 실행에 옮긴다. 그래서 윤호처럼 친구와 자주 다투거나 원하는 것을 얻기 위해 식사를 거부하는 등의 행동으로 엄마를 위협하기도 한다. 그 밖에도 윤호의 엄마처럼 아이가 원하는 대로 무조건 따라주다 보면 아이는 점점 제멋대로 굴게 된다. 다행히 아직 어린 나이에는

나쁜 습관과 나쁜 성향도 어떻게 교육하느냐에 따라 충분히 좋은 쪽으로 바꿀 수 있다.

그렇다면 윤호와 같은 담즙질 아이는 어떤 방법으로 교육해야 할까? 심리학자들은 다음과 같은 세 가지 방법을 제시했다.

충동을 억제시키고 인내심을 키워준다

담즙질 아이는 자기 제어 능력과 평정심을 유지하는 능력이 떨어진다. 그러므로 부모는 아이가 충동을 억제하고 인내심을 기를 수 있도록 도와줘야 한다. 또 아이가 어떤 결정을 내릴 때 먼저 어른들에게 조언을 구하도록 하거나 혼자서 결정을 내려야 할 경우에는 심호흡을 하는 등의 방법으로 충동을 억제하고 침착하게 행동하도록 알려준다.

인내심을 기르기 위해서는 서예나 미술을 배우게 하는 것도 좋다. 그 밖에도 아이가 어떤 좌절을 경험해 열정을 상실했을 때는 더 이상 다그치지 말고 격려해줘야 한다.

집중력을 길러준다

담즙질 아이는 쉽게 흥분하고 주의가 산만한 편이어서 어떤 일을 할 때 누군가의 간섭을 받으면 집중력이 흐트러진다. 그러므로 부모는 담즙질 아이가 집중하고 있을 때는 가급적 방해하지 않는 것이 좋다. 아이가 좋아하는 취미를 찾아 집중력을 길러주는 것도 좋은 방법이다. 보통 자신이 좋아하는 일을 할 때는 더 오래 집중할 수 있기 때문이다.

아이가 공부할 때 집중하지 못한다면 한 가지 사물을 일정 시간 동안 응시하는 훈련을 시켜본다. 이 방법은 아이의 시야를 좁게 해 집중력을

높이고 마음을 차분하게 가라앉히는 효과도 있다. 이렇게 해서 어느 정도 집중력이 생기고 나면 다시 공부를 시작할 수 있도록 한다.

엄격한 훈육보다는 대화로 상황을 설명한다

담즙질 아이는 점액질이나 우울질 아이와 비교했을 때 말썽을 일으킬 확률이 더 높다. 이 유형의 아이는 전형적인 행동파이기 때문에 적게 행동하는 아이들보다 더 많은 실패를 경험하게 된다. 담즙질 아이는 화를 잘 내는 편이지만 그렇다고 해서 완전히 제멋대로 구는 것은 아니다. 부모는 아이가 충동적으로 행동해서 잘못을 저질렀을 때 무조건 화부터 내지 말고 아이가 평정을 되찾았을 때 침착하게 타이르도록 한다. 이렇게 하는 편이 교육 효과가 훨씬 높다.

점액질 아이:
자신의 감정을 표현하도록 도와주라

다은이는 어른들이 바쁠 때 혼자서도 장난감을 가지고 잘 노는 착한 아이이다. 어른들께 인사하기, 스스로 세수하고 양치하기, 친구들과 사이좋게 지내기 등 다은이는 엄마 아빠가 한 번 가르쳐 준 일들은 곧잘 실천했다. 게다가 엄마가 피곤할 때는 집안일을 돕거나 어깨를 주물러주는 등의 행동으로 엄마를 기쁘게 했다.

하지만 다은이는 무슨 일이든 꾸물거리는 습관이 있었다. 엄마 아빠가 서둘러 출근해야 하는 바쁜 아침 시간에도 혼자 여유를 부리며 느릿느릿

행동했다.

다은이는 전형적인 점액질 유형이다. 이 유형의 아이는 부모의 속을 썩이는 경우가 거의 없고 늘 한결같은 위치에서 자신의 할 일을 다한다. 학교 선생님으로부터 친구와 다투었다거나 수업 시간에 딴 짓을 한다거나 하는 등의 이야기는 절대 들을 일이 없다. 이렇게 말을 잘 듣는 아이들은 대부분 점액질 유형에 속한다.

점액질 유형의 아이는 친구들과 함께 놀다가 갈등이 생기면 객관적인 해결책을 제시하는 등 중재자 역할을 잘한다. 그래서 어른이 되었을 때 이런 능력을 바탕으로 훌륭한 리더가 되기도 한다.

점액질 아이가 부모의 말을 잘 듣는다고는 하지만 그렇다고 교육 문제를 소홀히 해서는 안 된다. 점액질 아이가 교육을 제대로 받지 못하면 보수적이고 고집스러우며 의지가 부족한 사람으로 성장할 수 있기 때문이다. 게다가 내성적이고 개성을 잘 드러내지 못하기 때문에 쉽게 다른 사람에게 의존하게 된다. 그러나 올바른 가정교육을 받은 아이는 신중하고 침착하며 관리 능력이 뛰어난 사람으로 성장할 수 있다.

점액질 아이는 자신의 감정을 겉으로 잘 드러내지 않기 때문에 아이의 언행을 부모가 늘 주의 깊게 살펴야 한다. 그렇지 않는다면 심각한 심리적인 문제가 드러날 때까지 방치될 수 있다. 자신의 아이가 점액질 유형이라면 부모는 일부러 밝고 재미있는 집안 분위기를 만들어줄 필요가 있다.

점액질 유형의 아이를 교육할 때 주의해야 할 사항은 다음과 같다.

시간관념을 길러준다

시간관념을 길러주기 위해서는 일상적인 일들도 엄마 아빠와 시합하는

방식으로 해보면 좋다. 예를 들어 몇 분 동안 타이머를 맞춰놓고 누가 시간 안에 더 많은 일을 완성하는지를 겨루는 식이다. 그 밖에도 아이가 어떤 일을 할 때 완성해야 하는 시간을 정해준다면 시간관념을 강화하는 데 도움이 된다.

영민함을 키워준다

점액질 아이는 담즙질 아이에 비해 영민함이 떨어지는 편이다. 그러므로 부모는 움직임이 많은 놀이를 통해 민첩함과 영민함을 기르도록 도와준다.

사교 능력을 길러준다

점액질 아이는 대부분 활동적인 것을 싫어하고 참여 의식이 낮으므로 다혈질 아이처럼 움직이는 것을 좋아하는 아이들과 어울릴 수 있도록 해준다. 이렇게 하면 점액질 아이의 사교 범위도 넓힐 수 있다. 또한 아이가 자신의 이야기를 더 많이 할 수 있는 기회를 만들어주고 연극이나 노래자랑 등의 활동에 참여하도록 격려해준다.

자주성을 키워준다

점액질 아이는 다른 사람의 의견을 쉽게 따라가는 경향이 있기 때문에 부모는 일상생활에서 아이의 의견을 많이 물어보고 자신의 생각을 충분히 이야기할 수 있도록 해줘야 한다. 예를 들어 어떤 놀이를 할 때 아이에게 대장 역할을 맡겨 놀이를 주도하고 더 많은 의견을 제시하도록 한다. 부모가 일부러 갈등 상황을 만들어 논쟁을 벌이는 방법도 있다. 점액질

아이는 부모가 잘못된 방법을 알려줘도 그대로 시행해 실패할 가능성이 높다. 하지만 몇 번의 실수를 반복하다 보면 아이도 방법이 잘못되었다는 것을 깨닫고 부모에게 따지게 될 것이다. 이때 부모는 아이의 발견을 칭찬하는 동시에 왜 처음부터 의심해보지 않았는지 되물어본다. 단, 이 방법을 사용할 때는 아이가 더 이상 부모를 신뢰하지 않는 등 부정적인 감정을 갖지 않도록 주의해야 한다.

간접적으로 훈육한다

점액질 아이는 비교적 말을 잘 듣고 부끄러움을 많이 타는 편이므로 사람들이 많은 곳에서 큰 소리로 혼을 내는 것은 피해야 한다. 이 유형의 아이는 가만히 타이르고 다른 사람을 예로 들어 설명하는 것만으로도 충분히 잘못을 뉘우치게 할 수 있다.

다혈질 아이:
작은 감정 변화를 조절하라

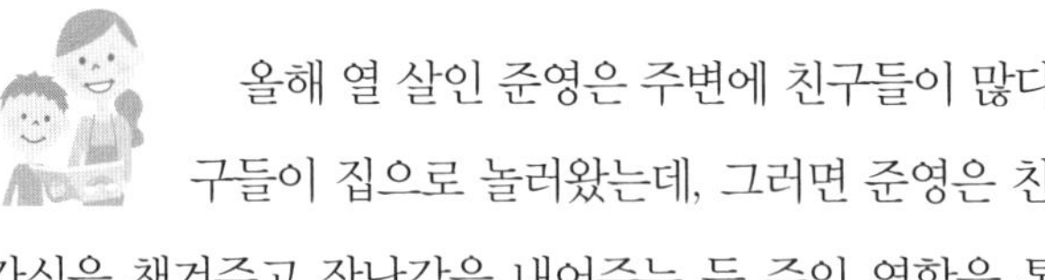

올해 열 살인 준영은 주변에 친구들이 많다. 주말이면 늘 친구들이 집으로 놀러왔는데, 그러면 준영은 친구들에게 물이나 간식을 챙겨주고 장난감을 내어주는 등 주인 역할을 톡톡히 했다. 엄마 아빠는 준영의 사교 능력에 늘 감탄했다. 준영은 낯선 장소에 가도 쭈뼛거리지 않고 주변 사람들에게 먼저 예의 바르게 인사를 건네는 등 어른처럼 행동했다.

하지만 준영은 누군가 자신을 화나게 하면 금세 얼굴을 붉히며 씩씩거렸다. 친구들이나 집에 놀러온 손님이 말실수라도 하면 고개를 홱 돌려버리고는 더 이상 상대하지 않았다. 준영을 잘 아는 사람들은 준영이 굉장히 예민하고 속이 좁다는 것을 알기 때문에 화를 돋우지 않기 위해 늘 조심한다.

준영은 일처리가 아주 빠르고 무슨 일이든 지체하는 법이 없다. 그래서 엄마 아빠가 무슨 일을 시키면 즉시 실행에 옮긴다. 하지만 성격이 너무 급해 엄마가 시키는 일이 무슨 일인지 자세히 들어보지도 않고 뛰어나가는 경우가 많고 물건을 자주 잃어버린다. 숙제를 할 때나 시험을 볼 때도 급하게 문제를 풀다 보니 실수가 많았다. 엄마는 준영의 이런 점이 걱정되어 늘 잔소리를 했는데 그럴 때마다 준영은 두 손으로 귀를 막고 소리를 질렀다.

엄마 아빠는 준영을 어떻게 교육해야 할지 몰라 고민했다. 잔소리를 하자니 아이가 들으려고 하지 않고, 그렇다고 그냥 놔두자니 무슨 일이든 급하게 하다가 실수를 저지르기 일쑤였다.

올바른 교육을 위해서는 먼저 준영이 어떤 유형의 기질에 속하는지 이해할 필요가 있다. 위의 내용으로 미루어봤을 때 준영은 전형적인 다혈질 유형이다. 이 유형의 아이는 사고방식이 민첩하고 예민하며 활동적이고 환경 변화에 쉽게 적응한다. 그래서 누구를 만나든 먼저 인사를 건네며 다가간다. 하지만 정서가 불안정하고 조그만 일에도 쉽게 화를 낸다. 늘 기분에 따라 일을 처리하고 더 흥미로운 일이 생기면 하던 일을 당장 그만두고 가버린다.

다혈질 아이가 올바른 교육을 받는다면 친절하고 적응 능력이 뛰어

난 사람으로 성장할 수 있지만 반대의 경우라면 경솔하고 산만한 사람이 된다.

다혈질 유형의 아이를 교육할 때 주의해야 할 사항은 다음과 같다.

장점을 극대화시킬 수 있도록 도와준다

아이가 갖고 있는 기질의 특성 중 뛰어난 사교 능력이나 민첩함 등의 긍정적인 부분은 아낌없이 격려를 해주어 이런 장점이 더 많이 발휘될 수 있도록 도와주어야 한다. 그러면 명랑하고 긍정적인 성격을 형성하는 데 도움이 된다.

규율의 중요성을 알게 한다

다혈질 아이는 감정 변화가 잦고 관심사가 쉽게 변해서 무슨 일이든 건성건성 해결하려고 한다. 그러므로 부모는 다혈질 아이가 어렸을 때부터 진지한 자세로 꼼꼼하게 일을 처리하는 습관을 기를 수 있도록 해줘야 한다. 또한 자신의 방을 치우거나 장난감을 정리할 때도 일정한 규칙에 따라 하도록 하고, 공공장소나 횡단보도에서도 정해진 규율을 지키는 것이 얼마나 중요한지 이해하게 한다.

인내심을 길러준다

담즙질 아이처럼 다혈질 아이도 천성이 활발하지만 인내심이 부족한 편이다. 부모는 다혈질 아이가 음악을 듣거나 그림을 그리는 등 조용히 집중할 수 있는 일을 하면서 조급함을 버리고 인내심을 기를 수 있도록 도와주도록 한다.

우울질 아이:
걱정 많고 예민한 성격을 바로잡아라

대부분의 아이들은 천진난만하고 활발하지만 간혹 그렇지 않은 아이도 있다. 이런 아이들은 혼자서 노는 것을 좋아하고 아는 사람이건 처음 보는 사람이건 먼저 인사하는 법이 없다. 심지어 7~8세가 되어서도 낯선 환경에만 가면 엄마 뒤로 숨어버린다.

채연이가 바로 그런 아이다. 유치원에 다니기 시작하면서부터 채연이는 친구들과 어울리는 것을 좋아하지 않았고, 수업이 끝나면 마치 무시무시한 동굴에서 빠져나오기라도 한 듯 재빨리 집으로 향했다. 엄마 아빠는 시간이 지나면 괜찮아질 거라고 생각했지만 채연이는 초등학교에 들어간 뒤에도 여전히 똑같았다.

말하는 것을 싫어해서 무슨 일이 있어도 마음속에 담아두었고, 누군가 자신을 화나게 하면 오래오래 그 사람을 미워했다. 엄마 아빠도 예외는 아니었다. 한번은 채연이가 유리잔을 깨뜨려서 엄마가 잔소리를 했더니 일주일 동안 엄마와 한마디도 하지 않았다. 엄마가 미안하다고 먼저 사과하자 그제야 마음을 풀었다.

초등학교 2학년 때 선생님은 엄마에게 채연이가 신중하고 세심하지만 행동이 느리고 어린 나이임에도 자주 한숨을 쉬며 걱정이 많아 보인다고 전했다. 이런 특징은 채연이가 전형적인 우울질 유형의 아이라는 사실을 보여준다. 우울질 아이가 올바른 교육을 받으면 나중에 커서 신중하고 성실한 사람이 되지만 제대로 교육을 받지 못하면 열등감이 많고 겁이 많은 사람이 된다.

우울질 유형의 아이를 교육할 때 주의해야 할 사항은 다음과 같다.

아이와 자주 소통한다

우울질 아이는 대부분 마음이 여린 편이다. 그래서 부모가 먼저 아이에게 관심을 갖고 신뢰를 줘야 마음을 열고 자신의 속마음을 이야기한다. 부모는 아이가 또래 친구들과 어울려 놀 수 있도록 격려하고 다양한 단체 활동에 참여함으로써 대범하고 긍정적인 성격을 가질 수 있도록 도와준다.

자신감을 심어준다

우울질 아이는 굉장히 민감하고 자존심이 강한 편이다. 그래서 훈육할 때 큰소리를 내기보다는 조용히 타이르는 편이 훨씬 효과적이다. 이 유형의 아이는 작은 일에도 자신감을 잃어버리기 쉬우므로 실수를 했을 때도 혼을 내기보다는 더 많이 격려해주도록 한다.

독립심을 키워준다

우울질 아이는 대부분 부모에게 의존하려는 성향이 강하다. 그러므로 평소에 옷 입기, 밥 먹기 등 간단한 일들은 혼자서 할 수 있도록 격려해준다. 너무 어린 나이가 아니라면 혼자서 밖에 나가서 물건을 사오는 연습을 시키는 것도 독립심을 키우는 좋은 방법이다. 설령 물건을 잘못 사오더라도 아이의 도전을 높이 평가해줘야 한다.

장점을 더욱 키워준다

우울질 아이는 성격이 차분하고 섬세하며 관찰력이 예리하다. 부모는 이런 장점을 격려해주고 더욱 발전시켜 아이가 자신감과 적극성을 갖도록 도와줘야 한다.

다음은 우리 아이의 기질 유형을 알아볼 수 있는 간단한 테스트다. 지문을 읽고 괄호 안에 아이에게 해당하는 내용이면 3점, 크게 두드러지지 않는 내용이면 1점, 전혀 해당하지 않는 내용이면 0점을 적은 다음 마지막에 총점을 계산한다.

다혈질 유형

변화가 많고 화려한 일을 좋아한다. ( )

새로운 환경에 빨리 적응한다. ( )

반응이 빠르고 총명하다. ( )

누구와 만나도 쉽게 친해진다. ( )

아무 일 없어도 하루 종일 기분이 좋다. ( )

놀이를 하다가 재미없다 싶으면 이내 기분이 가라앉는다. ( )

안 좋은 일은 금방 잊어버리는 편이다. ( )

인내심과 세심함을 요하는 일을 싫어한다. ( )

어떤 임무를 맡으면 신속하게 완성한다. ( )

좋아하는 일에는 최선을 다하지만 좋아하지 않는 일이라면 시작도 하지 않는다. ( )

한번에 여러 가지 일에 집중할 수 있지만 완성도가 높지는 않다. ( )

놀다가 지쳤을 때 잠시 쉬고 나면 금방 에너지가 충전된다. ( )

총점 :

만약 이 항목에서 가장 높은 점수를 받았다면 아이가 다혈질 유형에 속한다는 의미다. 이 유형의 아이는 훗날 기자, 변호사, 공무원, 예술 계통 종사자, 비서 등 사람들과 교류를 많이 하는 직업을 갖는 것이 적합하다.

담즙질 유형

승부욕이 강하다. ( )

한 가지 목표가 생기면 그것을 실현할 때까지 잠도 제대로 자지 않고 몰입한다. ( )

일의 결과를 생각하지 않고 뛰어드는 경향이 있다. ( )

힘이 왕성하다. ( )

격렬하고 움직임이 많은 활동을 좋아한다. ( )

흥분했을 때는 말로 다른 사람에게 상처를 주기도 하지만 정작 자신은 잘 모른다. ( )

줄거리가 극적이고 감동적인 이야기를 좋아한다. ( )

뒷얘기를 하기보다는 앞에 나서서 당당히 얘기하는 것을 좋아한다. ( )

화나는 일이 있으면 분노를 억제하지 못한다. ( )

감정 조절을 잘하는 사람을 부러워한다. ( )

기분 좋을 때는 무슨 일이든 다 하지만 그렇지 않을 때는 아무것도 하려고 하지 않는다. ( )

총점:

만약 이 항목에서 가장 높은 점수를 받았다면 아이가 담즙질 유형에 속한다는 의미다. 이 유형의 아이는 훗날 운동선수, 파일럿, 탐험가, 연설가, 영업사원 등 활동적인 직업을 갖는 것이 적합하다.

점액질 유형

무슨 일이든 신중하게 처리하고 처음부터 끝까지 한결같은 태도로 임한다. ( )

작은 일에 연연하지 않고 다른 사람들에게 관용적이다. ( )

체계적인 일들을 좋아한다. ( )

인내심이 강해 어떤 일에 집중하는 시간이 길다. ( )

아무리 화가 나는 일을 당해도 감정 조절을 잘한다. ( )

아무리 재미없는 놀이라도 오랫동안 즐긴다. ( )

무슨 일이든 끈기 있게 한다. ( )

자신이 불리한 위치에서도 주눅 들지 않고 사람들과 잘 어울린다. ( )

자신의 감정을 잘 드러내지 않는 편이다. ( )

자신 있는 일을 주로 하고 싶어 한다. ( )

탁상공론보다는 직접 행동하는 것을 좋아한다. ( )

조용한 환경을 좋아한다. ( )

총점:

만약 이 항목에서 가장 높은 점수를 받았다면 아이가 점액질 유형에 속한다는 의미다. 이 유형의 아이는 훗날 도서관 사서, 번역가, 교수, 과학자 등의 직업을 갖는 것이 적합하다.

우울질 유형

혼자 하는 놀이를 좋아한다. ( )

무슨 일이 있어도 혼자 생각해서 해결하는 것을 좋아한다. ( )

낯가림이 심하다. ( )

공부할 때나 평소에나 쉽게 피곤해한다. ( )

위험한 상황에 직면하면 심한 공포심을 느낀다. ( )

고민이 생겼을 때 혼자서 힘들어하는 편이다. ( )

새로운 것을 쉽게 받아들이지 못하지만 한번 배운 것은 잘 잊어버리지 않는다. ( )

시끄러운 소리나 위험한 장면 등 자극적인 것을 싫어한다. ( )

신경이 예민해서 작은 일에도 쉽게 영향을 받는다. ( )

선택의 상황에서 결단력이 부족하고 우유부단하다. ( )

실패를 경험하면 굉장히 고통스러워한다. ( )

총점:

만약 이 항목에서 가장 높은 점수를 받았다면 아이가 우울질 유형에 속한다는 의미다. 이 유형의 아이는 훗날 작가, 화가, 시인, 음악가 등의 직업을 갖는 것이 적합하다.

당근과 채찍을 적절히 이용하라

Chapter 6

여덟 살 남자 아이가 드디어 인생의 첫 시를 완성하고 자랑스럽게 엄마 아빠에게 보여줬다. 엄마는 시를 읽고 기뻐하며 말했다.

"얘야, 이 시 정말 네가 쓴 것 맞니? 정말 훌륭하구나."

하지만 함께 시를 읽은 아빠는 전혀 다른 반응을 보였다.

"정말 엉망이구나. 조금 더 노력해야겠는데?"

아이의 어떤 행위에 대해 부모는 "정말 훌륭하구나."라고 칭찬하거나 "정말 엉망이구나."라는 질책을 한다. 이런 칭찬과 질책은 자녀 교육이라는 저울 양쪽에 놓인 당근과 채찍이다. 그리고 자녀 교육의 핵심은 바로 당근과 채찍의 균형을 유지하는 데 있다.

실수하지 않는 아이는 없다

한 엄마가 다섯 살 된 아들이 밥 먹기 전에 손을 씻지 않은 것을 보고 이렇게 말했다.

"엄마가 그동안 몇 번이나 얘기했니? 오늘은 정말 혼나야겠구나."

그러고는 아들의 엉덩이를 몇 대나 때렸다. 그러자 아이가 울면서 말했다.

"엄마, 엄마는 어렸을 때 할머니 말을 한 번도 어긴 적이 없어요?"

아이의 한마디에 엄마는 할 말을 잃어버렸다. 아이가 손 씻는 것을 깜박한 것뿐인데 그렇게까지 화를 내야 했을까? 어른들도 종종 까먹는 경우가 있는데 아이들은 오죽할까?

실수하지 않고 늘 올바른 일만 하는 사람은 없다. 특히 아이의 성장 과정에서 실수는 반드시 필요한 경험이다. 그러므로 부모는 아이가 장난을 치다가 실수를 저질렀거나 무언가에 서투르다고 해서 혼을 내기보다는 그것을 너그러운 마음으로 이해해줄 수 있어야 한다.

아이들이 부모의 말을 잘 듣지 않는 것은 당연하다. 게다가 나이별로 그 내용도 조금씩 달라진다.

1세 : 엄마 옆에서 떨어지려고 하지 않고 밤에 잠투정이 심하다.

2세 : 편식, 반찬 투정을 하며 밥을 잘 먹지 않고 친구들이나 어른들을 깨물거나 꼬집는다.

3세 : 집 안 곳곳에 오줌을 싸고 벽에 낙서하거나 어른들을 따라다니며 성가시게 군다.

4세 : 억지를 부리고 화가 났을 때는 무조건 소리를 지른다.

5세: 거짓말을 자주 하고 동생이나 동물 등 자기보다 약한 존재를 괴롭힌다.

6세: 다른 사람의 물건에 손대거나 집 안에 있는 그릇 등을 깨뜨린다.

7세: 공부는 싫어하고 노는 것만 좋아하며 한시도 가만히 있지 않는다.

……

부모는 아이가 아장아장 걸어 다니면서 말썽을 피우기 시작하면 하루 빨리 자랐으면 한다. 학교에 들어가면 상황이 조금 나아질 거라고 생각하지만 결코 그렇지 않다. 게임에 빠질까 봐, 연애하느라 공부를 뒷전으로 생각할까 봐……. 그러나 아이들이 나이를 먹는다고 달리지지 않는다. 아이들은 그 나이에 해당하는 새로운 문젯거리들로 부모를 걱정시킨다.

그런데 아이가 잘못을 저질렀을 때 부모의 반응은 나이에 따라 달라야 한다. 0~2세 때는 아이가 잘못을 저질러도 가급적 혼을 내지 않는 것이 좋고, 2~5세 때는 혼을 내되 무엇을 잘못했는지 분명히 알려주고 같은 실수를 저지르지 않도록 격려해줘야 한다. 5~12세 때는 아이가 무엇을 잘못했는지 인식하고 스스로 해결 방법을 찾을 수 있도록 도와주며 사회적으로 지켜야 할 규칙이 있고 자신의 행동에 책임을 져야 한다는 사실을 알게 해준다. 12~16세 때는 아이의 성격에 따라 훈육 방식도 달라져야 한다. 외향적이고 심리적으로 강한 아이에게는 직접적으로 잘못을 지적하고 옳고 그름에 대한 관념을 심어줘도 괜찮지만, 내향적인 아이에게는 간접적으로 잘못을 지적하고 이를 고치도록 하는 것이 좋다.

아이가 말썽을 피우고 잘못을 저지르는 것이 결코 좋은 일이라고 말할 수는 없지만 어렸을 때부터 전혀 말썽을 피우지 않는다면 이것은 더 큰

문제라고 볼 수 있다. 한창 말썽을 피워야 할 나이에 지나치게 엄한 교육으로 그러한 기회를 얻지 못하면 더 이상 말썽을 피우면 안 되는 시기에 더 유치한 방법으로 욕구를 해소하게 된다. 이렇게 되면 결국 득보다 실이 크게 된다. 예를 들어 네다섯 살에 아무 데나 쉬를 하는 장난을 치지 못한 아이가 열 살이 넘어 같은 장난을 친다면 친구들의 비웃음을 사고 주변 사람들도 이를 이상하게 생각할 것이다.

그러므로 부모는 아이가 장난을 치거나 실수를 저지르더라도 너무 엄격하게 나무라서는 안 된다. 아이들은 이런 시행착오를 겪으면서 성장한다. 누군가를 괴롭히거나 괴롭힘을 당하는 과정에서 스스로를 보호하는 법을 배우고, 물건을 깨뜨리거나 작은 동물들을 괴롭히면서 책임의식과 동정심을 배운다. 거짓말을 하면서 정직함의 중요성을 깨닫고 서서히 침묵하는 법도 배우게 된다.

심리학자들은 인류나 포유동물들이 어렸을 때 놀이를 통해 공격과 방어, 포획과 도피 등의 생존 능력을 배운다는 사실을 발견했다. 그런데 어린 시절에 지나치게 보호를 받거나 마음껏 행동할 수 있는 기회를 박탈당한 아이들은 성인이 되었을 때 충동적으로 행동하거나 이상 행동을 하며 어린 시절을 보상받으려는 등 심리적으로 불안한 모습을 보인다. 어렸을 때 말을 잘 듣던 착한 아이가 커서는 밤새 컴퓨터 게임을 하느라 집에도 들어오지 않고, 부모가 잔소리라도 하면 버럭 소리를 지르거나 방문을 쾅 닫고 들어가버린다. 이런 아이들은 어렸을 때 부모가 워낙 엄격해 감히 말썽을 피울 생각을 하지 못했을 확률이 높다. 그래서 부모의 그늘에서 벗어나자마자 기다렸다는 듯이 말썽을 피우는 것이다.

아이들은 비디오테이프에 기록을 남기듯 즐거움, 괴로움, 슬픔, 뿌듯함,

좌절 등의 감정을 직접 경험하면서 마음속에 흔적을 새긴다. 그리고 자라면서 이런 흔적들에 의존해 더욱 건강하고 충실한 삶을 만들어간다. 아이들은 어린 시절의 실수를 통해 옳고 그름을 배우고 외부 세계나 타인과의 관계를 인식한다. 그리고 이로써 성인이 되어서도 잘못을 저지를 확률이 낮아지게 되는 것이다.

부모는 아이가 어느 정도 실수를 저지르고 말썽도 피울 수 있는 공간을 제공해줘야 한다. 아이의 작은 실수나 잘못은 관대한 마음으로 받아주고, 어떤 부분이 잘못되었고 이를 어떻게 고쳐야 하는지만 정확하게 알려주도록 한다.

당근과 채찍의 38선

여덟 살 남자 아이가 드디어 인생의 첫 시를 완성하고 자랑스럽게 엄마 아빠에게 보여줬다. 엄마는 시를 읽고 기뻐하며 말했다.

“얘야, 이 시 정말 네가 쓴 것 맞니? 정말 훌륭하구나.”

하지만 같은 시를 읽은 아빠는 전혀 다른 반응을 보였다.

“정말 엉망이구나. 조금 더 노력해야겠는데?”

아이는 엄마의 칭찬으로 자신감을 얻었지만 아빠의 질책으로 이내 의기소침해졌다. 결국 엄마로부터 얻은 자신감과 아빠에게서 받은 자극 덕분에 아이는 더욱 열심히 노력했고 자라서 유명한 작가가 되었다. 바로

미국의 유명한 지널리스트 그리스 베이티의 이야기다.

베이티의 부모는 전형적인 당근과 채찍의 교육 방식을 보여줬다. 베이티는 어른이 된 이후에 자신의 첫 작품을 보며 당시 아빠의 말이 옳았다는 사실을 깨달았다고 한다. "정말 훌륭하구나."라는 엄마의 칭찬은 그가 계속해서 글을 쓸 수 있는 동력이 되었고, "정말 엉망이구나."라는 아빠의 질책은 끊임없이 노력할 수 있는 자극이 되었다.

'정말 훌륭하구나' 라는 말은 긍정과 격려의 의미를 담고 있고 아들에 대한 엄마의 무한한 사랑을 반영한다. 반면 '정말 엉망이구나' 라는 말은 부정과 질책의 의미를 담고 있고 아들에 대한 아빠의 이성적이고 엄숙한 태도를 반영한다.

칭찬과 질책, 즉 당근과 채찍은 두 가지 상반된 교육 요소다. 표면적으로 봤을 때 둘은 완전히 상반된 것처럼 보이지만 모두 자녀에 대한 부모의 사랑을 나타낸다. 가정교육에서 이 두 가지 요소 중 어떤 하나가 빠진다면 아이의 건강한 성장에 영향을 주게 된다. 오로지 칭찬만 받은 아이는 오만해지기 쉽고, 늘 질책만 받은 아이는 열등감에 시달리게 된다. 올바른 칭찬은 아이에게 큰 자신감을 심어주고 적당한 질책은 더 나은 방향으로 발전할 수 있는 촉진제 역할을 한다. 그러므로 이런 칭찬과 질책이 적절히 조화를 이룰 때 가정교육은 긍정적인 효과를 낼 수 있다.

올바른 '채찍' 을 사용하기 위해서는 정확한 판단이 뒷받침되어야 한다. 부모의 객관적인 인식과 평가는 아이에게 자신의 부족한 점을 깨닫게 하고 향후 어떤 문제를 처리할 때 무엇을 주의해야 하는지 일깨워준다. 하지만 잘못을 억지로 들추어내거나 감정이 섞인 비난을 하는 것은 아이에게 상처를 줄 수 있다는 사실에 주의해야 한다.

'채찍' 에 비해 '당근' 을 주는 일은 상대적으로 수월하다. 부모의 칭찬은 아이가 부정적인 정서에서 벗어나 자신감을 갖고 어려움에 직면할 수 있도록 도와준다. 그런데 칭찬을 할 때는 반드시 진심을 담아야 한다. 진심이 전해지지 않는 표면적인 칭찬은 아무런 격려 효과가 없으니 주의한다.

아이가 하는 모든 일에는 각각의 장단점이 있으므로 가정에서 자녀를 교육할 때 부모는 당근과 채찍을 적절히 조화를 이루어 이용해야 한다. 똑똑한 부모는 아이에게 언제 당근을 사용해야 할지, 언제 채찍을 사용해야 할지 잘 알고 있으며 이를 통해 아이에게 자신감을 심어주고 모든 일에 최선을 다할 수 있도록 격려해준다.

칭찬은 아이의 성취욕을 만족시킨다

나폴레옹 힐이라는 아이가 있었다. 새엄마가 집에 오기 전에는 아무도 이 아이를 곱게 보는 이가 없었다. 마을에서 무슨 일이 생겼다 하면 가족들은 나폴레옹을 의심했다.

"이번에도 분명 나폴레옹의 짓일 거야!"

새엄마가 집에 오던 날 아빠조차 나폴레옹의 체면을 세워주지 않았다.

"이 아이는 나폴레옹이라고 해. 형제들 중에서 가장 말을 안 듣는 녀석이지."

하지만 새엄마는 나폴레옹의 어깨에 두 손을 올리고 인자하게 말했다.

"가장 말을 안 듣는 아이라고요? 제가 보기에는 가장 영리한 아이 같은

길요. 우리가 조금만 도와주면 되요."

새엄마의 격려로 나폴레옹은 장난꾸러기에서 점점 모범생으로 변했고 완전히 새로운 아이로 거듭났다. 한 심리학자는 이렇게 말했다.

"부모가 아이를 칭찬하지 않으면 아이는 점점 칭찬할 것이 없는 아이로 변해간다."

그러므로 아이의 행동이 여러 모로 마음에 들지 않는다면 먼저 충분히 칭찬하고 격려해줬는지 생각해봐야 한다.

"너는 왜 이렇게 못났니?"

"하는 짓이 왜 그렇게 느려 터졌니?"

"옆집 아이 좀 보렴. 얼마나 말을 잘 듣니?"

혹시 그동안 이런 말들로 아이에게 상처만 주지는 않았는가? 부모의 비난과 질책은 아이의 자존심에 상처를 준다. 그러니 아이 역시 부모의 자존심에 상처를 주는 방식으로 당신에게 '보복'하려고 할 것이다. 왜 부모들은 아이를 칭찬하는 것에 이토록 인색한 것일까? 미국의 한 심리학자는 이렇게 말했다.

"인류의 가장 절실한 욕망은 바로 칭찬을 받는 것이다."

누군가의 격려가 없으면 사람은 자신이 가진 잠재력의 20~30%밖에 발휘하지 못한다. 그러나 칭찬과 격려를 받는다면 그보다 3~4배 더 큰 잠재력을 발휘할 수 있다.

매슬로는 인간은 자기만족에 대한 강한 욕구가 있는데 칭찬이야말로 이런 욕구를 실현하는 가장 좋은 방법이라고 말했다. 칭찬이나 격려를 받지 못한 아이는 심리적으로 건강하지 못하고 늘 열등감에 시달리며 성인이 되어 하고 싶은 일이 있어도 용기가 없어 도전하지 못한다. 설령 시도

한다 하더라도 성공할 확률은 매우 낮다.

그러므로 총명하고 긍정적인 마음가짐을 가진 아이로 키우려면 칭찬과 격려를 아끼지 않아야 한다. 하지만 인색한 칭찬과 마찬가지로 지나친 칭찬 역시 아이의 심리에 부정적인 영향을 끼치므로 주의해야 한다. 부모는 아이의 심리와 특징에 근거해 다음의 몇 가지 원칙을 제대로 준수해야만 칭찬 교육의 효과를 누릴 수 있다.

그 자리에서 칭찬한다

아이가 착한 일을 하거나 좋은 성적을 받았다면 그 성과를 즉시 인정해 주고 칭찬한다. 칭찬은 빠를수록 아이에게 깊은 인상을 주고 기억이 오래 남으므로 더 큰 효과가 있다.

구체적으로 칭찬한다

내용이 없는 표면적인 칭찬은 아무런 효과가 없다. 칭찬을 할 때는 구체적으로 아이가 무엇을 잘했는지 알려줘야 한다. 예를 들어 아이가 무거운 짐을 들고 가는 할머니를 도와드렸을 때 "정말 착하구나."라고 말하기보다는 "오늘 할머니 짐을 들어드린 건 정말 잘한 일이야. 네가 착한 일을 해서 엄마는 정말 기쁘단다."라고 구체적으로 칭찬한다면 아이가 더 큰 뿌듯함을 느끼게 된다.

진심을 담아 칭찬한다

진심이 담기지 않은 칭찬은 아이에게 아무런 도움이 되지 않는다. 아이의 작은 실수에도 늘 크게 화를 내는 엄마가 있었다. 그런데 어느 날 칭찬이 자녀

교육에 아주 중요하다는 이야기를 듣고 집에 와서 아이에게 이렇게 말했다.

"얘야, 너 오늘 정말 멋지구나."

그러자 아이는 의심 가득한 표정으로 말했다.

"엄마, 왜 그러세요? 어디가 많이 아프신가 봐요. 거짓말을 다 하시고."

이처럼 진심이 담기지 않은 칭찬은 아이도 거짓으로 받아들이게 된다. 칭찬을 했을 때 아이가 기뻐하기보다는 의아한 표정을 짓는다면 과연 진심을 담아 칭찬을 했는지 다시 한 번 생각해봐야 한다. 칭찬을 할 때 아이의 눈을 바라보며 부드러운 목소리로 이렇게 말해준다면 아이도 부모의 진심을 느낄 수 있을 것이다.

"엄마는 네가 정말 자랑스럽구나."

체벌은 아이와 부모 모두를 멍들게 한다

지훈이 엄마는 며칠째 계속 마음이 무겁다. 며칠 전 저녁에 일어난 일 때문이었다. 엄마와 함께 목욕을 마친 지훈이는 나오자마자 침대 위에서 소리를 지르며 뛰기 시작했다. 엄마는 지훈이가 침대에서 떨어질까 봐 걱정이 되어 조용히 타일렀다.

"지훈아, 그러다 떨어지겠다. 그만 뛰렴."

그러나 지훈이는 엄마의 말에 아랑곳하지 않고 신이 나서 계속 침대에서 뛰었다. 화가 난 엄마는 침대에서 지훈이를 끌어내리며 말했다.

"한 번만 더 뛰면 맴매 맞을 줄 알아!"

지훈이는 말을 듣는 듯하더니 엄마가 갈아입을 옷을 가지러 간 사이에 다시 침대에 올라가 뛰기 시작했다. 머리끝까지 화가 난 엄마는 두말하지 않고 지훈이의 엉덩이를 몇 대 세게 내리쳤다.

"너 또 뛸 거야, 안 뛸 거야?"

지훈이가 입을 삐죽거리자 엄마는 더 화가 나서 엉덩이를 몇 대 더 때렸다. 그러나 지훈이는 울지 않았다. 엄마는 퉁명스러운 표정으로 지훈이의 옷을 입혀줬다. 깨끗한 옷으로 갈아입은 지훈이는 화가 난 엄마를 보며 환하게 웃어 보였다. 그 순간 엄마는 방금 전 지훈이를 때린 것을 후회하면서 지훈이를 꼭 안아줬다.

혹시 아이를 때린 뒤 지훈이 엄마처럼 후회해본 경험이 있지 않은가? 아직 어린아이가 뭘 그렇게 크게 잘못했다고 때렸을까? 물론 아이를 교육하는 입장에서 다 잘되라고 그런 것이니 때리는 것이 크게 잘못되었다고 생각하지 않는 부모도 있을 것이다.

후회를 했든 하지 않았든 과연 체벌이 좋은 교육 방법일까? '아이는 매가 약이다' 라는 말이 맞는 것일까? 꼭 그렇지만은 않다. 체벌을 하면 단시간 내에는 아이가 말을 잘 들을지 몰라도 장기적으로 봤을 때는 아이의 심리 건강에 심각한 악영향을 끼칠 수 있다.

체벌은 아이와 부모의 애정 및 신뢰 관계를 깨뜨리고 부모의 위신을 무너뜨린다. 또한 체벌은 아이의 자존심에 심각한 상처를 준다. 애정과 자존심은 건강한 심리를 가진 아이로 자라기 위한 필수 요소이다. 그렇기 때문에 오랫동안 부모의 체벌을 받은 아이에게서 심각한 심리 문제가 발견되는 것이다.

아동심리학자들은 이런 심리 문제가 일반적으로 체벌 후 몇 주나 몇 달 안에 나타난다고 말한다. 구체적인 특징은 다음과 같다.

잦은 거짓말

잘못을 저질렀을 때 심한 체벌을 가하면 아이는 다음부터 육체적인 고통을 피하려고 거짓말을 하게 된다. 그런데 거짓말이 들통나면 평소 체벌로 아이를 교육했던 부모는 더 심한 체벌을 가할 것이다. 그러면 아이는 점점 더 사실을 말하기 어려워지고 성인이 되어서도 습관적으로 거짓말을 하는 위선적인 사람이 된다.

무기력함

폭력적인 부모 밑에서 자란 아이는 연약하고 무기력하다. 오랜 시간 체벌에 시달렸기 때문에 부모를 두려워하고 늘 불안한 상태다. 이런 아이들은 체벌을 면하려고 억지로 부모의 명령에 복종하는데, 그러다 보니 주관이 없이 남의 의견에 이끌려 다니게 되고 공부를 할 때나 일상생활에서 피동적으로 행동하기 쉽다.

고집

체벌을 가한다고 모든 아이가 말을 잘 듣는 것은 아니다. 매를 맞을수록 더 고집을 피우는 아이들이 있는데 반항심이 강한 남자 아이들이 특히 그렇다. 이런 아이들은 더 큰 말썽을 피워 부모에 대한 불만을 표시한다.

고독함

부모에게 자주 매를 맞는 아이들은 자존심이 낮고 가정에서 늘 기가 죽어 있기 때문에 밖에 나가서도 사람들과 잘 어울리지 못하고 혼자 있는 것을 좋아한다.

거친 행동

심리학자들은 어린 시절 자주 매를 맞은 아이가 성인이 되면 폭력적인 성향을 드러내기 쉽다고 말한다. 그리고 어린 시절 체벌의 강도가 심할수록 폭력적인 성향도 더욱 두드러진다고 한다. 이는 아이들의 모방 심리와도 관련이 있다. 매를 맞는 경험을 통해 약자는 강자에게 복종해야 한다거나, 폭력은 폭력으로 해결해야 한다는 인식을 갖게 되는 것이다.

불안

잦은 체벌을 받은 아이는 늘 불안하고 초조한 상태에 놓여 있다. 무슨 잘못이라도 저질러 또 매를 맞게 될까 봐 하루 종일 걱정하는 것이다.

체벌을 했을 때 아이에게 나타날 수 있는 심리 문제는 이처럼 다양하다. 체벌은 아이의 잘못을 근본적으로 고칠 수 있는 방법이 아니다. 아이는 강압적인 힘에 어쩔 수 없이 복종하는 것뿐이다. 체벌을 통한 자녀 교육은 전혀 효과가 없고, 아이의 심리 건강에 심각한 악영향을 끼칠 수 있다는 사실을 기억해야 한다.

아이에게 절대로 해서는 안 되는 말

"계속 울면 버리고 갈 거야!"

한 엄마가 울고 있는 두 살 난 딸에게 이렇게 소리쳤다. 하지만 아이가 여전히 울음을 그치지 않자 엄마는 아이를 뒤로 하고 혼자 앞으로

걸어갔다. 엄마가 혼자 가는 것을 보고 아이는 더 큰 소리로 울며 엄마를 쫓아갔다. 엄마는 발걸음을 멈추고 아이가 다가오기를 기다렸다가 이렇게 말했다.

"뚝 그쳐야 착한 아이지? 자, 이제 그만 울어."

그제야 아이는 서서히 울음을 그쳤다.

"또 그러면 길거리에 내다 버릴 거야!"

혹시 아이가 잘못했을 때 이를 바로잡으려고 이런 식으로 말한 적은 없는가? 사실 아이의 행위를 당장 멈추게 하는 데 이것보다 효과적인 방법은 없을 것이다. 아이들은 스스로를 보호할 수 있는 능력이 없기 때문에 부모가 자신을 버리겠다는 위협에는 감히 대항할 수가 없다. 물론 이 방법도 여러 번 사용하다 보면 효과가 떨어지게 마련이다. 그러나 얼마나 효과가 있든 상관없이 이런 방법은 아이들의 심리에 부정적인 영향을 미치며 그 심각성은 체벌 못지않다.

심리학자들은 부모가 자녀를 버리겠다는 식으로 위협하는 것은 아이에게 커다란 불안감을 심어준다고 지적한다. 특히 세 살 이전의 아이는 부모에게서 받는 안정감이 굉장히 중요하며 이것이 평생의 인격 형성과 건강한 심리 성장에도 중요한 영향을 준다고 한다.

어린아이들은 안정감을 통해 외부 세계를 탐색할 수 있는 자신감과 위험한 상황에서 두려움을 극복할 수 있는 용기를 얻는다. 그런데 부모의 거짓 위협은 아이가 안정감은 물론 심지어 부모에 대한 신뢰를 잃게 만든다. 또 부모로부터 자주 '버리겠다'는 위협을 받은 아이는 예민함, 열등감, 정서 불안 등 심리적인 문제를 보일 수 있다.

그러므로 부모는 아이가 아무리 말을 듣지 않아도 버리겠다고 위협해

서는 안 된다. 사실 아이의 잘못을 제지할 수 있는 방법은 여러 가지가 있다. 주의를 다른 곳으로 돌린다거나, 아이의 요구를 들어준 다음 잘못된 상황을 설명해주는 식이다. 어린아이라고 해서 아무것도 모른다고 생각해서는 안 된다. 가장 좋은 방법은 부모와 아이 모두에게 상처를 주지 않는 것이어야 한다.

이상적인 훈육 방법: 반성 의자

네 살 마이크는 유치원에서 돌아오자마자 엄마에게 소리쳤다.

"엄마, 저 케이크가 먹고 싶어요."

엄마는 비스킷과 우유 한 잔을 주며 말했다.

"곧 저녁 식사 시간이니까 우선 이것만 조금 먹는 것이 어떻겠니?"

하지만 마이크는 여전히 케이크가 먹고 싶었다.

"우유는 마시기 싫어요!"

그러면서 우유를 바닥에 쏟아버렸다. 화가 난 엄마는 당장이라도 마이크를 한 대 때려주고 싶었지만 꾹 참고 조용히 말했다.

"우유를 일부러 쏟았으니 반성의 자리에 가서 앉아 있어!"

마이크는 엄마의 말에 눈물이 솟았지만 더 이상 아무 말도 하지 않고 거실 구석에 있는 반성의 자리에 가서 앉았다.

엄마는 타이머를 꺼내 4분을 맞춰 거실 탁자에 올려놓은 다음 주방에 가서 저녁 준비를 했다. 4분이 지나 타이머가 울리자 마이크는 조용히 자

리에서 일어나 엄마가 준비해준 비스킷을 먹으며 만화영화를 봤다. 그리고 저녁 식사 시간에 마이크는 아무 일도 없었다는 듯 해맑게 말했다.

"엄마, 오늘은 학교에서 그림 그리기를 했어요."

마이크의 엄마가 사용한 '반성 의자' 법은 3~12세 아이에게 적절한 훈육 방법으로 미국에서 가장 흔히 사용되는 방법이기도 하다. 이 방법은 몸싸움을 자주 하거나 일부러 물건을 망가뜨리는 등 파괴적 성향이 강한 아이들에게 가장 적합한 처벌 방법이다. 그러나 식사 전에 손을 씻지 않았다거나 장난감을 정리하지 않았을 때와 같이 사소한 잘못에 사용하기에는 적합하지 않고 효과도 떨어지니 주의해야 한다.

아이들은 모두 부모에게 의존하므로 일단 혼자 떨어져 있게 되면 외부 세계에 두려움을 느낀다. 그래서 아이가 잘못을 저질렀을 때 반성 의자에 앉아 있도록 하면 흥분했던 마음이 가라앉고, 내가 무엇을 잘못해서 지금 이곳에 혼자 앉아 있는지 생각해볼 수 있게 된다. 정해진 시간이 끝나고 부모가 무엇이 잘못되었는지 간단히 일러주면 곧바로 혼을 냈을 때보다 교육 효과가 높다.

반성 의자의 최대 장점은 온화한 처벌 방법이라는 데 있다. 이 방법을 사용하면 아이뿐만 아니라 어른들도 마음을 차분하게 가라앉힐 수 있어 충동적으로 심한 처벌을 가하는 행위를 막을 수 있다. 반성 의자는 방법이 비교적 간단하지만 다음 사항을 주의하면 효과가 더욱 높아진다.

너무 오래 앉아 있지 않는다

아이들은 부모와 떨어지는 것을 두려워하기 때문에 단 몇 분만 분리되어도 굉장히 길게 느껴질 수 있다. 만 1세 아이는 1분, 2세 아이는 2분, 3

세 아이는 3분…… 이런 식으로 나이에 따라 조금씩 늘려가는 것이 좋다. 너무 오래 앉아 있도록 하면 차분한 마음이 다시 분노로 바뀌는 역효과가 나타날 수 있다.

적합한 장소를 찾는다

이 방법은 더 멀리 떨어져 있다고 효과가 높아지는 것은 아니다. 부모가 아이와 너무 멀리 떨어져 있거나 자신들이 있는 방문을 잠가버리면 아이의 공포심을 유발할 수 있다. 가장 좋은 장소는 아이의 소리를 들을 수 있는 곳이다. 반성 의자는 아이와 완전히 격리된 환경이 아니라 언제든 아이의 상황을 지켜볼 수 있는 곳에 놓아야 한다. 그래야만 갑작스러운 상황에 대비할 수 있다.

정한 시간을 반드시 지킨다

반성 의자에 앉아 있는 동안에도 부모에게 계속 떼를 쓰는 아이들이 있다. 이럴 때 부모가 마음이 약해져서 처벌을 중단한다면 반성 의자는 더 이상 효과를 발휘할 수 없다. 그러므로 정해놓은 시간에는 무슨 일이 있어도 아이 혼자만의 시간을 가질 수 있도록 해야 한다.

정한 시간이 끝나면 잘못을 간단히 설명해준다

타이머가 울리고 나면 아이를 안아주고 칭찬해주기보다는 먼저 무엇을 잘못했는지 간단하게 이야기해주고 다음에 비슷한 상황이 발생했을 때 어떻게 행동해야 하는지 알려준다. 그런 다음 시간을 잘 지킨 것을 칭찬하고 격려해줘야 효과를 높일 수 있다.

하루에 두 번 이상 혼내지 않는다

혹시 당신은 아이의 사소한 잘못도 그냥 지나치지 않고 인상을 찌푸리며 화를 내는 엄마는 아닌가? 유리컵을 깨뜨렸다거나, 장난감을 늘어놓았다거나, 어른 신발을 신고 거실을 활보한다고 해서 하루에도 대여섯 번씩 소리를 지르지는 않는가?

아이들은 어른이 1분만 주의를 기울이지 않아도 금세 무슨 일인가 저지른다. 그래서 늘 혼이 나는 것이 아이들의 일상이다. 그런데 자주 혼을 낸다고 과연 효과가 있을까? 결론부터 말하자면 모두 헛수고일 뿐이다. 아직 어린아이들은 기억력이 좋지 않아 오늘 들은 것을 내일이면 까먹는다. 게다가 너무 자주 혼을 내면 자신감이 낮아지는 등 아이의 심리에 부정적인 영향을 끼칠 수 있다.

아이가 잘못을 저지를 때마다 혼을 낼 필요는 없다. 어떤 잘못은 어른들이 지적해주지 않아도 아이 스스로 발견할 수 있기 때문이다. 아이들은 자신의 실수를 발견하고 해결해나가는 과정을 통해 한 단계 더 성장한다. 그런데 엄마 아빠가 매번 먼저 나서서 지적하면 아이는 이 과정을 생략한 채 넘어가게 되고 무엇이 잘못되었는지 절실하게 인식하지 못한다.

물론 아이가 잘못을 저질렀는데 전혀 혼을 내지 말라는 이야기는 아니다. 다만 횟수를 잘 조절해야 한다. 전문가들은 아이가 얼마나 많은 잘못을 저질렀든 혼을 내는 횟수는 하루에 두 번으로 조절해야 한다고 말한다.

또한 아이를 혼낼 때 피해야 하는 시간대가 있다. 첫 번째는 아침에 일

어났을 때다. 아침에 눈을 뜨자마자 엄마 아빠에게 잔뜩 혼이 난다면 아이가 어떤 마음으로 하루를 보내겠는가? 두 번째는 식사 시간이다. 어른들도 밥을 먹을 때 안 좋은 소리를 들으면 식욕이 떨어지고 소화가 잘 되지 않는데 이것은 아이들도 마찬가지다. 게다가 아이들의 식욕 감퇴는 신체 발달에도 영향을 주므로 식사 시간에 혼을 내는 것은 반드시 피해야 한다. 세 번째는 잠자리에 들기 전이다. 수면 역시 식사 못지않게 아이들에게 중요한 요소다. 그러기에 잠들기 전에 한바탕 혼이 난다면 수면의 질이 떨어지고 심각한 경우에는 발육에 문제가 생길 수도 있다.

비꼬는 식의 훈육은 금물이다

재연이는 장난기가 조금 심한 편이기는 하지만 학업 성적은 좋은 아이다. 특히 국어는 시험에서 늘 95점 이상 받을 만큼 가장 좋아하는 과목이었다. 그런데 이상하게 이번 학년 들어 다른 과목의 성적은 그대로인데 국어 성적만 크게 떨어졌다. 엄마는 혹시 재연이가 수업을 빼먹거나 딴짓을 했는지 알아봤지만 학교생활에는 아무 문제가 없었다.

그러다가 재연이의 이야기를 통해 그 원인을 알 수 있었다. 원인은 재연이의 반을 맡은 국어 선생님에게 있었다. 이 선생님이 수업 시간에 늘 재연이의 장난기를 비꼬면서 말을 한 탓에 재연이는 친구들 앞에서 창피를 당했다. 이로써 재연이는 국어 선생님뿐만 아니라 국어 과목 자체를 싫어하게 되었고 수업 시간에 집중하지도 못했던 것이나.

어른들은 아이가 당연히 이해하지 못할 거라는 생각에 아이의 행동을 비꼬거나 비아냥거리는 식으로 말을 하기도 한다. 그러나 8세가량의 아이들은 어른들이 하는 그 말의 의미를 모두 이해한다. 게다가 아이들은 어른에 비해 심리적으로 성숙하지 않기 때문에 어른들의 작은 표정 변화나 심리 변화를 더 예민하게 받아들인다. 특히 비꼬는 식의 부정적인 언어에는 아이들 역시 굉장히 반감을 갖게 된다.

"네가 뭘 할 수 있겠니?"

"늘 말만 잘하지."

"겉만 번지르르하면 뭐하니?"

선생님뿐만 아니라 부모들도 자주 이런 식으로 아이의 행동을 비꼬는 말을 한다. 그런데 이런 말들이 아이에게 커다란 상처를 줄 수 있다는 사실을 기억해야 한다. 비꼬는 말투는 아이의 자존심을 상하게 할 뿐만 아니라 점점 냉소적인 사람으로 변하게 할 뿐 아무런 교육의 효과가 없다. 오히려 노력을 포기하고 아무것도 하지 않으려는 무기력함을 심어줄 뿐이다.

더 어린아이들은 어른들이 비꼬는 말을 해도 문자 그대로 그것을 이해한다. 그래서 잘못을 저지르고도 잘했다는 칭찬으로 받아들이니 점점 그릇된 인식이 생기게 된다. 다섯 살 남자 아이가 밖에서 놀다가 흙투성이가 된 채 집에 들어왔을 때 엄마가 "너 정말 깨끗하구나."라고 비꼬아 말한다면 아이는 엄마가 자신의 옷이 더러워진 것을 발견하지 못한 줄 알고 기뻐할 것이다. 그 밖에도 비록 어린아이들이 어른들이 하는 말의 의미를 다 이해하지는 못한다고 해도 말투와 표정에서 무엇인가 잘못되었다는 사실

은 느낄 수 있다. 하지만 도대체 무엇이 잘못되었는지 몰라 불안해한다.

아이들은 나이를 먹을수록 부모가 하는 말의 내용뿐만 아니라 말을 하는 방식에도 주의를 기울여야 한다는 사실을 깨닫는다. 부모가 비꼬는 말을 하거나 비아냥거렸을 때 아이들은 자신이 존중받지 못한다는 생각으로 마음에 상처를 입는다. 이런 아이들은 마찬가지로 부모를 존중하지 않고 성인이 되었을 때 똑같이 비꼬는 말투로 부모나 아이에게 상처를 줄 가능성이 높다.

그러므로 부모는 아이가 이해할 수 있든 없든 절대 비꼬거나 비아냥거리는 말투로 잘못을 지적해서는 안 된다.

아이가 잘못을 저질렀을 때 어떤 방법으로 아이를 훈육할 수 있을까? 회초리 들기, 무릎 꿇고 앉아 있기, 손들고 서 있기……. 부모마다 정말 다양한 방법을 시도해봤을 것이다. 그런데 이런 방법들이 모두 제대로 된 교육 효과가 있을까? 혹시 아이의 심리에 부정적인 영향을 끼치지는 않을까? 너무 가혹한 처벌은 아이를 부모의 권위에 억지로 굴복하게 만들고 아이에게 심리적인 문제를 일으킬 수 있으므로 주의해야 한다.

아이에게 상처를 주지 않으면서 교육 효과가 뛰어난 훈육 방법으로는 어떤 것들이 있을까? 전문가들은 다음과 같은 일곱 가지를 이상적인 훈육 방법으로 추천한다.

회초리 만들기(친구와 몸싸움을 하거나 물건을 자주 잃어버릴 때)

아이가 같은 잘못을 반복하지 않도록 하기 위해 회초리 하나를 준비한다. 물론 이 회초리는 아이에게 경고하는 용도로 사용해야 하며 심한 처벌에 이용해 상처를 줘서는 안 된다. 회초리는 가급적 부모와 아이가 함께 만드는 것이 좋으며 이 과정에서 회초리를 만드는 이유를 자세히 설명해준다. 그러면 아이가 잘못을 저질러 회초리를 들었을 때 반감을 덜 갖게 된다. 또 회초리로 체벌을 해야 할 때는 아이의 안전을 고려해 손바닥이나 엉덩이 등을 약하게 때리도록 해야 한다.

조용히 타이르기(친구와 다투거나 장난감을 빼앗았을 때)

아이가 친구와 다투었을 때 사정을 들어보지도 않고 무조건 혼을 낸다면 아이의 자존심에 큰 상처를 줄 수 있다. 이런 경우 아이에게 다가가 먼저 다투는 이유를 물어보고 아이의 생각을 물어봐야 한다. 그런 다음 다툼으로 문제를 해결하는 것은 잘못된 방법이며 서로 의논하고 분석해 방법을 찾아야 한다고 일러준다.

그림을 그리거나 글씨 쓰기(친구를 밀거나 깨무는 등의 행동을 했을 때)

화가 나면 친구를 밀치거나 깨무는 등 안 좋은 습관을 가진 아이들이 있다. 이런 경우 종이와 색연필을 준비해 아이가 자신의 생각을 그리거나 글로 써서 표현하도록 해본다. 이때 아이가 반감을 갖거나 두려움을 가질 수 있으므로 자주 사용하는 책상에서 훈육하는 것은 피해야 한다. 그림이나 글의 내용은 문제 상황에 관한 것이어야 하며 표현한 내용에 따라 먼저 아이의 마음을 이해해주고 그런 다음 잘못을 지적한다.

이 방법은 아이의 자존심에 상처를 주지 않으면서도 부모가 아이의 내면을 더 잘 이해할 수 있도록 도와준다.

어질러진 물건 정리하기(아무 데나 낙서하거나 장난감을 정리하지 않았을 때)

아이들은 아무 데나 낙서하고 물건들을 어지럽게 벌여놓기 좋아한다. 부모는 아이에게 이런 행동이 잘못되었다는 사실을 알려주고 스스로 낙서를 지우거나 바닥에 떨어진 물건을 줍도록 해야 한다. 또 평소에 방 청소 등의 집안일을 돕게 해 엄마 아빠의 노고를 이해하고 정리 정돈하는 습관을 기르게 해주는 것도 좋다.

무릎을 꿇거나 손들고 서 있기(친구와 다투었을 때)

집 안 눈에 잘 띄지 않는 곳에 아이가 벌설 수 있는 장소를 한 곳 정해놓는다. 그리고 아이가 잘못을 저질렀을 때 그 장소에 가서 손을 들고 있게 하거나 반성 의자에 앉아 있도록 한다. 아이가 벌을 설 때는 그 이유를 정확히 알려주고 일정 시간을 정해서 타이머를 맞춰놓는 것이 좋다.

아끼는 물건 빼앗기(물건을 자주 잃어버리거나 장난감을 정리하지 않았을 때)

아이가 좋아하는 물건이나 간식을 잠시 빼앗는 식으로 아이에게 벌을 주는 방법도 있다. 단, 물건을 빼앗을 때는 아이를 위협하지 말고, 말을 잘 들으면 언제든지 다시 돌려주겠다고 말해줘야 한다.

순서대로 물건 정리하기(인내심이 부족하거나 주변 정리를 잘 안 했을 때)

어떤 아이들은 무슨 일이든 대충대충 하는 버릇이 있다. 이런 경우 순서대로 물건을 정리하는 연습으로 버릇을 고칠 수 있다. 구체적으로 여러 색깔의 구슬과 구슬통을 준비해 색깔에 맞춰 정리하거나 일정한 순서에 따라 배열하는 연습을 해볼 수 있다. 구슬의 색과 수량은 연습 정도에 따라 조금씩 늘려나가야 한다.

아이의 부정적인 정서 해소하기

Chapter 7

정신분석학자 프로이트(Sigmund Freud)는 모든 사람의 몸속에는 부정적인 정서를 보관하는 '저장 탱크'가 있는데 이곳에 모인 부정적인 정서가 적정 수위를 넘길 경우 각종 심리 문제가 나타난다고 말했다.

아이들도 예외가 아니다. 그런데 아이들은 어른들만큼 심리가 성숙하지 않아 부정적인 정서를 제대로 해소하지 못한다. 그러므로 아이들의 부정적인 정서를 해소해주는 것은 부모의 몫이다. 어떤 방법으로 아이들을 도와줄 수 있을까?

그림을 통해 아이의 내면을 이해한다

귀가 없는 사람, 검정색 태양, 캄캄한 조명이 켜진 집 등 아이들은 때때로 어른들이 생각할 수 없는 기괴한 그림을 그린다. 그런데 아이들의 그림은 그들의 내면세계를 반영한다는 사실을 기억해야 한다. 아이들은 그림을 통해 우울, 분노 등의 정서를 표출하고 또 해소한다. 아이가 평소 말하는 것을 싫어하고 혼자 있는 것을 좋아해 도무지 무슨 생각을 하는지 이해할 수 없다면, 종이와 색연필을 준비해 그림으로 생각을 표현하도록 시켜본다. 심리학자 데이비드 올슨은 이렇게 말했다.

"아이들의 그림은 현실적이지 않지만 아이들은 절대 의미 없는 그림을 그리지는 않는다."

한 엄마와 아들의 대화를 살펴보자.

엄마 : 선우야, 지금 무슨 그림을 그리고 있니?

선우 : 집을 그리고 있어요.

엄마 : 그건 누구네 집이야?

선우 : 제 친구 우현이네 집이요.

엄마 : 우현이네 집은 왜 이렇게 깜깜한 거니?

선우 : 네. 아주 어두운 집이에요.

엄마 : 어머, 지금 얘네 집에 불이 난 거니?

선우는 검정색으로 그린 우현이의 집을 다시 빨간색으로 온통 칠해버렸던 것이다. 그림 속 우현이의 집은 그렇게 불타버리고 말았다.

아이는 왜 그림 속에서 친구의 집을 불태워버린 것일까? 알고 보니 유치원에서 선우는 우현이에게 늘 괴롭힘을 당했던 것이다. 그런데 선우는 성격이 굉장히 내성적인 데다가 엄마 아빠가 모두 바빠 자신의 고민을 제대로 털어놓을 기회가 없었다. 그러다가 우연한 기회에 그림을 통해 우현이의 집을 불태워버림으로써 그동안의 불만을 모두 해소한 것이다.

엄마가 아이의 상황을 이해하지 못한다면 왜 잘 그린 그림을 망쳐놓는지, 망쳐놓은 그림을 보면서 만족해하는지 이해할 수 없을 것이다. 부모는 평소 아이의 생활을 잘 관찰해 아이가 그림에서 표현하고자 하는 감정이 무엇인지 파악할 수 있어야 한다.

그림을 통해 아이의 정서를 이해하려면 아이가 그린 사물이 어떤 의미를 담고 있는지 이해하고 있어야 한다. 특히 아직 문자 표현 능력이 없는 아이들은 그림을 통해 외부와 교류하므로 이런 요소들을 이해하고 있는 것이 중요하다. 예를 들어 아이가 귀가 없는 사람을 그렸다면 엄마 아빠의 말을 듣지 않겠다는 반항의 표현이고, 검정색 태양을 그렸다면 심각한 스트레스에 시달리고 있다는 뜻이다. 이처럼 아이들이 그림에서 자주 표현하는 사물들은 각각 다음과 같은 의미를 담고 있으니 아이의 심리를 파악하는 데 참고해보자.

동그라미

동그라미는 일종의 자폐 신호다. 그래서 그림에 동그라미를 많이 그려놓았다면 아이가 현재 우울하고 외롭다는 의미다. 또한 동그라미는 굉장

히 예민한 상태이며 안정감을 찾고 싶다는 신호를 나타내기도 한다.

미로, 나선형

이런 형태의 그림을 그렸다는 것은 아이가 감정적으로 방황하고 있으며 정확한 방향을 찾고 싶어 한다는 의미다. 만약 선의 방향이 왼쪽에서 시작해 오른쪽으로 향해 있다면 신중하다는 의미고, 반대 방향일 경우 다른 사람들에게 마음을 열기 위해 노력하고 있다는 의미다. 그러나 마음을 열겠다는 것이 속마음을 털어놓겠다는 의미가 될 수도 있지만 부모에게 화를 내고 싶다는 뜻일 수도 있다.

꽃, 태양

꽃이나 태양을 자주 그린다는 것은 아이가 상상력이 굉장히 풍부하지만 한편으로는 심리적으로 약하다는 의미다. 그러므로 이런 사물을 자주 그리는 아이가 즐겁고 쾌활할 것이라고 착각해서는 안 된다. 오히려 이런 아이들은 누군가의 관심과 사랑을 갈망하고 있는 것이니 부모가 주의를 기울여야 한다.

격자 모양

격자 모양을 그린다는 것은 지금 어떤 결정을 내리지 못하거나 해결책을 찾지 못해 고민하고 있다는 의미다. 대부분 친구와 다투고 나서 감정을 제대로 해소하지 못했거나 매우 큰 어려움에 직면해 있는 상황이다. 그러므로 이때 부모는 더 많은 관심을 기울여 아이가 문제를 해결하고 부정적인 감정을 해소할 수 있도록 도와줘야 한다.

십자 모양

아이가 고민에 빠졌거나 누군가에게 혼이 나서 속이 상해 있다는 의미다.

정사각형, 삼각형

사각형과 삼각형을 자주 그리는 아이는 대부분 자신의 목표가 명확하다. 도형의 각이 분명할수록 아이에게 독단적인 기질이 있다는 의미인데 겉으로 잘 드러나지는 않는다. 또 이런 아이들은 고집이 세고 막무가내로 행동하는 경향이 있다.

별 모양

별 모양은 아이가 무엇인가 뽐내고 싶거나 에너지를 발산하고 싶다는 의미다. 그러므로 아이가 그림에 별 모양을 자주 그린다면 생각이나 재능을 마음껏 표현할 수 있는 기회를 만들어줘야 한다.

화살

화살은 일종의 시도를 나타내는 것으로 누군가에 대한 공격적인 욕망을 표현한다. 화살의 방향에 따라서 그 의미가 달라질 수 있는데 화살이 높은 곳을 향했다면 다른 사람을, 낮은 곳을 향했다면 자기 자신을 가리키는 것이다. 또 왼쪽으로 향했다면 과거를, 오른쪽으로 향했다면 미래를 나타낸다.

부모는 아이가 그림에서 표현하는 요소들과 아이의 일상적인 행위, 언어, 표정을 결합해 문제를 해결하고 부정적인 심리 상태를 해소할 수 있도록 도와줄 수 있다.

감정을 마음껏 분출할 수 있는 공간을 제공한다

어른들은 기분이 언짢거나 화가 나도 이런 부정적인 감정을 해소할 수 있는 방법을 알고 있다. 하지만 아이들은 부정적인 감정을 해소할 수 있는 방법을 잘 모르거나 어떻게 실천해야 할지 몰라 마음에 담아두는 경우가 많다. 그래서 종종 아무 이유도 없이 미친 사람처럼 소리를 질러댄다거나, 늘 활발하던 아이가 한순간 의기소침해져서 어깨를 축 늘어뜨리고 다니는 모습을 보게 된다. 이때 대부분의 부모는 이유를 알지 못해 아이를 혼내거나 잔소리를 늘어놓곤 하는데 그러면 아이의 감정 상태는 더욱 악화될 뿐이다. 심지어 소리를 지르도록 내버려두거나 우울한 상태로 놔두는 것보다 더 나쁜 결과를 초래하기도 한다.

그렇다면 집 안에 아이가 감정을 마음껏 분출할 수 있는 공간을 제공해 주는 것은 어떨까?

예를 들어 집 안 한쪽 구석에 샌드백을 설치해 화가 나거나 불안할 때 마음껏 때리면서 감정을 분출하도록 하는 것이다. 하지만 이런 방식으로 감정을 분출할 때는 부모가 올바른 사용 방법과 원칙을 알려주는 것이 중요하다. 화가 났을 때 감정을 분출할 수는 있지만 그렇다고 아무 때나 물건을 파괴하지 않도록 주의를 줘야 한다.

아이들은 이런 공간에서 놀이를 하듯 자신의 감정을 마음껏 분출할 수

있어야 한다. 그런데 어떤 아이들은 자신의 감정을 어떻게 분출해야 하는지도 잘 모르면서 무작정 이 공간에 들어가기도 한다. 이럴 때는 오랫동안 부정적인 감정을 제대로 해소하지 못하고 쌓여서 오히려 심각한 심리 문제를 일으킬 수 있으니 부모가 주의를 기울여야 한다.

감정을 분출하는 공간은 친구와 다투었거나 공부가 잘 되지 않는 등 일시적인 문제를 해결하는 데 효과가 있지만, 심각한 심리 문제라면 근본적인 원인을 찾는 것이 중요하다. 그러므로 가장 좋은 방법은 아이와 자주 대화를 나눔으로써 고민을 털어놓도록 하는 것이다. 이때 무조건 감정을 분출하게 하기보다는 감정을 조절할 수 있는 방법을 알려준다면 아이의 EQ 발달에 도움이 된다.

긍정적인 암시 효과

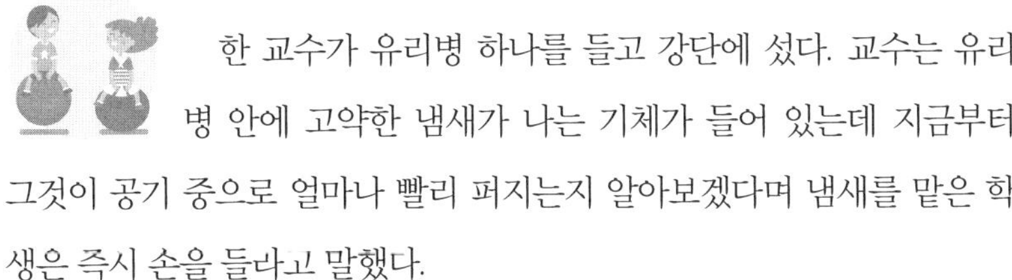

한 교수가 유리병 하나를 들고 강단에 섰다. 교수는 유리병 안에 고약한 냄새가 나는 기체가 들어 있는데 지금부터 그것이 공기 중으로 얼마나 빨리 퍼지는지 알아보겠다며 냄새를 맡은 학생은 즉시 손을 들라고 말했다.

교수는 타이머를 맞추고 유리병 뚜껑을 열었다. 그리고 고약한 냄새를 맡은 듯 얼굴을 찌푸렸다. 10초 뒤 맨 앞줄에 있는 학생들이 하나둘 손을 들었다. 15초가 지나자 중간에 앉은 학생들이 손을 들기 시작했고, 1분이 지난 뒤에는 대부분의 학생들이 손을 들었다. 그들은 교수가 유리병 속에

어떤 기체가 들어 있는지 설명해주기를 기다렸다. 그런데 놀랍게도 교수는 사실 유리병 속에 공기 외에는 다른 기체는 없었다고 설명했다.

아무 냄새도 나지 않는 깨끗한 공기였을 뿐인데 왜 강의실에 있던 대부분의 학생들은 이상한 냄새를 맡았다고 손을 든 것일까? 바로 심리적 암시 작용 때문이다. 이런 심리적 암시는 자폐, 악몽, 말 더듬기 등의 심리 장애나 행동 장애를 치료하는 데 자주 사용하고 있다.

아동 교육에서도 심리적 암시를 사용할 수 있는데 이는 긍정적인 암시와 부정적인 암시로 구분한다. 긍정적인 암시는 아이의 행위와 생각을 긍정적인 방향으로 이끌어줄 수 있는 반면 부정적인 암시는 그 반대의 효과가 있다. 긍정적인 암시를 받으며 성장한 아이는 지적 능력이나 품행이 모두 우수하지만 부정적인 암시를 받으며 성장한 아이는 각종 심리 문제가 나타나는 등 모든 면에서 뒤떨어지는 모습을 보인다. 늘 '바보 같다', '멍청하다'는 소리를 들으며 자란 아이는 정말로 행동이 느리고 미련해지는데 바로 부정적인 암시의 영향 때문이다.

길을 걷다가 넘어진 두 아이가 있다. 그중 한 아이에게 엄마가 이렇게 말했다.

"얘야, 넘어져서 많이 아프겠다."

그러자 아이는 이내 큰 소리로 울음을 터뜨렸다. 엄마의 말이 넘어지면 아프다는 암시를 심어줬기 때문이다. 이번에는 다른 아이에게 엄마가 이렇게 말했다.

"괜찮아. 어서 일어나렴. 저쪽에 뭔가 재밌는 일이 있는 것 같은데 같이 가볼까?"

그러자 아이는 아무 일도 없었다는 듯 자리에서 일어나 엄마의 손을 잡

고 계속 길을 걸어갔다.

똑같이 넘어진 상황에서 부정적인 암시를 주었더니 아이는 소심하고 나약한 모습을 보였고, 긍정적인 암시를 주었더니 용기 있고 강인한 모습을 보였다. 그러므로 아이가 넘어졌을 때 크게 다치지 않았다면 괜찮다고 말해주는 것이 좋다.

일상생활에서 이런 상황은 얼마든지 더 찾아볼 수 있다. 아이의 부정적인 정서를 해소하려면 부모가 긍정적인 암시를 적극적으로 이용해야 한다. 용기 있고 어둠을 두려워하지 않는 아이로 키우고 싶다면 어둠 속에서 아이를 놀라게 하는 행동은 절대 하지 말아야 하고, 독립적인 아이로 키우고 싶다면 무엇이든 스스로 하는 것의 좋은 점을 계속 이야기해준다. 울보 아이로 키우지 않으려면 "또 울면 길거리에 내다버릴 거야!"라는 식의 자극적인 말은 하지 않아야 한다. 이런 말이나 행동은 공포심을 불러일으켜 아이를 더 울게 할 뿐이다.

다른 교육 방식과는 달리 긍정적인 암시는 아이의 능동적인 행동을 통해 완성된다. 긍정적인 암시를 받은 아이들은 자존감이 높고 긍정적이어서 능동적으로 자기 자신을 발전시켜 나가고 잘못된 행동을 고친다.

암시는 언어뿐만 아니라 손짓이나 표정을 통해서도 전달될 수 있다. 부모가 냉담하고 차가운 표정을 짓고 있으면 아이는 어쩔 줄 몰라 초조해하거나 불안해한다. 그러니 아무 문제가 없을 때 일부러 무섭거나 화난 표정을 짓는 것은 아이의 부정적인 정서를 불러일으킬 수 있으니 피해야 한다.

부모는 여러 가지 긍정적인 암시를 통해 아이를 올바른 방향으로 이끌어줄 수 있으며 이런 암시는 긍정적인 정서 발달에도 도움을 줄 수 있다.

운동을 통해 부정적인 정서에서 벗어나게 도와준다

세 살 연희는 유치원에 다니기 시작한 첫날부터 구석에 숨어 친구들과 어울리지 못했다. 선생님이 질문을 하거나 이름을 부르기만 해도 심하게 긴장을 했고 울음을 터뜨리기도 했다. 그리고 일주일 만에 연희는 유치원에 가지 않겠다고 떼를 썼다.

엄마는 연희에게 문제가 있는 건 아닌지 알아보기 위해 정신과 의사를 찾아갔다. 하지만 의사는 연희가 단지 내성적인 아이라 쉽게 긴장하고 정서적으로 불안해하는 것이라고 말했다. 그러면서 연희에게 수영과 스케이트를 한번 배워보라고 권유했다.

운동을 시작한 지 반 년이 지났을 때 연희는 더 이상 낯선 사람을 만나도 불안해하지 않게 되었고 또래 친구들과도 잘 어울렸다. 수영과 스케이트가 연희의 내성적인 성격을 고치는 데 효과가 있었던 것이다.

수영과 스케이트 외에도 운동은 아이들의 부정적인 정서를 해소하는 데 많은 도움이 된다. 아동심리학자들도 여러 연구를 통해 운동이 아이들의 심리를 치료하고 부정적인 정서를 완화하는 역할을 할 수 있다는 사실을 증명했다.

다음은 운동요법으로 치료가 가능한 심리 문제들이다.

쉽게 불안해한다

부모의 직장 문제나 또 다른 문제로 자주 이사를 하고 전학을 가는 아이들은 쉽게 불안해한다. 이때 그네 타기, 연 날리기, 낚시, 캐치볼 등의

운동을 하게 해주면 불안한 정서를 해소할 수 있다. 특히 그네를 매일 20분씩 타면 대뇌에서 엔도르핀 분비가 80%나 증가한다는 연구 결과가 있을 정도로 불안하고 초조한 마음을 가라앉히는 데 효과가 있다.

폭력적이고 쉽게 화를 낸다

조금만 기분이 안 좋아도 쉽게 화를 내고 폭력적인 성향을 보이는 아이들이 있다. 이런 아이들은 바둑, 태극권, 조깅, 사격 등 인내심이 필요한 운동을 통해 충동을 억제하고 감정을 조절하는 법을 배우도록 하면 도움이 된다.

자신감이 없고 우울하다

쉽게 우울해하는 아이들은 대부분 자신감이 부족하고 무슨 일이든 주저하는 경향이 있다. 이런 아이들은 운동을 할 때도 실수할지도 모른다는 두려움을 갖고 있기 때문에 뜀틀, 줄넘기, 달리기 등 간단하면서도 성취감을 느낄 수 있는 운동을 선택하는 것이 좋다. 전문가들은 쉽게 우울해하는 아이들은 물속에서 20분 정도 걷게 하면 안정을 되찾는 데 도움이 된다고 말한다.

허영심이 많고 거만하다

자신감이 넘쳐 거만하거나 경쟁하기를 좋아하는 아이들에게는 장거리 달리기, 탁구 등 난이도가 높고 복잡한 운동이 적합하다. 부모는 아이가 운동을 잘한다고 거만해하지 않도록 주의를 줘야 하지만 그렇다고 일부러 아이의 자신감을 꺾어놓기 위한 운동을 선택해서는 안 된다.

우는 것은 자연스러운 회복의 과정이다

유아 프로그램 <세서미 스트리트>에 이런 가사의 노래가 나온다.

울어도 괜찮아
힘들 때는 울어도 돼
넘어져 다쳤을 때는 울어도 돼
외롭다고 느낄 때는 울어도 돼
울어도 괜찮아

아기가 이 세상에 태어나 자신의 정서를 표현할 수 있는 유일한 방법은 우는 것이다. 그리고 한동안 울음을 통해 의사를 전달한다. 목이 마르면 울고, 배가 고프면 울고, 기분이 안 좋거나 넘어져도 운다. 이처럼 아이들이 우는 이유는 너무나도 다양하다. 하지만 나이를 먹을수록 우는 횟수는 점점 줄어든다. 어른들이 늘 이렇게 나무라기 때문이다.

"벌써 몇 살인데 창피하게 우는 거니!"

나이를 먹으면 울면 안 된다고 대체 누가 그랬던가? 사실 아이나 어른이나 우는 것은 부정적인 정서를 해소하기 위한 좋은 방법이다. 눈물을 흘리는 것이 신경의 부담을 줄이는 데 효과적이라는 의학적 근거도 있다. 오히려 울지 않거나 어떻게 울어야 할지 모르는 아이가 심리적으로 문제가 있는 경우가 많다.

얼마 전 중학교에 진학한 유리는 최근 임원 선거에서 떨어지고 성적도

떨어져 우울했지만, 이 기분을 어떻게 풀어야 할지 몰라 내내 축 처져 있었다. 부모님은 어렸을 때부터 인내와 용기 등을 강조하며 유리가 자주 울지 못하도록 했다. 그래서 어느 정도 나이를 먹은 다음부터 유리는 우는 일이 거의 없었다. 게다가 초등학교 때는 학업 성적도 좋고 뭐든 잘하는 아이였기 때문에 더욱 우는 일이 없었다.

담임선생은 최근 유리가 계속 우울해하는 모습을 보고 상담을 받도록 했고, 그동안의 일을 이야기하던 유리는 한바탕 크게 울었다. 그러자 놀랍게도 그동안 유리를 괴롭혔던 우울함이 어느 정도 해소되었고 유리는 다시 예전처럼 활발한 아이로 돌아왔다.

여자 아이에 비해 남자 아이들이 우는 경우는 더욱 적다. 사내아이는 눈물을 보이면 안 된다는 어른들의 말씀을 듣고 자란 탓이 크다. 하지만 울지 않는 남자가 심리적으로 꼭 강한 것은 아니다. 텔레비전 드라마를 보면서 자주 눈물을 흘리는 남자가 중요한 시기에는 울지 않는 남자보다 더 강인한 모습을 보이기도 한다. 사람이 울지 않으면 부정적인 정서를 해소하지 못하고 계속 마음속에 담아두게 된다. 그런데 이런 부정적인 정서가 계속 마음속에 쌓이다 보면 언젠가 심각한 심리 질병을 일으키게 된다.

어른들은 시끄럽다는 이유로 아이가 우는 것을 싫어한다. 하지만 아이를 강압적으로 울지 못하게 하면 필요할 때 울지 못하는 심리 장애를 유발할 뿐만 아니라 폭력적인 성향을 가진 어른으로 자라게 된다. 그러므로 아이가 기분이 좋지 않을 때는 마음껏 울 수 있도록 충분히 기다려줘야 한다. 단, 다 울고 난 후에는 자신의 힘으로 문제를 해결해야 한다는 사실만 일러주도록 한다.

어느 날부터인가 활발하던 아이가 축 처져 있고 자주 한숨을 쉰다면 아이에게 그 이유를 물어보기 전에 혹시 부모 자신이 최근에 우울해하거나 어떤 일 때문에 근심하고 있었던 건 아닌지 되돌아봐야 한다. 어른들의 부정적인 정서가 아이에게 전염될 수 있기 때문이다.

태어난 지 한 달된 아기도 엄마가 기분이 좋은지 안 좋은지를 느낄 수 있다. 그리고 엄마의 기분은 고스란히 아이에게 전염된다. 엄마가 늘 우울해한다면 아이 역시 우울해할 것이고, 엄마가 늘 즐겁고 쾌활하다면 아이 또한 낙천적인 성격을 갖게 된다.

심리학자들은 가정에서 부정적인 정서는 전염병처럼 빠르게 확산된다고 말한다. 그래서 어른들이 불안해하면 아이도 불안함을 느끼고, 어른들의 정서가 불안정하면 아이의 정서도 불안정해진다. 이처럼 부모의 정서는 소리 없이 아이에게 그대로 전달된다. 그런데 이런 부정적인 정서가 장기간 계속되면 용기가 부족하고 쉽게 긴장하며 충동적으로 행동하는 아이로 자라게 된다.

어른들에 비해 아이들은 부정적인 정서의 영향을 더 쉽게 받는다. 아이들은 사물의 관계를 정확하게 관찰하고 판단하는 능력이 부족하기 때문에 부모의 부정적인 정서가 어디에서 비롯되었는지 이해하지 못한다. 그래서 부모가 화가 나 있거나 상심해 있으면 혹시 자신이 무슨 잘못을 저지른 것은 아닌지 불안해한다. 아이들은 애써 가라앉은 분위기를 띄워보려고 노력하기도 하는데 이런 노력은 일반적으로 어른들의 인정을 받기 힘들다. 결국 아이들은 심한 죄책감과 좌절감을 느끼게 되고 부정적인 정서는 더욱 커지게 된다.

초등학교 2학년인 명수가 성적표를 들고 자랑스럽게 집으로 향했다. 이번 시험에서는 수학 과목만 빼고 모두 90점 이상을 받았기 때문에 엄마 아빠가 당연히 칭찬해줄 것이라고 생각했다. 그런데 성적표를 받아든 아빠의 표정은 금세 어두워졌다. 아빠는 수학이 얼마나 중요한 과목인지 알기 때문에 성적이 계속 안 좋다면 앞으로의 학업에 영향을 끼칠까 봐 걱정되었던 것이다. 칭찬을 기다리고 있던 명수는 아빠의 심각한 표정을 보고는 이내 의기소침해졌다.

"수학 시험지 어디에 있니? 어떤 문제를 틀렸는지 한번 볼까?"

시험지를 모두 살펴본 후에도 아빠의 얼굴에는 여전히 근심이 서려 있었다. 명수는 아빠를 실망시켜드렸다는 생각에 우울한 마음이 들었다.

이것은 명수의 잘못일까? 아니다. 명수는 누가 봐도 비교적 좋은 성적을 받았기 때문이다. 그러나 아빠의 실망감은 명수에게도 그대로 전해졌다. 그런데 이런 상황이 한 번으로 끝나지 않고 시험을 볼 때마다 반복된다면 명수는 아무리 성적이 좋아도 계속 좌절감을 느끼고 열등감에 시달리게 될 것이다.

부모는 아이에게 소리 없이 가장 큰 영향을 주는 존재다. 그러므로 좋은 본보기가 되어야 한다. 아이가 밝고 긍정적으로 자라기를 바란다면 부모가 먼저 부정적인 정서를 떨쳐버려야 한다. 선천적으로 아무리 밝은 아이라도 부모가 늘 근심 가득한 표정을 짓고 있다면 점점 침울하게 변한다.

그러므로 걱정이 많거나 우울할 때는 잠시 아이와 떨어져 있는 것도 좋다. 그러나 아이와 반드시 함께 있어야 한다면 아무리 우울한 일이 있어도 크게 내색하지 않는 것이 아이의 건강한 심리 발달에 이롭다. 엄마가 바퀴벌레를 보고 펄쩍펄쩍 뛰며 소리를 지른다면 아들도 똑같이 소리를 지르게 되고, 심지어 성인이 되어 한 가정의 가장이 되었을 때도 바퀴벌레를 보면 가장 먼저 도망가는 겁쟁이 남편이 될지도 모르는 일이다!

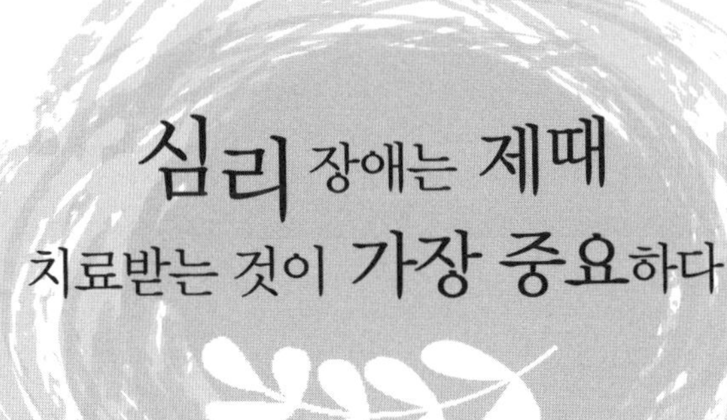

심리 장애는 제때 치료받는 것이 가장 중요하다

Chapter 8

아동 심리를 잘 이해하고 있는 부모는 아이의 심리 문제에 민감하게 반응한다. 그래서 아이가 늘 혼자 놀고 있으면 다른 친구들과 어울릴 수 있도록 도와주고, 늘 같은 질문을 반복한다면 스스로 해답을 찾을 수 있도록 도와준다. 그리고 일부 버릇없는 행동을 할 때는 아이의 나이와 상황에 따라 각각 다른 방법으로 훈육한다.

이처럼 좋은 부모는 아이에게 심각한 문제가 나타날 때까지 기다리지 않고 일상적인 교육을 통해 성장 과정에서 나타날 수 있는 심리 문제를 사전에 예방한다.

혼자 놀기 좋아하는 아이

하나는 태어날 당시에는 다른 아이들과 전혀 달라 보이지 않았다. 그런데 만 2세 무렵 부모의 직장 문제로 조금 일찍 어린이집에 다니게 되었다. 어느 날 평소보다 일찍 퇴근한 아빠가 어린이집에 하나를 데리러 갔다. 그런데 반 친구들 사이에서 아무리 찾아도 하나는 보이지 않았다. 한참 뒤 아빠는 나무 아래 혼자 앉아 개미를 구경하고 있는 하나를 발견했다. 아빠는 하나가 혼자 놀고 있는 모습에 조금 의아했지만 대수롭지 않게 넘겼다.

그런데 시간이 흐르면서 엄마 아빠는 하나가 또래보다 언어 발달이 늦다는 사실을 발견했다. 다른 친구들은 대부분 유창하게 말을 하는데 하나는 필요할 때 몇 개 단어만 겨우 말하는 식이었다.

아이가 혼자 노는 것을 대수롭지 않게 생각할 수 있지만 혼자 노는 시간이 길어지면 문제가 생길 수 있다. 특히 하나처럼 발달이 늦는 경우 자폐증과 같은 심리 장애가 있는 것은 아닌지 의심해봐야 한다.

자폐증은 3세 이전부터 언어 표현과 이해, 어머니와의 애착 행동, 사람들과의 놀이에 대한 관심이 저조해지는 양상으로 나타난다. 이는 3세 이후에는 또래에 대한 현저한 관심 부족, 반복 행동, 놀이 행동의 심한 위축, 인지 발달의 저하 등이 함께 나타나는 발달상의 장애이다.

아동심리학에서는 자폐증을 심각한 아동 심리 장애로 구분한다. 자폐증을 가진 아이는 정상적인 아이들처럼 성장하기 어렵다. 이런 아이들은 다른 사람들과 교류하는 것을 거부하고 이해 능력이 떨어지며 마치 외계

인이라도 되는 것처럼 이 세상에 대한 인식이 부족하다. 그래서 혼자 노는 것을 좋아하고 다른 사람들과 말을 하거나 자신의 생각을 표현하려고 하지 않는다.

자폐증을 가진 아이들은 주변 상황의 변화에 어떻게 대처해야 하는지 알지 못한다. 그래서 늘 자신이 하던 방식대로만 행동하고 물건도 한 번 놓았던 곳에서 옮기지 못한다. 또 가만히 앉아 있지 못하고 이리저리 두리번거리나 목을 길게 빼는 등 이상한 행동을 하기도 한다.

사실 태어날 때부터 자폐증을 가지고 있는 아이들이 있다. 그런데 아주 어릴 때는 다른 아이들과 차이가 명확하게 나지 않기 때문에 만 2세 무렵이 되어서야 발견되는 것이다. 만약 이 시기에 아이에게 자폐 성향이 나타난다면 가급적 빨리 치료를 받도록 해줘야 한다. 0~7세는 대뇌 발달에 가장 중요한 시기이므로 자폐증 치료 역시 2~7세 사이에 받아야 효과가 있다. 아직 어린아이들은 4개월 정도 치료를 받으면 어느 정도 호전된 모습을 보이고, 1~2년 정도 치료하면 완치도 가능하다.

다음은 자폐증 치료에 도움이 되는 훈련 방법들로 집에서도 쉽게 연습할 수 있다.

눈 마주치기

교류의 첫걸음은 상대방과 눈을 마주치는 것이다. 그러므로 다른 사람이 말을 하면 아이가 그 사람의 눈을 쳐다볼 수 있도록 가르쳐줘야 한다. 아이가 눈을 마주치지 않는다면 "엄마 눈을 봐야지."라고 말하면서 얼굴을 손으로 들어 올려 눈을 마주치는 연습을 계속한다. 아이가 잘 따라한다면 조금씩 눈을 마주치는 시간과 거리를 늘리고 장소를 바꿔서도 연습

을 해본다.

간단한 동작 연습하기

눈 마주치기에 성공했다면 이제는 간단한 동작들을 연습할 차례다. 헤어질 때 손을 흔들며 인사하기나 포옹하기 등을 연습하는데, 이런 동작을 하기 전에 아이와 반드시 먼저 눈을 마주치도록 해야 한다. 평소에 아이를 엄마나 아빠의 무릎에 앉히고 함께 노래를 부르거나 놀이를 하는 등 신체적인 교류를 자주 하는 것도 도움이 된다.

말하기 연습

동화책을 읽어주거나 옛날이야기를 들려주면서 아이의 생각을 물어보는 방식으로 대화를 시도한다. 아마 처음에는 몇 개 단어들만 이야기할 수도 있지만 계속 반복하다 보면 말수도 늘어나고 자신의 생각을 스스로 말할 수도 있게 된다.

새로운 사물 대면하기

자폐증을 앓고 있는 아이들은 같은 일을 반복하는 것을 좋아하므로 엄마 아빠는 계속 새로운 것을 접할 수 있도록 도와줘야 한다. 함께 새로운 만화영화를 본다거나 아이의 물건을 다른 곳으로 옮겨놓는다거나 하는 식으로 계속 새로운 사물이나 환경을 대면할 수 있도록 해준다. 훈련을 하는 과정에서 아이가 잘 따라주지 않아 애를 먹을 수도 있다. 하지만 부모가 인내심을 갖고 믿음을 잃지 않아야만 아이가 건강하게 성장할 수 있다는 사실을 반드시 기억하자.

엄마, 이거 정말로 해도 되나요

태어날 때부터 의심이 많은 아이는 없다. 어린아이들은 엄마가 하는 말이라면 곧이곧대로 받아들이고 산타 할아버지도 실제로 존재한다고 굳게 믿는다. 그런데 나이를 먹으면서 아이들은 조금씩 세상에 호기심을 갖게 되고 의심이 생기기 시작한다. 그래서 자기 전에 침대 밑에 호랑이가 숨어 있는 것은 아닌지 확인하기도 하고 방금 먹은 포도의 색깔을 엄마에게 여러 번 물어보기도 한다.

아이들은 왜 이렇게 의심이 많은 걸까? 왜 분명히 알고 있는 내용을 어른들에게 다시 한 번 확인하는 걸까? 이유는 간단하다. 자신감이 부족하고 잘못 말하거나 행동하는 것에 두려움을 느끼기 때문이다. 장난감을 가지고 놀 때도, 잠을 자거나 밥을 먹을 때도, 심지어 화장실을 갈 때도 꼭 부모에게 물어보고 허락을 구하는 아이들이 있다. 부모들은 처음에는 아이가 착하고 예의가 발라서 그런 것이라 생각하지만 이런 상황이 계속 반복되다 보면 아이가 주관이 전혀 없는 것을 걱정하게 된다.

그러므로 무슨 일이든 부모의 의견을 구한다고 해서 착하다거나, 분명히 알고 있을 법한 내용을 계속 질문한다고 해서 호기심이 강하다는 등 무조건 좋은 쪽으로만 생각해서는 안 된다. 의심이 많고 같은 내용을 다시 확인하려고 하는 것은 자신감이 부족하다는 뜻이기 때문이다.

심리학자 에릭 에릭슨(Erik Homburger Erikson)은 자신의 인격 발달 8단계 이론 중에서 1.5~3세를 의심을 극복하는 시기로 구분했다. 그리고 이 시기 부모의 말 한마디는 아이가 의심을 극복하는 데 중요한 영향을 미칠 수 있다고 강조했다.

"계속 말 안 들으면 이제 안 놀아줄 거야."

(장시간 외출을 준비하면서) "엄마, 금방 돌아올게."

(아빠가 회사에서 늦게 오는 것을 알면서도) "이따가 아빠가 놀아주신대."

이런 말들은 아이가 부모뿐만 아니라 외부 세계에 의심을 품게 만든다. 또 자신이 무능하고 중요하지 않은 존재라는 생각에 열등감을 느끼기도 한다. 이 시기에 세상에 대한 의심과 열등감을 배운 아이는 자기 제어가 어려워지고 자신감이 떨어진다. 그래서 성인이 되어서도 의지가 약하고 제멋대로 행동하게 된다.

의심이 많고 자신감 없는 아이로 키우지 않으려면 아이에게 더 많은 권리와 자유를 허락해주고 "네가 최고야.", "너는 엄마에게 세상에서 가장 소중한 존재야."라는 등의 말로 자주 격려해줘야 한다. 부모의 격려와 사랑을 충분히 받는다면 아이는 독립적이고 자율적이며 자신의 능력을 충분히 신뢰하는 사람으로 성장할 수 있다.

우리 집에는 호랑이가 살아요

아이들의 머릿속에서는 정말 신기하고 황당한 일들이 많이 벌어진다. 인형이 말을 하기도 하고, 우주여행을 하기도 하고, 집에서 키우는 고양이가 호랑이로 변하기도 한다. 이처럼 아이들은 상상을 통해 무엇이든 할 수 있다.

상상을 한다는 것은 극히 정상적인 행위이며 상상력은 창의력을 키우기 위한 중요한 요소 중 하나다. 한 철학자는 다음과 같은 말로 상상력의 중요성을 강조했다.

"상상력은 아이에게 그 어떤 금은보화보다 중요하다."

그런데 심리학에서는 아이들의 상상을 무조건 좋은 현상으로만 보지는 않는다. 심리학에서는 '상상' 대신 '환상'이라는 단어를 사용하는데, 이런 환상은 창의력 향상에 도움을 주는 등 긍정적인 측면도 있지만 부정적인 측면도 분명히 있다고 말한다. 만약 환상이 올바른 세계에 바탕을 두고 사물의 객관적인 규율에 부합한다면 긍정적인 영향을 줄 수 있지만 반대의 경우에는 부정적인 영향을 준다. 사람들이 흔히 이야기하는 공상이 여기에 해당한다.

아이의 환상이 지나치면 일종의 심리 장애를 겪을 수 있다. 환상이 지나치면 자기만의 세계에 빠져 자연히 다른 사람들과 교류하지 않고 생각이 분산되어 공부에 집중하지 못하며 틈만 나면 자신이 만든 상상의 세계로 빠져들기 때문이다.

그렇다면 이처럼 지나친 환상에 빠져 있는 아이는 어떻게 교육해야 할까?

환상을 표현하게 해준다

환상에 빠지기 좋아하는 아이들은 상상력이 풍부하다. 엄마 아빠는 그림 그리기 도구를 준비해 아이가 자신의 상상을 그림을 표현해볼 수 있도록 해준다.

단조로운 일상생활을 바꿔준다

아이들이 비현실적인 환상에 빠지는 이유는 일상생활이 지나치게 단조롭기 때문이기도 하다. 이런 경우에는 아이가 다른 친구들과 어울리거나 엄마 아빠의 집안일을 거드는 등 다양한 활동을 할 수 있도록 도와줘야 한다. 이렇게 하면 현실 생활에서 즐거움을 느끼는 빈도가 잦아지면서 혼자 환상에 빠져 있는 시간이 줄어들게 마련이다.

다양한 취미 생활을 만들어준다

요즘은 대부분의 가정에서 자녀를 하나만 낳기 때문에 아이 혼자 장난감을 가지고 놀거나 만화영화를 보는 시간이 길다. 그러다 보니 인형들과 이야기하거나 만화영화의 주인공이 되는 상상에 빠지기도 한다. 아이가 지나치게 환상에 빠지는 것을 방지하려면 다양한 취미 생활을 하도록 함으로써 되도록 많은 사물에 관심을 갖도록 해주는 것이 좋다.

아이의 환상은 생활하는 환경과 밀접한 관련이 있다. 그러므로 엄마 아빠가 하루하루를 충실하고 즐겁게 보낼 수 있도록 도와준다면 아이가 지나친 환상에 빠지는 일은 없을 것이다.

지나친 소유욕:
물질의 노예가 된 아이들

"아빠는 어른이니까 큰 사과를 먹고, 너는 아이니까 작은 사과를 먹어야지."

"기다려. 할아버지께서 먼저 드셔야지."

부모들은 예의 바른 아이로 키우기 위해 어렸을 때부터 이런저런 교육을 시도한다. 하지만 2세 정도 된 아이에게 아무리 이야기해도 대부분 잘 알아듣지 못한다.

아이들은 2세 정도 되면 '나', '내 거'라는 말을 할 줄 알게 되며 친구들의 장난감을 빼앗기도 한다. 그러다가 언젠가부터 '내 거야', '내가 먼저야'라는 말을 입에 달고 산다. 아동심리학자들은 이런 표현이 자아가 형성되는 과정에서 나타나는 현상으로 보고 이런 현상은 3세까지 계속된다고 말한다. 이 시기에 나타나는 소유욕은 정상적인 현상이다. 아이들은 어떤 물건을 소유함으로써 자아를 인식하고 안정감을 느낀다. 그래서 다른 친구가 자신의 장난감을 가져가려고 하면 마치 아기 호랑이가 자신의 영역을 지키듯 뺏기지 않으려고 온몸으로 막아선다. 다투는 과정에서 장난감이 망가지는 것 따위는 개의치 않는다.

대부분의 부모들도 이 시기에 아이들의 소유욕을 크게 제한하지 않는다. 원하는 것은 대부분 손에 넣게 해주고 다른 친구가 장난감을 빼앗아서 다퉈도 함께 나눠가며 놀아야 한다고 강요하지 않는다. 소유욕의 만족은 건강한 심리 발달에 매우 중요하다. 만약 어렸을 때 이런 소유욕이 만족되지 않으면 어른이 되었을 때 이런 욕구를 충족하려는 이기적인 사람이 되기 쉽다.

하지만 아이의 소유욕을 만족시켜줄 때는 이런 욕구가 잘못된 방향으로 발전하지 않도록 주의를 기울여야 한다. 특히 아이가 3세가 넘으면 다른 사람들과 나누는 법도 가르쳐야 한다. 이 시기에는 자아에 대한 의식 수준이 향상돼 있기 때문에 예전처럼 나만 아는 것이 아니라 다른 사람을 인식하고, 어떤 물건은 자신의 것이 아니라는 사실도 알게 된다. 그래서 3세 정도 된 아이들은 다른 집에 놀러가서도 탁자 위에 있는 물건을 함부로 만지지 않고 어른들이 와서 건네주기를 기다린다. 그곳이 자신의 집이 아니며 자신의 물건이 아니라는 사실을 인식하고 있는 것이다.

물론 이 시기가 되어서도 무조건 '내 거야'를 외치는 아이들이 있다. 이런 경우에는 아이의 욕망이 지나쳐 심리 문제가 생긴 것일 수도 있으니 부모가 더 주의 깊게 살펴봐야 한다.

사실 소유욕은 아이가 가진 본성이 아니라 사물에 대한 호기심에서 비롯된다. 하지만 이런 호기심이 사물에 대한 집착으로 변하면 그것을 소유하려고 하는 것이다. 소유욕이 지나치면 이기적이고 탐욕스럽게 변할 수 있으며 자아를 잃어버리고 물질의 노예가 되고 만다. 그러므로 부모는 아이가 어떤 물건에 집착할 때 왜 그것을 갖고 싶어 하는지 명확하게 설명하도록 해 단순히 물건에 집착하고 의존하려는 것을 방지해야 한다.

열등감:
아이가 평생 안고 가야 할 짐

아이의 행동이 성에 차지 않을 때 끊임없이 잔소리를 늘어놓는 부모들이 있다.

"밥을 깨끗하게 먹어야지."

"똑바로 걸어야지."

"물건은 이렇게 들어야지."

"그런 일은 하는 거 아니야."

"이렇게 해서 나중에 뭐가 될래?"

그런데 이때 부모는 아이를 지나치게 어린아이로 취급하는 경향이 있다. 이런 환경에서 자란 아이는 늘 자신감이 부족하고 아무리 좋은 성적을 받아도 자신이 목표한 바를 이루지 못하면 스스로 인정하지 않는다. 이처럼 열등감이 강한 아이들은 성인이 되어 충분한 성공을 이루고도 늘 자기 자신에게 만족하지 못하는 모습을 보인다. 물론 열등감이 강한 아이들이 나중에 커서 꼭 성공하는 것은 아니다. 열등감이 강하면 무슨 일을 하든 실패할 확률이 높다.

모든 아이들은 칭찬받고 인정받기를 원한다는 사실을 기억해야 한다. 아이에게 가장 고통스러운 순간은 어른들로부터 인정받지 못하고 자신이 남들보다 못하다는 생각이 들 때다. 열등감이 강한 아이는 단체 활동에 참여하는 것을 좋아하지 않는다. 무리 안에서 인정받지 못할까 봐 두려워서다. 그래서 열등감이 강하면 예민하고 소심하며 내성적인 성격으로 변하게 되며 이런 성격은 어른이 되어서도 성공의 걸림돌이 된다.

유년 시절부터 지나친 열등감에 시달린 아이들은 평생 이 짐을 지고 살아야 한다. 아이도 자신의 능력을 객관적으로 알아야 하지 않겠냐고 말하는 어른들도 있다. 그런데 어른들이 굳이 알려주지 않아도 아이들은 자신이 스스로 미약한 존재라는 사실을 어느 정도 인식하고 있다. 아이들은 늘 어른들의 세계에 둘러싸여 있기 때문에 무슨 일이든 어른의 지시와 방법에 따라야 한다. 그래서 하루빨리 자라서 어른들의 속박에서 벗어나고 싶어 한다. 어서 엄마와 아빠만큼 자라서 하고 싶은 대로 행동하고 더 이상

자신이 무능력하고 약한 존재가 아니라는 사실을 증명하고 싶은 것이다.

그러나 어른들은 아이의 이런 심리를 이해하지 못한다. 그래서 혹시나 칭찬을 하면 아이가 더 이상 노력하지 않을까 봐 "정말 잘했어."라는 말 대신 "이것밖에 못하니?"라는 잔소리를 더 많이 하게 된다. 어른들은 자신감을 박탈하면 아이가 더 많은 노력을 통해 크게 성공할 수 있을 거라고 믿는 것이다.

물론 이런 방법으로 성공하는 아이들도 있다. 하지만 이런 아이들에게는 실패가 무엇보다 두려운 일이고, 실패를 했을 때 그 결과를 감당할 자신이 없으므로 늘 마음이 불안하고 초조하다. 그래서 늘 성공이 보장된 일만 하려고 하고 도전을 싫어한다. 그러다 보니 가지고 있는 능력을 충분히 발휘하지 못하고 더 좋은 성공의 기회를 놓치기도 한다.

회사에서 뛰어난 업무 능력으로 많은 성과를 낸 젊은이가 있었다. 회사에서는 그의 능력을 보고 부사장 자리를 제의했다. 그는 자신이 없다고 사양했지만 회사 측에서는 끝내 그를 부사장으로 승진시켰다. 승진 후 그는 뛰어난 리더십으로 회사를 크게 키웠고 이번에는 대표이사 자리를 제안받았다. 하지만 이번에도 그는 극구 사양하며 결국 사표를 내고 말았다.

젊은이의 성공을 가로막은 것은 바로 어린 시절에 형성된 열등감이다. 본인의 능력이 뛰어나 좋은 기회가 찾아온다고 해도 결국 열등감에 발목이 잡혀 아무것도 할 수 없게 되는 것이다.

사실 현실에서는 이 젊은이처럼 열등감이 있음에도 능력이 뛰어난 사람은 드물다. 열등감을 가진 사람들은 대부분 어렸을 때부터 성적이 좋지 못한 편이다. 부모의 소극적이고 잘못된 교육 방식이 그나마 있던 자신감의 불씨마저 꺼뜨려 좌절과 절망 속에서 어린 시절을 보냈을 가능성이 높기 때문이다.

아이가 어떤 일을 할 때 자신감이 부족해 보이고 도전을 두려워한다면 혹시 부모가 평소 작은 유리컵조차 깨질까 봐 옮기지 못하게 하는 등 아이의 능력을 인정해주지 않았던 것은 아닌지 생각해봐야 한다. 이런 경우 아이는 자신이 유리컵보다 못한 존재라고 생각한다. 그래서 더 이상 그보다 어려운 일은 시도하지 않는 것이다.

부모의 잘못된 교육으로 아이가 평생 열등감이라는 짐을 지고 살아가게 해서는 안 된다. 필요 없는 잔소리는 줄이고 더 많이 격려해줌으로써 자신감 넘치고 도전을 두려워하지 않는 아이로 성장할 수 있게 도와줘야 한다.

병아리가 무서워 도망가는 아이

엄마는 요즘 겁이 많은 민혁이 때문에 걱정이다. 네 살이 되었는데도 밤에 불을 끄지도 못하고 꼭 누군가 옆에서 함께 자야 한다. 천둥 번개가 치는 날에는 이불 속에 숨어 옴짝달싹 못한다. 어느 날 유치원 관찰학습 시간에 선생님이 작은 병아리 한 마리를 데려와 한 명씩 관찰하도록 했는데 자기 차례가 오자 민혁이는 소리를 지르며 교실 구석으로 도망갔다.

아이들이 두려움을 갖는 것은 아주 정상적인 현상이다. 인류는 태어나면서부터 각종 두려움을 안고 태어나며 이런 두려움 덕분에 위험을 인식하고 불행한 사고를 막을 수도 있다. 정상적인 아이는 태어나면서부터 두려움에 반응할 줄 안다. 그래서 변화가 큰 사물이나 자극적인 상황을 접하면 울음을 터뜨리는 것이다. 그리고 조금 더 나이를 먹으면 깜깜한 곳, 털이 난 동물, 벌레 등 두려움을 느끼는 존재가 더욱 구체화된다.

아이들은 돌 무렵부터 낯가림을 시작하는데 이는 인지 능력이 생겨 익숙한 사물과 사람에게는 안전함을 느끼고 낯선 것에는 두려움을 느끼기 때문이다. 또 서서히 상황을 예측할 수 있는 능력이 생겨 엄마가 문 쪽으로 다가가면 분리를 예측하고 울음을 터뜨리기도 한다.

이처럼 두려움은 타고나는 것이지만 대부분의 아이들은 나이를 먹고 일상생활에 익숙해지면서 점차 두려움이 줄어든다. 하지만 모든 아이가 그런 것은 아니다. 민혁이처럼 어느 정도 나이가 들었는데도 여전히 두려움이 많고 엄마 아빠가 옆에 있을 때만 안전함을 느끼는 아이들도 있다.

그런데 이와 같은 문제는 엄마 아빠의 잘못된 공포심 유발 교육이 원인이 되기도 한다. 많은 부모가 아이가 말을 잘 듣게 하려고 늑대나 마귀할머니 등에 관한 무서운 이야기를 들려주곤 하는데, 이런 공포의 대상은 아이들의 마음속에 한번 자리 잡으면 쉽게 지워지지 않는다. 부모가 곁에 없을 때 공포의 대상이 머릿속에 떠오르면 아이들은 불안함을 느낀다. 이런 상황이 계속 반복되다 보면 두려움이 점점 커지고 아이들은 자신이 가장 안전하다고 느끼는 곳에 숨어 두려움을 극복하고자 한다. 물론 아이들이 가장 안전하다고 느끼는 곳은 바로 엄마 아빠의 곁이다. 그래서 겁이 많은 아이일수록 부모에게 의존하려는 경향이 높다.

아이들은 어떤 현상을 목격함으로써 두려움을 갖기도 한다. 가령 누군가 벌에 쏘여 괴로워하는 표정을 목격했다면 벌이나 벌과 유사한 곤충들에 두려움을 갖게 된다. 또 엄마가 바퀴벌레를 보고 펄쩍펄쩍 뛰며 소리 지르는 모습을 목격했다면 아이 역시 바퀴벌레에 두려움이 생긴다. 그래

서 부모가 무서워하는 것을 아이가 똑같이 무서워하는 경우가 많다.

그러므로 아이가 두려움을 덜 갖게 하려면 부모가 용기 있는 모습으로 본보기가 되어야 한다. 또한 아이가 두려워하는 상황에 직면했을 때는 그 일이 발생한 원인이나 사물의 특징을 자세히 이야기해줌으로써 공포심을 줄여주도록 한다. 예를 들어 아이가 강아지를 두려워한다면 어느 날 강아지를 집으로 데려와 엄마가 안고 있는 채로 만져보고 관찰하게 함으로써 전혀 무섭지 않은 존재임을 느끼게 해준다.

아이의 두려움을 해소하고 예방하려면 부모가 아이를 지나치게 감싸고 돌거나 반대로 지나치게 엄격한 훈육을 하지 않도록 해야 한다. 이 두 가지 잘못된 교육 방식 역시 아이의 두려움을 가중시키기 때문이다.

태어날 때부터 용기로 무장한 아이도 없고, 처음부터 나약함을 타고난 아이도 없다. 아이가 어떤 성향을 가지게 될지는 모두 부모의 교육이라는 보이지 않는 손에 달려 있다.

한 시간마다 양말을 갈아 신는 아이

미국 드라마 <프렌즈>의 여주인공 모니카는 모든 면에서 완벽함을 추구하는 여성이다. 어느 날 모니카의 남자 친구는 그녀가 외출한 사이 깜짝 선물로 집 안 구석구석을 열심히 청소한다. 그런데 집에 돌아온 모니카는 깜짝 선물에 기뻐하기는커녕 물건들이 제자리에 놓여 있지 않은 것을 보고 초조해한다. 청결함에 대한 모니카의 집

착은 룸메이트였던 피비조차 못 견디고 집을 나가게 할 정도였다.

모니카가 보이는 이런 집착을 강박증이라고 부른다. 강박증은 모든 사람에게 조금씩 나타날 수 있으며 아이들도 예외는 아니다. 길을 걸을 때 금을 밟지 않는다거나, 반드시 어느 쪽 신발을 먼저 벗는다거나 하는 다양한 형태로 나타난다. 어떤 아이들은 숙제를 할 때 남들이 보기에는 충분히 훌륭함에도 자신이 만족할 때까지 계속해서 고치고 또 고친다.

만약 아이가 이런 모습을 보인다면 강박증이 있을 가능성이 높다. 강박증이 있는 아이는 앞서 예를 들었던 모니카처럼 모든 면에서 완벽함을 추구한다. 이런 아이들은 나이는 어려도 안전, 청결, 옳고 그름에 대해 자신만의 확실한 기준을 갖고 있다. 그리고 이런 기준을 충족하기 위해 자기 자신에게 아주 엄격하다. 이들은 불확실한 것을 싫어하고 직선적인 사고방식과 규칙을 좋아한다. 그런데 심리학에서는 이런 강박증을 질병으로 분류하지 않고 인격의 한 가지 특징 정도로 본다.

아이가 완벽함을 추구하거나 높은 요구치를 충족하려는 것이 잘못은 아니다. 하지만 이런 요구를 충족하지 못했을 때 자책이나 불안을 느끼는 것이 문제다. 또한 부모가 모든 일에 엄격하고 완벽함을 추구할 때도 아이에게 강박증이 생길 가능성이 높다.

아이에게 강박증이 생기는 원인은 대부분 잘못된 가정교육에 있다. 가정에서 부모가 완벽을 추구하고 획일화된 생활방식을 추구한다면 아이 역시 행동이나 사고방식 면에서 융통성을 갖기 힘들다. 어떤 부모는 신발은 어떻게 신어야 하는지, 밥은 어떻게 먹어야 하는지, 세수와 양치는 어떻게 해야 하는지 등 하나부터 열까지 철저한 규칙을 세워놓고 아이에게 요구하기도 하는데 이런 경우 아이의 강박증은 심각한 심리 장애로 번질 수 있다.

그러므로 아이가 스스로에 대한 요구치가 높은 편이라면 부모가 더 이상 많은 것을 요구하지 않아야 한다. 또 어떤 일에 실패하더라도 충분히 훌륭하다고 말해줌으로써 완벽한 것에 대한 강박관념을 내려놓을 수 있도록 도와줘야 한다.

아이에게 다음과 같은 강박 성향이 나타난다면 더 심각한 강박증으로 발전하지 않도록 곧바로 주의를 기울여야 한다.

반복적인 숫자 세기 : 길을 걸으면서 끊임없이 가로등, 전봇대, 계단 등의 숫자를 센다.

지나친 청결 유지 : 조금만 더러워져도 끊임없이 손을 씻거나 옷을 갈아입고 공공장소에서 옷이 더러워질까 봐 불안해한다.

불안과 의심 : 외출할 때 열쇠나 휴대폰을 가지고 나왔는지 반복해서 확인하거나 밖에 있을 때 집에 무슨 일이 생긴 것은 아닌지 불안하고 초조해한다.

심각한 강박증은 아이의 일상생활과 학업에 큰 영향을 줄 수 있다. 자신의 기준을 만족하기 위해 많은 시간을 의미 없는 일에 소모하기 때문이다. 부모는 아이의 강박적인 성향을 발견하면 이를 나무라기보다는 모든 일이 완벽할 필요는 없다는 사실을 알려주며 자신감을 가질 수 있도록 격려해줘야 한다. 또 운동이나 노래 부르기 등 다양한 취미 생활을 통해 새로운 사물을 접하게 함으로써 강박적인 행위나 생각에서 벗어날 수 있도록 도와주도록 한다.

물론 무엇보다 좋은 가정환경을 만들어주는 것이 중요하다. 부모가 틀에 박히고 획일적인 생활에 익숙해져 있다면 상황에 따라 적절히 변화를 주는 등 조금 더 융통성을 가져야 한다.

한 엄마가 딸아이가 어렸을 때 입던 옷과 사용하던 장난감을 정리해 출산을 앞둔 여동생에게 주려고 준비하고 있었다. 그런데 네 살 된 딸아이가 이 모습을 보더니 울면서 말했다.

"엄마, 왜 제 물건을 다른 사람한테 주려고 하세요?"

엄마는 이해할 수 없었다. 평소에는 관심도 없던 물건들이고 이제 새로운 옷과 장난감도 많은데 왜 필요도 없는 물건에 집착하는 것일까?

만약 엄마가 아이들도 자기 물건의 소유권과 분배권을 이해하고 있다는 사실을 알았다면 딸아이의 마음을 헤아릴 수 있었을 것이다. 어쨌든 옷가지와 장난감은 모두 딸아이의 것이고 지금 필요하지 않은 물건이라고 해도 소유권은 딸에게 있다. 그렇기 때문에 아이는 물건을 사용을 할 권리도, 누군가에게 나눠줄 권리도 모두 자신에게 있다고 생각하는 것이다.

그런데 이런 심리를 전혀 이해하지 못한 엄마는 아이에게 더 이상 필요 없다는 이유로 아이에게 물어보지도 않고 물건들을 다른 사람에게 주려고 했다. 아이는 엄마가 자신에게 한마디 상의도 하지 않아 자존심이 상한 것이다. 그 때문에 아이는 엄마가 자신의 물건을 마음대로 빼앗아 간다고 생각하고 물건의 소유권을 지키려고 울음을 터뜨렸다.

18개월가량 된 아이들은 물건의 소유권과 분배권을 어렴풋이나마 인식할 수 있다. 비록 정확하게 표현하지는 못하지만 자신이 좋아하는 물건이나 장난감을 다른 사람이 가져가면 화를 내거나 우는 등의 행위로 불만을 표현한다. 어른들은 대부분 아이가 이렇게 반응하는 이유가 단순히 욕심이 많아서 그런 것으로 생각하고 다른 사람에게 양보해야 한다고 가르친다. 하지만 그러면 아이는 더욱 자신의 물건에 집착하고 그것을 나눠주지 않으려고 한다.

만약 다른 사람의 물건을 아이에게 잠시 보여줄 때는 그 물건이 아이의 것이 아니라는 사실을 분명히 알려줘야 한다. 그렇지 않으면 일단 손에 들어온 것은 모두 자신의 것이라고 생각하기 때문에 나중에 돌려주지 않으려고 할 것이다.

자신의 물건에 집착이 심한 아이들이 있는 반면 무조건 나눠주기를 좋아하는 '통 큰' 아이들도 있다. 그런데 3세 이전에 아이가 무엇이든 아낌없이 나눠주기를 좋아한다면 주의를 기울여야 한다. 이런 아이들은 늘 자신의 물건을 남들에게 빼앗기기 때문에 물건에 대한 소유권과 분배권의 개념이 제대로 형성될 수 없고, 성인이 되어서도 자신의 마땅한 권리를 지키지 못하게 된다. 그러므로 이런 아이들에게는 부모가 물건의 소유권과 분배권에 대한 개념을 심어줘야 한다. 장난감을 사줄 때는 그것이 아이의 것임을 분명히 알게 해주고, 다른 사람이 아이의 물건을 빼앗아 갔을 때는 그것이 나쁜 행위임을 가르쳐주도록 한다. 이런 아이들은 대부분 의지가 약하므로 교육을 할 때 이런 점도 주의해야 한다.

물건의 소유권과 분배권에 대한 개념이 생겼다는 것은 아이가 자신과 다른 사람을 구분하기 시작했다는 의미다. 아이는 물건의 소유를 통해 부모의 사랑을 느끼고 주인 의식을 경험하며 자부심, 책임감, 자신감도 키울 수 있게 된다. 또한 다른 사람으로부터 자신의 물건을 보호하는 과정을 통해 독립심을 경험한다. 이 모든 경험은 아이의 일생에 아주 중요한 의미가 있다. 그러므로 아이의 소유권과 분배권을 보호해주고 물건을 마음대로 '강탈'하는 일이 없어야 한다. 이런 권리를 보호받지 못한 아이는 자존심에 큰 상처를 입을 뿐만 아니라 불안함을 느끼게 된다.

단, 아이의 권리를 보호해줄 때는 지나치게 인색해지지 않도록 올바른 방향으로 이끌어줘야 한다. 아이에게 친구와 장난감을 함께 갖고 놀도록 하거나, 종종 좋아하는 물건을 선물로 주는 연습을 시키면 소유권과 분배권을 보호해주면서도 인색해지지 않도록 할 수 있다.

건강한 심리는 부모의 노력으로 만들어진다

Chapter 9

아이의 건강한 심리는 부모의 노력으로 만들어진다. 부모가 아이를 신뢰하면 진실하고 성실한 사람이 될 터이고, 아이를 존중해주면 자존감이 높아지게 될 터이다. 반대로 지나치게 엄격한 훈육과 체벌은 아이를 우울하고 자신감 없는 사람으로 만들 것이다.

당신은 아이에게 어떤 부모가 되고 싶은가?

공공장소에서 아이의 체면을 지켜주자

공항 보안검색대 앞에 긴 줄이 늘어서 있었다. 줄이 굉장히 천천히 줄어들었지만 사람들은 대부분 조용히 자신의 차례를 기다리고 있었다. 그런데 갑자기 어디선가 한 여성의 목소리가 굉장히 크게 들리기 시작했다. 외국어였기 때문에 자세한 내용은 이해할 수 없었지만 앞에 서 있는 남자 아이를 혼내는 듯했다. 아이는 이 여성의 아들인 것처럼 보였는데 울지는 않았지만 얼굴이 새빨개져서 굉장히 난처한 표정을 짓고 있었다. 여성은 사람들이 모두 지켜보는 가운데 무려 10분 동안이나 쉬지 않고 아이에게 소리를 질렀다.

아이가 어떤 잘못을 저질렀든 공공장소에서 큰 소리로 혼을 내는 것은 바람직하지 않다. 사람이 많은 공항 한가운데서 혼이 나고 있는 아이의 표정을 보니 이미 자존심이 크게 상한 것 같았다.

아이들의 심리는 굉장히 민감하기 때문에 어른들의 말 한마디, 행동 하나에 큰 영향을 받는다. 아직 자신을 지킬 힘이 없는 아이들은 어른들이 생각 없이 던진 말 한마디에 굉장히 큰 상처를 받기도 한다.

한 여학생이 학예회 연습을 할 때 딴짓을 했다는 이유로 선생님께 혼이 났다.

"너는 참여할 필요 없으니 당장 교실로 돌아가 있어!"

그러자 여학생이 울면서 말했다.

"다시는 춤을 추지 않을 거예요!"

아이는 반 친구들 앞에서 선생님이 혼을 내자 큰 상처를 받았다.

아이의 자존감은 어른들의 존중을 받을 때 높아진다. 어른들의 말이라면 무조건 신뢰하는 경향이 있기 때문에 이들의 평가는 아이 자신에게 굉장히 중요하다. 만약 위의 여성이나 선생님처럼 공공장소에서 큰 소리로 혼을 내는 등 아이의 체면을 깎아 내린다면 아이는 자기 자신을 굉장히 저평가하게 되고 늘 위축되어 있게 된다. 반대로 부모가 평소 아이의 체면을 잘 지켜준다면 높은 자존감을 갖게 된다.

심리학자들은 아이의 성장에 자존감이 굉장히 중요한 역할을 한다는 사실을 발견했다. 자존감이 높은 아이는 새로운 환경이나 사물을 접해도 위축되지 않고 빨리 적응한다. 또한 사람들과 교류하는 것을 좋아하고 대부분 성실하며 자신의 감정을 잘 조절한다.

반면 자존감이 낮은 아이는 소극적이고 낯선 환경이나 사물을 좋아하지 않는다. 이런 아이들은 단순하고 지루한 일을 반복할지언정 새로운 일을 시도하는 것을 싫어한다. 사람들과 교류하는 것을 싫어해 친구들이 적고 감정 조절이 서툴러 누가 조금만 싫은 소리를 해도 울거나 화를 낸다.

아이의 자존감을 높여주기 위해서는 공공장소에서 침대에 오줌을 쌌다거나, 시험 성적이 나쁘다거나, 주사를 무서워한다거나 하는 등의 약점을 공개해서는 안 된다. 부모가 체면을 지켜줬을 때 아이도 자기 자신을 존중하고 사랑하게 된다.

아이가 아직 어려서 체면이 무엇인지 모를 거라는 생각에 사람들이 모두 보는 앞에서 혼을 내거나 아이의 비밀을 떠벌리지 말 일이다. 아이들은 돌 무렵부터 자아에 대한 인식이 생기고 3세가 되면 다른 사람의 평가를 이해하게 된다. 이때부터는 아이도 어른과 마찬가지로 체면과 자존심이 무엇인지 알게 되므로 존중을 받고 싶어 한다.

아이를 평등한 한 사람으로 인정하라

<아이들의 훈장>이라는 영화가 있다. 유치원 아이들의 일상을 다룬 영화인데 특이한 점은 아이들의 시선으로 아이들의 세상을 그렸다는 점이다. 영화에는 다음과 같은 장면이 나온다.

> 선생님: 밥을 더 먹고 싶은 친구는 오른손을 높이 드세요. 팡창창 군, 틀렸어요. 이쪽 손이 오른손이에요. 국을 더 먹고 싶은 친구는 왼손을 드는데 선생님처럼 주먹을 꼭 쥐고 팔을 쭉 뻗으세요. 밥을 먹을 때는 말하지 않습니다.
>
> 선생님: 팡창창 군, 무슨 일이지?
>
> 팡창창: 쉬가 마려워요.
>
> 선생님: 손을 씻으러 갔을 때 소변을 보지 않았구나! 다음부터는 밥 먹는 도중에 화장실에 가는 일은 없도록 주의하도록 해. 잘못했으니 벌로 네 붉은 코르사주를 하나 가져가도록 할게.
>
> 팡창창: …….
>
> 선생님: 어서 코르사주를 떼어서 줘.

유치원은 아이들의 세계다. 그런데 이 세계의 규칙을 만든 사람은 다름 아닌 어른들이다. 이런 규칙을 대표하는 것이 바로 붉은 코르사주(영화에서 아이들은 자신의 힘으로 어떤 일을 하나씩 해낼 때마다 붉은 코르사주를 받아 가슴에 달았다)다. 팡창창은 식사 시간에 화장실에 가고 싶은 것이 왜 잘못되었는지, 왜 코르사주를 빼앗겨야 하는지 이해할 수 없었다. 그러나 선생님

앞에서는 아무 힘이 없었기 때문에 힘들게 얻은 코르사주를 다시 빼앗기고 말았다.

영화 속 아이와 어른의 관계에는 요구와 복종이 있을 뿐 평등은 찾아볼 수도 없다. 아이들은 이런 불평등에 분노하지만 아무 힘이 없다. 그런데 일상생활에서도 이런 일은 비일비재하다. 어른들은 아이가 말을 잘 듣고 어른스럽게 행동하기를 바란다. 그렇게 해야 옳은 것이니까. 하지만 아직 어린아이라는 사실을 잊지 말아야 한다.

아이의 마음을 이해하기 위해서는 무릎을 꿇고 앉아 아이의 시선에서 보고 들어야 한다. 그래야 자신의 결정이 옳았는지 정확히 판단할 수 있다.

쇼핑하는 것을 굉장히 싫어하는 10대 소녀가 있다. 소녀는 어렸을 때부터 엄마에게 이끌려 자주 쇼핑을 다녔는데 예쁜 장난감과 맛있는 음식 대신 눈에 보이는 것이라고는 어른들의 다리와 발뿐이었다. 아이는 장난감을 구경하고 고르는 재미 대신 어른들의 틈바구니 속에서 번잡함과 두려움을 느꼈다. 그래서 한창 예쁜 것에 관심이 많을 10대가 되어서도 쇼핑이라면 고개를 절레절레 저었다.

아이를 데리고 쇼핑을 가본 적이 있다면 그때 작은 아이가 키가 큰 어른들 사이에서 얼마나 스트레스를 받았을지 생각해봤는가? 아이에게 어른은 권위이자 규칙이다. 대부분의 어른들은 아이가 아직 어리다는 사실을 잊은 채 어른처럼 행동하기를 바란다. 그런데 어른과 아이는 분명 다른 시선으로 세상을 바라보고 세상을 이해하는 방식도 다르다.

아이가 밥을 먹을 때 자꾸 숟가락이나 젓가락을 떨어뜨린다고 혼을 낸 적이 있는가? 그렇다면 아이의 작은 손으로 젓가락을 쥐는 것이 얼마나 힘들지도 생각해봤는가? 아이가 장난을 치다가 탁자 위에 있는 물컵을 엎

었다고 혼을 낸 적이 있는가? 그렇다면 아직 키가 작은 아이의 눈에 탁자 위의 물컵이 보이지 않았을 수도 있다는 생각은 해본 적 있는가? 왜 물컵을 조금 더 안전한 곳에 두지 않고 아무것도 모르는 아이에게 그 책임을 묻는 것일까? 어른들은 대부분 아이가 말을 잘 듣지 않는다고 생각하지만 아이의 생각과 마음을 몰라주고 평등하게 대해주지 않는 사람은 오히려 어른들이다.

모든 사람은 평등한 대우를 받기 원한다. 아이들도 마찬가지다. 엄마 아빠가 어떤 일을 결정할 때 자신의 의견을 물어봐주기를 바란다. 어른들이 남의 의사를 묻지 않고 마음대로 일을 처리하는 사람을 싫어하듯 아이도 자신의 의견이 무시되는 것을 싫어한다. 아이는 왜 자신이 키가 작다는 이유만으로 무조건 부모님의 의견에 따르고, 부모님이 시키는 일만 해야 하는지 이해하지 못한다.

부모는 권위를 세우기에 앞서 먼저 아이를 평등한 한 사람으로 인정해야 한다. 엄마가 사온 옷이 마음에 들지 않아 입을 삐죽거리는 아이에게 엄마의 정성을 몰라주냐며 핀잔을 주기 전에 아이가 어떤 옷을 좋아하는지 묻지도 않고 무조건 강요하는 것이 옳은 일인가 생각해봐야 한다.

아이를 충분히 믿어주라

영우는 열한 살 때부터 혼자 기차표를 사서 여행을 다녔고 궁금한 점이 있으면 관공서에 찾아가 직접 물어보기도

했다. 이번 여름방학에 영우는 남쪽 지방으로 배낭여행을 떠나려고 준비 중이다. 물론 여행에 필요한 짐은 영우 혼자서 꾸린다. 이번 여행은 지난번 배낭여행에서 만났던 친구들과 함께 떠나는 것이라 더욱 기대가 되었다. 반 친구들은 모두 이런 영우를 부러워했다.

당신의 아이는 열한 살 때 무엇을 하고 있을까? 혹시 대여섯 살 때처럼 엄마 옆에만 붙어 있지는 않을까? 대부분의 부모는 아이가 학교에서 소풍이나 수련회를 간다고 하면 혹시나 빠뜨린 물건은 없는지 걱정하며 아이 대신 짐을 챙겨준다. 그런데 혹시 우리 아이도 영우처럼 혼자서 짐을 꾸려 여행 중에 알게 된 친구들과 배낭여행을 떠날 수 있다고 생각해본 적 있는가? 엄마 아빠 곁을 떠나본 적 없는 아이들은 설령 부모가 허락해도 감히 혼자서 떠날 용기를 내지 못할 것이다.

어쩌면 부모들은 아이가 자라서 성인이 되면 누구나 혼자서 여행을 떠날 수도 있고, 낯선 사람들과도 잘 어울릴 거라고 생각할지도 모른다. 물론 성인이 되면 많은 일들을 혼자서 할 수 있다. 그러나 성인이 되었다고 누구나 영우처럼 용기 있는 일들을 할 수 있는 것은 아니다. 설령 자신에게 충분한 능력이 있다고 해도 어린 시절에 충분한 자신감을 키우지 못했기 때문에 도전할 용기를 내지 못한다.

영우처럼 자신을 믿어주고 용기를 불어넣어주는 부모가 있다는 것은 아이에게 굉장한 행운이다. 물론 영우의 부모도 영우가 다섯 살 때까지는 혼자서 놀러 다니게 한 적은 없었다.

어느 주말 영우는 같은 단지에 사는 친구 집에 혼자 놀러가려고 아빠의 허락을 구했다. 아빠는 잠시 고민하다가 점심시간 전에는 돌아와야 한다며 허락을 했다. 그래도 마음이 불안했던 아빠는 몰래 영우 뒤를 쫓아갔

다. 그런데 영우는 아직 어리긴 해도 아빠가 가르쳐준 규칙들, 예를 들어 길을 걸을 때는 우측보행을 하고 횡단보도를 건널 때는 녹색불이 켜질 때까지 기다려야 한다는 규칙을 훌륭하게 지키고 있었다. 그리고 친구와 재밌게 놀다가 아빠와 약속한 시간에 맞춰 집에 돌아왔다. 이날 이후 영우는 혼자서 할 수 있는 일이 더 많아졌다.

아이들은 어린 시절에 무엇을 경험하느냐에 따라 어른이 되었을 때의 인생이 완전히 달라진다. 이런 경험에는 부모의 신뢰도 포함된다. 아이는 부모가 자신을 신뢰한다는 사실만으로도 큰 용기를 얻고 부모를 더욱 신뢰하게 된다. 부모가 신뢰해주면 아이는 실제 행동으로 그 신뢰에 보답한다. 그리고 특별히 잔소리하지 않아도 열심히 공부하고 비교적 좋은 학업 성적을 낸다. 부모의 신뢰를 받은 아이들은 집안일을 적극적으로 도와주고 고민이 있으면 솔직하게 털어놓고 상의한다. 이처럼 부모가 아이를 진심으로 믿어주면 불필요한 잔소리나 훈육 없이도 올바르게 교육할 수 있다.

부모의 교육관을 일치시켜라

모든 부모는 아이를 조금이라도 더 잘 키우기 위해 노력을 아끼지 않는다. 그런데 아이 하나를 교육하는 데 어른이 둘이나 셋, 심지어는 넷까지 참여하다 보니 어른들끼리도 의견이 서로 다를 때가 많다. 과연 어떤 사람의 의견이 옳은 것일까? 누구의 방법이 더 좋은 걸까?

어느 날 아빠가 다섯 살 된 현우를 데리고 동료의 집에 놀러갔다. 그런데 집에 돌아온 현우는 어딘지 모르게 불안한 표정을 지으며 조용히 방으로 들어갔다. 이상하게 생각한 아빠가 방문을 열고 들어가보니 현우가 손에 어른 면도기를 들고 있었다. 아빠는 현우가 다칠까 봐 절대 면도기를 함부로 두지 않기 때문에 자신의 것이 아니라는 사실을 알았다. 알고 보니 현우는 동료의 집에서 몰래 면도기를 가져온 것이었다. 아빠는 잘 타일렀고 현우 역시 자신의 잘못을 인정하며 눈물을 보였다. 그런데 그때 할머니가 들어와 손자가 우는 것을 보고 안타까워 얼른 다가가 달랬다. 이 모습이 못마땅했던 아빠는 할머니에게 현우가 다른 사람의 물건을 훔쳐서 혼나는 중이라고 말했다. 그러자 할머니가 이렇게 말했다.

"애가 다른 사람 물건에 손을 댈 수도 있고 그런 거지. 너도 어렸을 때 옆집 나무에 올라가 몰래 복숭아를 따 먹다가 벌한테 쏘여서 된통 당하지 않았니?"

눈물을 흘리던 현우는 할머니의 얘기에 웃음을 터뜨렸다. 결국 할머니의 방해로 이날 아빠의 훈육은 실패하고 말았다.

가정교육은 한 사람의 몫이 아니지만 여러 사람이 참여할 경우 이렇게 역효과가 발생하기도 한다. 교육철학자 수호믈린스키는 부모의 교육관이 일치하지 않으면 아이는 혼란을 느끼고 결국 제멋대로 행동하게 된다고 말했다.

어른들의 교육 방식이 일치하지 않을 때 눈치 빠른 아이들은 벌써 상황에 따라 자신이 어떻게 행동해야 하는지 알게 된다. 그래서 엄격한 사람 앞에서는 고분고분 말을 잘 듣다가도 무조건 받아주고 상냥하게 대해주는 사람 앞에서는 마음대로 행동하는 모습을 보인다. 그런데 그러다 보면 어른이 되어서도 강한 사람 앞에서는 굴복하고 약한 사람은 마음대로 좌지우지하려고 하는 이중적인 성격을 갖게 되며 심각한 경우에는 정신분

열증을 일으키기도 한다.

어른들의 교육관이 일치하지 않으면 부모의 권위에도 큰 영향을 줄 수 있다. 아이들은 무지하기 때문에 교육이 필요하지만 부모의 말에 권위가 떨어지면 이를 쉽게 받아들이려고 하지 않는다. 부모의 교육관이 일치하지 않는 가정에서 자란 아이들은 앞에서는 혼이 나지 않으려고 부모의 말에 순종하는 것처럼 행동하지만 일단 부모의 간섭에서 벗어나면 다시 제멋대로 행동한다.

부모가 서로 다른 교육관을 주장하면 아이는 누구의 방식을 따라야 할지 몰라 혼란을 느끼고 자신의 행동이 과연 옳은 것인지 구분하지 못한다. 이렇게 되면 다음번에 유사한 상황에 맞닥뜨렸을 때도 스스로 해결하지 못하고 같은 잘못을 반복하게 된다. 반면 부모의 교육관이 일치하는 가정에서 자란 아이는 어떤 일을 할 때 과감하게 결정을 내리고 자신의 행동을 올바르게 제어할 줄도 안다.

그러므로 자녀를 교육할 때 먼저 부모나 교육을 담당하는 어른들끼리 일치된 생각을 갖는 것이 중요하다. 만약 가정에서 어른들끼리 의견이 충돌하면 가급적 아이가 보지 않는 곳에서 토론하고 의견을 조율하는 것이 좋다.

아이의 질문에 성심성의껏 답하라

질문하는 것은 어린이들의 특권이다. 특히 이제 막 걸음마를 떼거나 말을 배우기 시작한 어린아이들은 온통 궁금한

것투성이다. 걸어 다니면서 시야가 넓어지고 보는 사물이 많아지니 호기심이 늘어나는 것이다. 그리고 말을 하기 시작하면서 질문할 수 있는 능력이 생겨 무엇이든 새로운 것을 보면 곧바로 어른들의 설명을 듣고 싶어 한다.

아이들은 보이는 것, 생각나는 것은 뭐든 질문한다.

"하늘은 왜 파래요?"

"달은 왜 하늘에서 안 내려와요?"

"손가락은 왜 다섯 개예요?"

"나는 어떻게 태어났어요?"

아이들은 자신이 하는 질문이 엄마 아빠가 대답할 수 있는 것인지, 얼마나 유치한 것인지 따위는 조금도 생각하지 않는다. 또 언제 질문을 해야 하는지, 언제 질문을 하면 안 되는지 구분하지 못한다.

그래서 질문을 했을 때 원하는 답을 얻을 때보다 어른들의 잔소리를 들을 때가 더 많다.

"그런 질문은 하는 거 아니야."

"몇 번을 얘기해야 하니? 지난번에 다 알려준 거잖아."

"아빠 지금 바쁜 거 안 보이니? 저쪽 가서 놀렴."

아이들은 호기심에 가득 차 질문을 했다가 이런 대답을 들으면 의기소침하게 돌아서며 생각한다.

'질문은 아무 때나 하는 것이 아니구나.'

'어른들은 질문하는 것을 싫어하는구나.'

'엄마 아빠도 모르는 문제가 있구나.'

그러면서 아이들은 점점 입을 다물게 되고 새로운 사물을 봐도 예전처

럼 "엄마, 저게 뭐예요?"라고 소리치지 않는다. 부모는 더 이상 이것은 무엇이고, 어디에 사용하는 물건이고, 왜 이런저런 현상이 생기는지 힘들게 설명하지 않아도 된다.

그런데 안타깝게도 아이들의 호기심은 질문을 하지 않으면 서서히 사라진다. 호기심이 사라지면 아이들은 더 이상 능동적으로 세상을 탐색하지 않으려고 하고 자연히 세상에 대한 이해도가 떨어지게 된다. 또 새로운 지식을 얻는 즐거움도 느낄 수 없게 되고 본래 갖고 있던 독창성도 서서히 잃어버리게 된다. 결국 호기심이 없으면 독창성도 사라지고 문제를 스스로 해결할 수 있는 능력도 없어지게 되는 것이다.

그러므로 부모는 아이의 호기심이 사라지지 않도록 모든 질문에 성심성의껏 답해야 한다. 만약 아이가 질문을 했을 때 당장 대답해줄 수 있는 상황이 아니라면 기억해뒀다가 나중에라도 반드시 대답해줘야 한다. 아이가 질문한 내용의 답을 어른들이 모를 수도 있고, 어떤 내용은 아이가 이해하기에 너무 어려울 수도 있다. 이럴 때는 모르는 문제는 모른다고 솔직하게 이야기하고 함께 찾아보거나, 어려운 내용은 조금 더 크면 다시 알려주겠다고 이야기해주어야 한다. 부모의 체면을 지키기 위해 모르는 문제도 아무렇게나 대답해주는 것은 아무런 도움이 되지 않는다. 아이가 다른 아이에게 잘못된 정보를 알려줬다가 웃음거리가 되면 더 이상 부모를 신뢰하지 않을 수도 있으니 주의해야 한다.

현명한 부모는 아이의 질문에 성실하게 답해주기 위해 따로 공부를 하거나 아이와 자료를 검색하며 함께 답을 찾는다. 또 아이가 하는 질문들을 통해 아이의 관심사를 파악하고 이를 중점적으로 키워준다. 하지만 우매한 부모는 아이의 질문을 쓸데없는 것들이라고 무시하며 호기심을 꺾

어버린다. 결국 어떤 부모 밑에서 자라느냐에 따라 아이의 인생은 완전히 달라질 수 있는 것이다.

아이에게도 자신만의 공간이 필요하다

정민이는 자신의 일기장과 편지를 몰래 훔쳐봤다는 이유로 엄마와 몇 차례 크게 다투었다. 엄마는 그것들을 더 이상 보지 않겠다고 약속했지만 그 뒤로도 종종 정민이 몰래 들춰보았다. 결국 엄마가 볼까 봐 늘 불안해하던 정민이는 더 이상 일기를 쓰지 않겠다고 결심했고, 친구의 편지도 다 읽은 뒤에는 찢어서 버렸다.

그 뒤로 엄마는 한동안 정민이의 사생활을 간섭하지 않았지만 얼마 전 정민이가 친구와 통화하는 내용을 몰래 듣다가 걸리고 말았다.

"내가 무슨 죄를 지은 것도 아닌데 왜 그렇게 사사건건 감시하세요?"

화가 난 정민이가 엄마에게 소리쳤다.

부모라면 한 번쯤 아이의 일기장이나 편지를 몰래 훔쳐본 경험이 있을 것이다. 어느 시기가 되면 아이들은 더 이상 자신의 고민이나 비밀을 부모에게 털어놓지 않는다. 방문이나 서랍을 꼭 잠그고 다니고 친구와 통화할 때도 부모가 들을 수 없는 곳에서 몰래 이야기한다. 이러니 아이의 일거수일투족을 늘 지켜보던 부모로서는 불안할 수밖에 없다.

사람은 누구나 자기만의 심리적 공간이 필요하다. 아이도 마찬가지다. 현명한 부모는 아이만의 심리적 공간과 사생활을 보호해준다. 이것은 부

모가 아이에게 보여주는 존중과 신뢰기도 하다. 내가 낳은 아이지만 어른과 마찬가지로 한 사람의 독립적인 개체로 인정해주고, 그렇기 때문에 사생활처럼 아이에게 속한 권리를 함부로 박탈해서는 안 된다는 사실을 이해한다.

아이들의 사생활은 법적으로도 보호받을 권리가 있다. <중화인민공화국 미성년자 보호법>에는 미성년자의 편지, 일기, 이메일은 본인을 제외한 기타 조직이나 개인이 함부로 열람할 수 없다고 명시되어 있다. 아무리 부모라 해도 아이의 일기나 편지를 몰래 훔쳐보는 것은 법률에 위배되는 행위다. 물론 부모가 자신의 개인적인 기록을 훔쳐봤다고 해서 경찰에 신고하는 일은 없을 것이다. 아이들이 원하는 것은 자신의 심리적 공간을 보호받는 것이다. 법으로도 명시되어 있는 아이의 권리를 부모들은 왜 그렇게 하찮게 생각하는지 한 번쯤 생각해봐야 한다.

아이에게 비밀이 생겼다는 것은 그만큼 성장하고 있다는 뜻이므로 부모로서 기뻐해야 할 일이다. 아이들은 비밀과 사생활이 생기면서 독립심을 키우게 된다. 열두 살이 되어서도 서너 살 때 하던 것처럼 부모에게 모든 것을 이야기하고 숨김없이 행동하는 아이들은 오히려 심리적으로 건강하다고 볼 수 없다.

좋은 부모는 어렸을 때부터 아이의 사생활을 보호하려고 노력한다. 이런 부모는 다른 사람 앞에서 아이가 감추고 싶어 하는 약점이나 비밀을 절대 이야기하지 않는다. 자신의 사생활을 보호받은 아이들은 부모가 자신의 비밀을 지켜줄 것이라는 사실을 알기에 고민이 생기면 부모에게 먼저 털어놓고 책상 서랍을 잠그거나 일기장을 감추지 않는다.

그러므로 아이가 부모와 대화하는 것을 거부하고 감추고 있는 비밀이

많은 것 같다면 혹시 부모가 아이의 사생활을 떠벌리고 다니거나 존중해 주지 못했는지 반성해봐야 한다. 혹시 아이의 일기장을 훔쳐보고도 "다 널 위해서야."라고 말하며 입막음하려고 한 적은 없는가? 부모가 사생활까지 지나치게 간섭하다 보면 아이는 점점 더 부모를 신뢰하지 않고 더 많은 비밀을 만든다. 심각한 경우에는 우울증 등의 심리 질병이 생길 수도 있으니 주의해야 한다.

지금도 아이의 일기장을 몰래 들춰보고 있다면 당장 멈춰야 한다. 이것이 부모가 아이를 보호하는 최선의 방법이다.

세 살 난 여자 아이에게 성별을 물으면 대부분 명확하게 대답할 줄 안다.

"엄마가 그러는데요, 저는 여자 아이래요!"

또 어떤 것을 좋아하냐고 물으면 예쁜 치마와 알록달록한 머리핀을 좋아한다고 대답할 것이다.

아이들은 두 살 무렵부터 '내가 누구인지' 알게 되면서 차츰 성별을 인식한다. 그러다가 세 살이 되면 자신의 성별을 명확하게 대답할 수 있다. 그리고 여자 아이라면 예쁜 인형을 좋아하고, 남자 아이라면 자동차 같은 장난감을 좋아해야 한다는 사실도 알게 된다. 사실 이 무렵 아이들이 알고 있는 것들은 어른들이 일방적으로 주입시킨 내용일 뿐 스스로 더 많은 내용을 깨닫지는 못한다.

그래서 이 무렵 부모가 남자 아이를 예쁘게 꾸며 여자 아이처럼 키운다면 아이는 점점 자신이 여자 아이라는 인식을 더 많이 하게 된다. 예를 들어 자동차 장난감 대신 공주 인형을 좋아한다거나 누군가 왜 남자 아이들이 흔히 갖고 노는 장난감을 좋아하지 않느냐고 물었을 때 화를 내는 식이다.

아이가 자신의 성별을 싫어하는 것은 부모의 영향이 크다. 부모들 중에는 아들 아니면 딸을 갖고 싶었는데 반대 성별의 아이가 태어나자 그 아이를 자신이 원하던 성별인 것처럼 키우며 위로를 받으려는 사람들이 있다. 이런 부모들은 남자 아이에게 여자 아이 옷을 입히거나 여자 아이에게 남자 아이가 좋아할 법한 장난감들을 사준다. 또 아이에게 엄마 또는 아빠는 반대의 성별을 좋아한다고 직접 말하기도 한다. 그러다 보면 아이는 자신이 남자 아이인지 여자 아이인지 혼란스러워하거나 자신의 성별을 혐오하게 된다.

아이들은 다섯 살 무렵이면 양성의 차이를 완전하게 이해한다. 성별에 대한 인식이 정상적으로 발달한 아이는 남자 아이는 치마를 입거나 머리핀을 꽂지 않는다는 등의 사실을 명확하게 알고 있다. 또 누군가 남자 아이와 여자 아이의 차이가 무엇인지 묻는다면 이렇게 대답할 줄도 안다.

"남자는 고추가 있고 여자는 없어요."

하지만 성별에 대한 인식이 제대로 자리 잡지 못한 아이는 남녀의 차이를 명확하게 이야기하지 못하고 자신의 성별과 반대되는 행동을 자주 한다. 남자 아이는 여자 아이들 틈에 끼어 소꿉놀이를 한다거나, 여자 아이는 남자 아이처럼 옷을 입고 총싸움을 즐긴다. 이처럼 이성의 무리에 오래 속해 있다 보면 남자 아이는 여성화되고 여자 아이는 남성화되면서, 오히려 자신의 고유한 성별 특징은 발달하지 못한다. 이런 아이들은 친구들 사이에서 놀림거리가 되기 쉽기 때문에 교우관계에 문제가 생기기도 한다.

성별에 대한 잘못된 인식이 심각하면 아이의 평생에 영향을 미칠 수도 있다. 자신의 성별을 혐오하고 반대의 성별을 동경하던 아이들은 성인이 되었을 때 수술로써 성별을 바꾸려는 시도를 하기도 한다. 통계에 따르면, 남성 동성애자들 중 3분의 2가 어렸을 때부터 여자 아이처럼 행동했다고 한다. 물론 성별을 바꾸지 않고 자신의 고유한 성별을 유지하면서 살아가는 사람도 있지만 어렸을 때 자리 잡은 잘못된 인식 때문에 늘 마음이 괴롭고 일반적이지 않은 행동으로 주위의 따가운 시선에 시달리기도 한다.

그러므로 성별을 인식할 수 있는 나이가 되면 아이가 혼란스러워하지 않도록 주의해야 한다. 아이가 어려서 남녀를 구분하지 못할 거라는 생각에 남자 아이를 여자 아이처럼 꾸민다거나 하는 등의 장난은 금물이다. 이런 행동은 아이를 혼란스럽게 하고 자신의 성별에 대한 인식이 자리 잡는 데 방해가 된다.

부모는 아이가 자신의 성별을 좋아할 수 있도록 도와주고 성별에 대한 부정적인 인식을 심어주지 않도록 주의해야 한다. 예를 들어 엄마가 집안일을 하면서 딸에게 "여자로 살기 참 힘들어."라는 등의 푸념을 자주 입에 올리면 아이는 자신의 성별에 부정적인 인식을 갖게 된다. 대신 "엄마가 집안일로 조금 힘들구나. 네가 어깨를 주물러주겠니?"라고 말한다면 아이가 여성에 대해 부정적인 인식을 갖지 않고 여성으로서의 특징을 더 잘 이해할 수 있을 것이다.

부모의 영향 없이도 태어날 때부터 이성의 성향을 타고난 아이들도 있다. 만약 남자 아이가 여자 아이들과 함께 놀기를 좋아한다거나 그 반대인 경우를 발견한다면 동성 친구들과 함께 어울리면서 성별에 대한 인식을 바로잡을 수 있도록 도와줘야 한다.

아이가 구름이라면 부모는 바람이다. 그러므로 아이가 어떤 방향으로 나아갈지는 모두 부모의 손에 달려 있다.

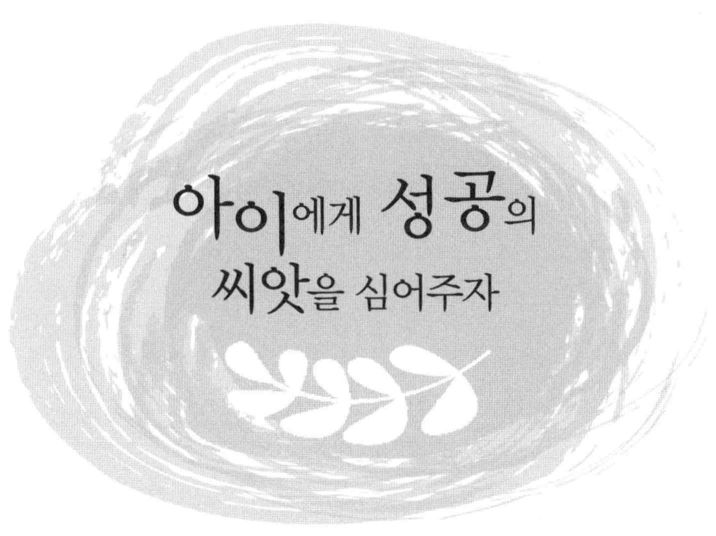

아이에게 성공의 씨앗을 심어주자

Chapter 10

한 사람의 성공에 가장 큰 영향을 미치는 것은 바로 EQ(감성지수)다. 성공의 80%는 바로 EQ에 의해 결정된다. 물론 실패 역시 EQ와 밀접한 관련이 있다.

그러므로 아이가 성공하기를 바란다면 EQ라는 성공의 씨앗을 심어줘야 한다. 이것은 아이에게 억만금의 유산을 물려주는 것보다 중요하다.

주인의식을 가진 아이로 키워라

미국의 심리학자들은 아동 1500명을 대상으로 30년간 추적 조사를 실시해서, 성공을 좌우하는 요소는 지적 능력이 아니라 그 사람의 성격과 성품이라는 사실을 발견했다. 1500명 중 성공한 20%의 사람들과 비교해 나머지 사람들은 의지가 약하고 독립심과 용기가 부족한 것으로 나타났다. 한편 성공한 사람들은 대부분 자기 자신에 대한 주인의식을 갖고 있었다.

어린아이들은 혼자서 생활할 수 있는 능력이 없어 성장하기 위해서는 부모에게 의존해야 한다. 그렇기 때문에 아직 자기 자신의 주인 역할을 하기는 어렵다. 하지만 그렇다고 해서 자신을 인식하지 못하는 것은 아니다.

독립심을 키우기에 가장 적합한 시기는 2~3세 때다. 이 무렵 아이들은 무엇이든 혼자 하기를 좋아한다. 혼자서 길을 걷고, 혼자서 옷을 입고, 혼자서 밥을 먹고 싶어 한다. 어른들이 도와주려고 나서면 대부분 이렇게 소리친다.

"내가 혼자 할 거야!"

이때 부모는 아이가 독립심을 키울 수 있도록 적극적으로 격려해줘야 한다. 충분한 격려를 받지 못한 아이는 부모에게 의존하고 점점 퇴행하는 모습을 보인다. 부모가 작은 실수도 용납하지 않고 무슨 일이든 대신 나서서 해결해주다 보면 아이는 자신을 무능하고 무지한 존재라고 인식하게 된다. 그래서 부모가 지나치게 엄격하거나 과잉보호를 받으며 자란 아이들은 대부분 의지가 약하고 책임감이 없다. 반면 아이를 신뢰하고 칭찬과 격려를 아끼지 않는 부모 밑에서 자란 아이들은 대부분 용감하고 독립

심과 책임감이 강하다.

유치원에서 모래 놀이가 끝나자 아이들은 우르르 수돗가로 몰려가 손을 씻기 시작했다. 그런데 아이들이 하나둘 손을 씻고 수돗가를 떠나는데 한 아이만 마지막까지 남아 있었다. 누군가 다가와서 수도꼭지를 틀어주고 손을 씻겨주기만을 기다리고 있었던 것이다. 아이는 손 씻기가 누구의 도움 없이 스스로 해야 하는 일이라는 사실을 전혀 모르고 있는 듯했다. 아이는 왜 이것이 자신의 일이라고 생각하지 못하는 것일까? 이것은 분명 아이가 손을 씻어야 할 때마다 부모가 도와줬기 때문일 것이다.

아이의 일을 대신 해주는 것이 사랑이라고 착각하지 말아야 한다. 이런 도움은 오히려 독이 될 뿐이다. 부모는 아이가 아직 어리다는 핑계로 독립심을 키우는 교육을 게을리해서는 안 된다. 사실 어떤 일을 아이 혼자서 하게 하려면 부모가 대신 해줄 때보다 손이 많이 간다. 물건을 깨뜨릴 수도 있고 속도나 효율도 낮기 때문이다. 하지만 그렇다고 해서 계속 도움을 주다 보면 아이는 성인이 될 때까지 독립심을 기르지 못한다.

아이의 성장은 하루아침에 이루어지는 것이 아니라 단계적으로 이루어지며 연속성을 지닌다는 사실을 기억해야 한다. 그래서 어린 시절에 독립심을 기르지 못하면 성인이 되어서도 혼자서 할 수 있는 일이 많지 않다. 어른이 되면 저절로 모든 것을 이해하고 갖추게 될 거라고 생각하면 안 된다. 어린 시절에 배우거나 경험하지 못한 일들은 성인이 되어서도 다시 기회를 얻기 힘들기 때문이다.

그러므로 아이가 성인이 되었을 때 자기 자신의 주인 역할을 제대로 하게 하려면 어린 시절부터 많은 일들을 스스로 할 수 있는 독립심을 키워줘야 한다. 이를 위해서는 일상생활이 모두 교육의 순간이 되어야 한다.

부모가 주의해야 할 점은 구체적으로 다음과 같다.

아이 스스로 할 수 있는 일을 대신 해주지 마라

아이가 혼자서 물을 따르거나, 신발을 신거나, 장난감을 정리하려고 할 때 부모가 도와주지 말고 스스로 할 수 있도록 옆에서 격려해준다. 아이가 자신의 일을 혼자서 할 수 있다고 인식할 때 독립심이 생긴다.

아이의 호기심에 반응하라

호기심이 생긴다는 것은 아이가 스스로 세상을 탐색하고 문제를 해결하려고 한다는 신호다. 아이의 모든 질문은 그가 얼마만큼 성장했는지를 알아볼 수 있는 척도이기도 하다. 그러므로 아무리 사소한 질문이라도 성심 성의껏 대답해줘야 한다.

또래 친구들과 어울리게 하라

아이에게 가장 좋은 놀이 상대는 어른이 아니라 또래 친구들이다. 똑같은 블록 놀이라고 해도 어른들과 하는 것과 또래 친구들과 하는 것에는 분명한 차이가 있다. 물론 친구들과 함께 놀다가 다툼이 생기기도 하지만 이런 문제를 스스로 해결하는 과정을 통해 저항력을 키우고 한 단계 더 성장할 수 있다.

독립의 기회를 제공하라

내성적인 성격을 타고난 아이들은 어떤 일을 스스로 찾아서 하는 경우가 많지 않다. 이럴 때는 부모가 나서서 독립심을 기를 수 있는 기회를 만

들어줘야 한다. 혼자 마트에 가서 좋아하는 과자를 사오게 한다거나, 가족들의 주말 계획을 세울 때 의견을 내도록 하는 방법 등이 있다.

어렸을 때부터 자기 자신의 주인 역할을 훌륭하게 해내는 사람은 없다. 독립심을 키우고 의지를 단련하는 것이 아이에게도 부모에게도 결코 쉬운 일만은 아니다. 하지만 아이가 건강한 심리를 가진 사람으로 성장할 수 있다면 잠시 고통을 인내하는 것은 충분히 가치 있는 일 아닐까?

아이 스스로 성공할 수 있다는 믿음을 갖게 하라

한 아동교육 전문가가 유치원에서 강연을 할 기회가 있었다. 강연을 마치고 교실을 둘러보던 전문가는 교실 뒤쪽 칠판에 반 아이들의 이름이 적혀 있는 것을 보았다. 아이들 이름 옆에는 대부분 별 모양이나 꽃 모양의 스티커가 붙어 있었는데 몇몇 이름 옆에는 아무것도 붙어 있지 않았다. 전문가가 옆에 있는 선생님에게 물었다.

"왜 이 아이들 이름 옆에는 아무것도 붙어 있지 않죠?"

그런데 선생님이 대답하기도 전에 한 아이가 소리쳤다.

"재네들은 공부도 못하고 말도 잘 안 듣기 때문에 스티커가 없는 거예요."

전문가는 할 말을 잃었다. 이렇게 어렸을 때부터 공개적으로 '열등생'이라는 딱지를 붙이는 것이 아이의 인생에 얼마나 큰 타격을 줄지 알기 때문이었다. 이런 아이들은 평생 열등생이라는 그늘에서 벗어날 수 없다.

아이들의 자신감은 3~4세에 형성되는데, 숟가락을 들고 혼자서 밥을

먹을 수 있게 되면서 처음으로 '할 수 있다'는 생각을 한다. 하지만 자주 혼나고 인정받지 못한 아이들은 자신감이 없고 무언가를 이루어낼 수 있다는 믿음을 갖지 못한다. 또 도전하기를 두려워하고 한번 실패를 경험하면 좌절감에서 쉽게 헤어나지 못한다.

아직 어린아이들은 자신의 실패를 크게 인식하지 못한다. 유치원에서 아이들 이름 옆에 스티커를 붙여 우등생과 열등생을 구분하듯 어린 시절의 실패는 대부분 어른들 때문에 경험하는 것이기 때문이다. 사실 스티커를 많이 받은 아이나 하나도 받지 못한 아이나 능력의 차이는 크지 않다. 스티커를 하나도 받지 못한 아이가 어떤 분야에서는 다른 아이들보다 훨씬 뛰어날지도 모른다. 하지만 어른들의 권위에 항변할 능력이 없기 때문에 실패를 받아들일 수밖에 없는 것이다.

가정에서 부모의 칭찬과 격려를 받으며 자란 아이들은 자신감이 넘치고 어렸을 때부터 무슨 일을 하든 성공할 수 있다고 믿는다. 이런 아이들은 적극적이고 자신이 할 수 있다고 생각하는 일은 노력을 통해 반드시 성공을 거둔다. 그리고 이런 성공을 통해 더 강한 자신감을 얻는다.

아이의 인생을 망치고 싶다면 방법은 아주 간단하다. 틈나는 대로 "넌 왜 그것도 못하니!", "왜 그렇게 바보 같니!" 등의 말을 해주는 것이다. 그러면 원하는 대로 아이는 자신의 앞가림도 제대로 하지 못하는 무능한 사람으로 자랄 것이다. 반대로 아이를 훌륭한 사람으로 키우는 방법도 아주 간단하다. 수시로 "넌 정말 대단해!"라고 말해주는 것이다. 이렇게 용기를 불어넣는 것만으로도 절반은 성공한 셈이다. 이처럼 늘 바보 같다고 핀잔을 주는 부모 밑에서 자란 아이는 정말 바보 같은 사람이 되고, 늘 훌륭하다고 말해주는 부모 밑에서 자란 아이는 정말 훌륭하게 성장한다.

자식을 자신감 없고 늘 실패만 하는 아이로 키우고 싶은 부모는 없다. 하지만 이런 의지와는 다르게 아이의 부족한 면밖에 보지 못하거나 자신이 갖고 있는 열등감 때문에 아이의 훌륭한 면을 인정하지 못하는 부모들이 많다. 조금만 시선을 돌려보는 것은 어떨까? 아이의 뛰어난 점을 발견하고 정말 훌륭하다고 말해줄 수 있다면 아이 역시 부모가 원하는 모습으로 성장할 수 있을 것이다.

아이에 대해 낙관적인 태도를 가진 부모에 비해 상대적으로 비관적이고 완벽함을 추구하는 부모들은 아이의 뛰어난 면을 발견할 수 있도록 노력하고 아이에게 자신이 얼마나 훌륭한지, 부모가 얼마만큼 신뢰하고 있는지 알려주도록 해야 한다.

다음은 아이에게 자신감을 심어줄 때 주의해야 할 내용들이다.

과보호를 하지 않는다

누구나 자식을 사랑하는 마음은 크지만 아이가 다칠까 봐 혼자서 할 수 있는 일이나 좋아하는 일을 못하게 하거나 어려운 일을 대신 해줘서는 안 된다. 아이는 여러 가지 어려움을 극복하는 과정에서 성공의 쾌감을 느끼고 자신감을 얻기 때문이다.

지나친 요구는 하지 않는다

세상에 완벽한 사람은 없다. 그러므로 아이에게도 완벽함을 요구해서는 안 된다. 부모가 지나친 요구와 기대를 하면 아이는 자신의 뛰어난 점은 보지 못한 채 부족한 점을 보충하기 위해 부단히 노력할 것이고 이 과정에서 실패와 좌절을 경험하며 열등감에 빠지기도 한다.

긍정적인 암시를 해준다

아이가 어떤 일을 성공적으로 마쳤을 때 "정말 훌륭해!", "정말 대단해!"라고 말해준다. 아이는 부모의 인정을 자신의 의식 속에 담아두어 더 많은 일을 완성하고 어려움을 극복할 수 있는 자신감을 얻는다. 그렇다고 해서 아이가 잘못하고 실수했을 때에도 무조건 칭찬하라는 것은 아니다. 이럴 때는 무엇이 잘못되었는지 정확하게 인식할 수 있도록 도와주면 어쩌다 실패를 경험해도 크게 좌절하거나 방황하지 않는다.

아이가 어떤 사람이 되었으면 좋겠다고 생각하는 바가 있다면 정말로 그런 사람이 될 수 있도록 믿음을 심어줘야 한다. 그리고 아이에게 자신감을 불어넣고 싶다면 오늘부터 매일 이렇게 말해줘라.

"엄마 아빠한테는 네가 최고란다!"

다른 사람을 배려하는 아이로 키워라

유치원에서 아이들이 모두 신나게 뛰어놀고 있는 가운데 방금 전 선생님께 한바탕 혼이 난 한 남자 아이는 구석에 숨어 혼자 눈물을 흘리고 있었다. 이때 한 여자 아이가 그 아이에게 다가갔다. 두 아이는 원래 사이가 좋아 항상 같이 놀던 터라 남자 아이가 울고 있는 모습을 보고 달려온 것이다. 여자 아이는 울고 있는 친구를 다독이며 함께 눈물을 흘리기도 하고 머리를 쓰다듬어주기도 했다. 남자 아이는 서서히 울음을 그쳤지만 여자 아이는 친구가 완전히 진정될 때까지 옆에 남

아 장난감을 건네주거나 어깨를 다독여줬다.

아이들은 3세 무렵부터 다른 사람의 아픔이나 어려움을 인식할 수 있다. 그래서 어른들이 하는 것처럼 어깨를 다독이거나 위로의 말을 건네기도 한다. 하지만 모든 아이들이 그런 것은 아니다. 친구가 울고 있는 모습을 봐도 무관심하거나 심지어 놀리는 아이들도 있다. 그런데 이런 차이는 부모의 교육 방식과 무관하지 않다.

한 가정에서 형제가 함께 놀다가 형에게 장난감을 뺏긴 동생이 울음을 터뜨리는 상황이 벌어졌다. 이때 엄마들의 반응을 한번 살펴보자.

첫 번째 엄마 : 넌 형이 돼 가지고 동생한테 양보할 줄도 알아야지. 왜 동생을 울리고 그러니?

두 번째 엄마 : 동생이 장난감을 뺏겨서 많이 속상한가 보구나……. 어떻게 해주면 좋을까?

첫 번째 엄마에게 혼이 난 아이는 분명 울고 있는 동생을 모른 척할 것이다. 또 왜 자신이 형이라는 이유로 동생에게 장난감을 양보해야 하는지 이해하지 못하고 그저 억울하고 화가 날 것이다. 이 아이는 앞으로도 남들의 고통이나 슬픔을 보고도 무관심하게 반응할 가능성이 높다. 또 엄마에게 불평등한 대우를 받았다는 생각에 동생을 더 미워하고 괴롭힐 것이다.

반면 두 번째 엄마의 교육 방식은 참고해볼 만하다. 형은 조금 억울한 생각이 들긴 해도 장난감을 뺏겨 울고 있는 동생을 보며 미안한 마음을 갖게 된다. 엄마가 잘못을 지적해주지 않아도 아이는 자신이 속이 상했을 때 엄마가 해줬던 것처럼 동생을 위로하고 뺏은 장난감을 돌려줄 것이다.

나른 사람을 배려하고 위로하려는 마음은 아이들의 본능이다. 부모는 아이가 이런 본능을 잘 발휘할 수 있도록 도와줘야 한다. 갓난아기도 누군가 우는 소리를 들으면 괴로운 표정을 지으며 함께 울기도 한다. 9개월 무렵이면 아이는 다른 아이가 넘어지는 것을 보고 울면서 엄마에게 다가가 위로를 받으려고 한다. 마치 자신이 넘어지기라도 한 것처럼 감정이입을 해 고통스러운 표정을 따라하거나 무릎을 만져보기도 한다. 15개월이 지나면 아이는 친구가 우는 것을 보고 자신이 아끼는 장난감 등을 건네며 위로하는 법을 알게 된다.

아이들은 감정이입에 굉장히 민감하므로 어른들이 조금만 가르쳐줘도 남들을 배려하고 위로하는 법을 깨닫는다. 예를 들어 아이가 집에서 키우는 애완동물을 자주 괴롭힌다면 작은 동물들도 사람과 마찬가지로 고통을 느끼고 병이 들 수 있다는 사실을 알려준다. 그러면 아이는 더 이상 동물을 괴롭히지 않고 먹이를 주거나 산책을 시켜주는 등 따듯한 관심을 보여줄 것이다. 아이들은 이런 경험을 통해 이해심을 키우고 배려하는 마음을 갖는다. 그래서 친구가 속상한 일이 생겨 울고 있을 때 어른들이 자신에게 해줬던 것처럼 위로를 해주기도 한다.

그런데 만약 아이가 어떤 일에 실패해서 좌절하거나 속상한 일이 있는데도 부모가 위로는커녕 잔소리를 하거나 냉담한 반응을 보인다면 아이 역시 다른 사람의 실패와 고통을 보고 똑같이 반응할 것이다. 자신이 위로받은 경험이 없기 때문에 남들의 고통을 위로해줘야 한다고 생각하지도 못한다. 이런 아이들은 자라서 자신의 아이에게도 똑같이 냉담한 반응을 보일 가능성이 높다. 또 자신의 마음이나 분노를 어떻게 표현해야 할지 잘 몰라 배우자와도 잦은 불화를 겪는다.

남들을 배려하고 이해심이 많은 아이들을 살펴보면 대부분 온화하고

따뜻한 가정에서 자랐다는 사실을 발견할 수 있다. 이런 아이들은 어렸을 때부터 부모의 사랑 속에서 다른 사람을 배려하고 상대의 입장에서 생각하는 법을 배운다. 그런데 이런 가르침은 언어뿐만 아니라 부모의 행동, 즉 신체적 언어를 통해 아이에게 전달된다. 아이는 이런 부모의 행동을 관찰하며 다른 사람의 마음을 헤아리고 위로하는 법을 배우는 것이다.

남들에 대한 배려와 위로는 자신이 경험한 감정을 바탕으로 이루어진다. 이런 감정들은 자기 자신을 솔직하게 대면할 때 경험할 수 있다. 자신의 감정을 정확히 이해할 수 있어야만 다른 사람의 마음도 올바르게 헤아리고 위로해줄 수 있다.

그러므로 배려 깊고 이해심 많은 아이로 키우고 싶다면 먼저 자신의 감정을 솔직하게 대면할 수 있도록 해줘야 한다. 속상할 때는 속상함을 표현하고, 기쁠 때는 기쁜 마음을 마음껏 표현하는 것이다. 아이가 울고 싶을 때 억지로 울음을 그치게 하는 것은 좋지 않다.

마지막으로 무엇보다 중요한 것은 아이와 자주 소통하는 것이다. 부모와 자주 대화를 나누는 아이들은 더 많은 배려와 이해심을 배우게 된다.

자율성과 자기 제어 능력을 갖춘 아이로 키워라

아이들은 구속받는 것을 싫어하고 어른들처럼 가만히 앉아 있는 것을 가장 힘들어한다. 그래서 아이들을 두고 '자유로운 영혼'이라는 표현을 쓰기도 한다. 이런 특징은 자율성과 자기 제어 능력이 떨어지기 때문에 나타나는데, 그렇기에 아이들의 행동은 어쩔 수 없이 어른들의 통제를 받는다.

가정에서 부모는 아이에게 아침에 몇 시에 일어나야 하고, 언제 밥을 먹고, 언제 잠을 자야 하는지 등과 같은 사소한 일부터 어떤 일은 해도 되고, 어떤 일은 하면 안 되는지와 같은 규칙을 알려준다. 그리고 유치원에 들어가면 선생님이 부모의 역할을 대신해 몇 시에 수업이 시작되고 끝나는지, 몇 시에 집에 가는지 등의 규칙을 알려준다. 그 밖에도 아이들은 녹색 신호등이 켜졌을 때 길을 건너야 하고, 여자 아이는 여자 화장실에 가고 남자 아이는 남자 화장실에 가야 한다는 등의 사회적인 규칙을 배운다. 이런 규칙들을 배우면서 아이는 어떤 일들은 마음대로 할 수 없다는 사실과, 규칙을 위반하면 벌을 받거나 위험에 빠질 수 있다는 사실을 인식하게 된다.

개개인의 사람은 자유로운 존재지만 집단에 속한 사람은 제약을 받을 수밖에 없는 존재다. 사람이 제약을 받을 때는 두 가지 모습이 나타날 수 있는데, 하나는 자율이고 다른 하나는 타율이다. 자율적인 사람은 도덕적인 판단이 자신의 주관적인 가치관의 지배를 받고, 타율적인 사람은 타인의 가치관의 의해 지배를 받는다. 유명한 아동심리학자 피아제(Jean Piaget)는 아이들의 도덕적 판단은 타율에서 자율로 넘어가는 과도기에 머물러 있다고 말했다.

자율성은 아이의 도덕적 관념에만 국한되는 문제가 아니다. 자율성이 강한 아이는 나중에 성공할 확률이 높다. 자신이 언제 무슨 일을 해야 하는지 정확하게 알기 때문이다.

미국의 심리학자들은 오래전 아이들을 대상으로 '마시멜로 실험'을 진

행했다. 달콤한 마시멜로를 앞에 두고 5분 동안 먹지 않고 기다린 아이에게는 마시멜로를 하나 더 주기로 하고 반응을 살펴보는 실험이다. 연구진들은 실험이 끝난 후에도 참가한 아이들에 대한 추적 조사를 실시했는데 5분 동안 참고 기다려 마시멜로를 하나 더 얻은 아이들은 대부분 많은 부와 명성을 누리는 등 성공한 인생을 살고, 5분을 기다리지 못해 마시멜로를 하나밖에 얻지 못한 아이는 그저 그런 평범한 인생을 살고 있는 것으로 드러났다. 자율성과 자기 제어 능력이 인생에 얼마나 큰 영향을 줄 수 있는지 보여주는 실험이다.

물론 어느 날 갑자기 타율적인 아이에서 자율적인 아이로 변할 수는 없다. 아이의 자율성은 부모가 일상생활 속에서 끊임없는 훈련을 통해 높여줘야 한다.

네 살 된 딸아이와 엄마가 동네 산책을 나왔다. 정오가 되자 엄마는 점심을 먹으러 집에 돌아가자고 말했다. 그런데 아이는 길 건너에 있는 패스트푸드점을 가리키며 닭튀김이 먹고 싶다고 졸랐다. 엄마는 아빠가 이미 점심을 준비해놨으니 집에 가야 한다고 말했지만 아이는 계속해서 닭튀김을 사달라고 졸랐다. 엄마는 아이의 간절한 표정을 보고 한 가지 제안을 했다. 오늘 집에 가서 점심을 먹으면 다음 주에 패스트푸드점에 가서 먹고 싶은 것을 모두 사주겠다는 것이었다. 아이는 한참을 제자리에 서서 망설이다가 결국 엄마를 따라서 집으로 갔다. 그리고 그다음 주에 약속대로 패스트푸드점에 가서 먹고 싶은 것을 마음껏 먹었다.

엄마는 아이가 패스트푸드점에 얼마나 가고 싶어 하는지 알기 때문에 더 좋은 조건을 제시하고 선택을 하도록 했다. 아이는 자율성과 자기 제어 능력을 발휘해 선택을 했고 더 큰 보상을 얻었다. 이런 아이들은 나중에 커서 눈앞의 유혹을 잘 이겨내고 작은 것을 얻으려다 더 큰 것을 잃는 실수를 하지 않는다.

자율성과 자기 제어 능력은 감정을 조절하고 공부에 방해되는 요소를 통제하는 데도 발휘할 수 있는데, 이를 위해서는 모두 부모의 올바른 지도가 있어야 한다. 하지만 모든 부모가 자율성과 자기 제어 능력의 중요성을 인식하고 있는 것은 아니다. 어떤 부모들은 아이가 원하는 것이라면 무엇이든 즉시 만족시켜주기 위해 애쓴다. 그러나 그러다 보면 아이는 점점 제멋대로 굴게 되고 자율성과 자기 제어 능력이 발달하지 못해 작은 유혹에도 쉽게 넘어간다. 또 자기 제어 능력이 떨어지다 보니 화가 나면 감정을 절제하지 못하고 집을 나가버리는 등 어리석은 일들을 저지른다.

아이의 자율성과 자기 제어 능력을 높여주는 데 소홀한 부모는 일반적으로 두 부류로 나눌 수 있다. 첫 번째는 본인의 의지와 자기 제어 능력이 약한 부모고, 두 번째는 아이를 완벽하게 자신의 손안에서 통제하기 위해 자율성을 키울 수 있는 기회를 제공하지 않는 부모다.

두 번째 부류 중에는 아이가 몇 년 동안 차곡차곡 모은 세뱃돈을 잃어버리거나 마음대로 쓸지도 모른다는 이유로 어른에게 맡기도록 강요하는 부모들이 있다. 아이는 그동안 많은 유혹을 이겨내며 힘들게 돈을 모았고, 이 과정에서 자율성과 자기 제어 능력이 크게 향상되었다. 그런데 이렇게 모은 돈을 부모가 마음대로 가져가면 아이는 자신이 아무리 절제하고 노력해도 부모의 신뢰를 받을 수 없다는 사실에 절망한다. 한번 이런 일을 경험한 아이들은 더 이상 돈을 모으려고 하지 않고 조금만 돈이 생겨도 또다시 부모가 가져갈지도 모른다는 생각에 서둘러 써버린다. 그리고 어른이 되어서 아무리 많은 돈을 벌어도 저축을 하지 않는 나쁜 습관을 갖

게 된다.

그러므로 자율성과 자기 제어 능력을 길러주고 싶다면 절대 아이가 저축한 돈을 마음대로 가져가서는 안 된다. 아이가 큰돈을 갖고 있는 것이 불안하다면 차라리 유익한 일에 사용하거나 그동안 갖고 싶어 했던 물건을 살 수 있도록 도와준다.

자율성과 자기 제어 능력을 키우는 교육은 일상생활 전반에서 이루어져야 하며, 특히 아이가 자기 제어 능력을 발휘해 얻은 성과는 절대 함부로 훼손하지 말아야 한다.

약속을 잘 지키는 아이로 키워라

제너럴 일렉트릭(GE)의 전 회장 잭 웰치(Jack Welch)는 이런 말을 했다.

"내가 지키는 몇 가지 원칙이 있는데 그중 가장 중요하게 생각하는 것은 바로 '진실함' 입니다."

진실함은 한 사람의 도덕 수준을 가늠하는 중요한 지표다. 어렸을 때부터 진실하고 성실한 아이는 많은 사람들로부터 사랑을 받고 주변에 좋은 친구들도 많다. 반면 지키지 못할 허황된 약속만 늘어놓는 아이는 아주 잠시 친구들의 주목을 받을지는 몰라도 진정한 친구를 사귀기는 어렵다.

이처럼 진실함은 인생의 행복과 성공을 좌우하는 중요한 요소다. 그런데 태어날 때부터 거짓말을 하는 아이는 없다. 아이들의 첫 번째 거짓말

은 대부분 어른들에 의해 경험한다. 다음 몇 가지 상황을 살펴보자.

상황 1 : 다섯 살 홍석이가 집에서 친구와 놀다가 거실에 있는 탁자를 쓰러뜨렸는데, 위에 있던 물건들이 바닥으로 떨어지면서 모두 깨져버렸다. 그때 집에는 할머니만 계셨다. 집에 돌아와 탁자 위에 있던 물건들이 모두 깨진 것을 본 엄마는 홍석이를 불러 혼내려고 했다. 그런데 할머니가 방에서 나와 본인이 아침에 실수로 탁자를 넘어뜨린 것이라고 엄마에게 말했다.

상황 2 : 경훈이네 아빠가 출장을 다녀오면서 온갖 맛있는 간식들을 사왔다. 온 가족이 거실에 둘러앉아 즐겁게 간식을 먹고 있는데 누군가 밖에서 문을 두드렸다. 그런데 경훈이가 문을 열어주려고 하자 엄마 아빠가 만류하며 시간을 끌었다. 엄마 아빠는 서둘러 간식들을 주방으로 숨긴 뒤에야 문을 열어줬다.

상황 3 : 학교에서 환경 미화 검사가 있는 날이었다. 그런데 지아네 반은 수업이 늦게 끝나 검사 시간이 다가올 때까지 청소를 마치지 못했다. 그러자 선생님이 다급하게 말했다.

"잘 보이지 않는 곳은 일단 놔두고 보이는 곳만 어서 청소하도록 하자."

부모는 아이가 자신에게 처음으로 거짓말을 했을 때 놀라고 당황스럽다. 그런데 부모는 자신이 한 거짓말이 들통났을 때 아이 역시 몹시 충격을 받는다는 사실을 모른다. 거짓말이 습관이 된 아이들은 나중에 부모가 되었을 때 자녀들에게도 아무렇지도 않게 거짓말을 한다.

하지만 살면서 거짓말을 한 번도 하지 않는다는 것은 불가능하다. 아이들은 2~3세 무렵부터 거짓말을 하기 시작하는데 이 시기의 거짓말은 의도치 않은 것으로, 완전하지 않은 기억력이나 환상에서 비롯된 것이므로 크게 문제 삼지 않아도 된다.

그러나 5~6세부터는 의도적으로 거짓말을 하기 시작한다. 거짓말을 하는 이유는 대부분 어떤 상황을 모면하기 위해서다. 예를 들어 선생님께 혼나는 것을 모면하려고 배가 아파서 학교에 못 가겠다는 등의 거짓말이다. 똑똑한 아이들은 어른들의 심리를 간파해 그럴듯한 거짓말을 하기 때문에 유의하지 않으면 거짓말에 그대로 넘어가기 쉽다. 그런데 거짓말을 했다는 사실이 발각되었을 때 부모가 너무 엄하게 벌을 주려고 하면 아이는 절대 잘못을 인정하려고 하지 않고 더 큰 거짓말로 상황을 모면하려고 할 것이다.

아이가 거짓말을 하지 않게 하려면 무조건 혼을 내기보다는 무엇을 잘못했고 거짓말이 왜 나쁜지 알려주는 것이 중요하다. 아이의 거짓말을 예방하기 위해 부모가 해줄 수 있는 일들은 다음과 같다.

진실한 친구들과 어울리게 한다

아이들은 또래 친구, 특히 평소 가깝게 지내는 친구의 영향을 많이 받는다. 붉은색을 가까이하면 붉어진다는 뜻의 '근주자적(近朱者赤)'이라는 말이 있듯이, 아이가 진실한 친구들과 어울리면 좋은 영향을 더 많이 받을 것이다.

진실이 얼마나 중요한 가치가 있는지 알려준다

아이들은 추상적인 것을 이해하는 능력이 떨어진다. 그러므로 2~7세 아이들에게는 이야기를 통해 진실함의 가치를 이해할 수 있도록 해야 한다. 그러면 아이는 어떤 상징적인 이미지를 통해 진실함을 이해한다. 예를 들어 <양치기 소년> 이야기를 들려주면서, 거짓말을 자주하면 사람들의 신뢰를 잃게 되고 결국 늑대에게 잡아먹히는 비극적인 결과를 낳을 수 있다는 사실을 이해시키는 것이다.

베풀 줄 아는 아이로 키워라

스위스의 심리학자들은 3~8세 아동 229명을 대상으로 한 가지 흥미로운 실험을 진행했다. 실험은 모두 세 차례에 걸쳐 이루어졌는데, 아이들에게 사탕을 나눠주고 다른 아이의 사진을 보여주며 자신이 갖고 있는 사탕을 사진 속 아이와 나눠먹도록 지시했다. 하지만 사탕을 나눠줄 것인지 혼자 먹을 것인지는 아이 스스로 결정하도록 했다.

첫 번째 실험에서 아이들이 나눠 먹어야 하는 사탕의 개수는 1개, 두 번째 실험에서는 3개, 세 번째 실험에서는 2개였다.

실험 결과 3~6세 아이들은 대부분 친구와 사탕을 나눠 먹지 않는 이기적인 모습을 보였고, 7~8세 아이들은 친구에게 사탕을 나눠주되 자신이 그 친구보다 더 많은 사탕을 갖기를 원했다.

3~6세 아이들이 친구와 다투는 이유는 대부분 장난감을 뺏겼다거나 누군가 간식을 먹어버리는 등 자신의 이익에 손해를 입었을 때다. 그런데

조금 더 자라서 7~8세가 되면 자신이 좋아하는 장난감이나 간식을 친구와 나눌 수 있게 된다. 이 시기에는 다른 사람들과 나눠야 한다는 의식이 어느 정도 자리 잡았기 때문이다. 그래서 7~8세 된 아이더러 3~4세 된 동생에게 장난감이나 간식을 양보하라고 하는 것은 가능하지만 3~4세 아이에게 다른 친구와 나누라고 한다면 대부분 말을 듣지 않을 것이다.

처음부터 나눔에 대한 의식을 가지고 태어나는 아이는 없다. 물론 유전적으로 베풀기를 좋아하는 아이가 있을 수 있지만 대부분 사회 문화적 요인으로 나눔에 대한 의식을 갖게 된다.

인색하고 이기적인 사람은 사회에서 인정과 도움을 받기 어려운 반면 나누고 베풀 줄 아는 사람은 누구에게나 사랑을 받고 삶의 만족도도 훨씬 높다. 그런데 나눔에 대한 의식은 어렸을 때 길러주지 않으면 어른이 되어서는 갖기 힘들다. 이미 인색한 습관이 자리 잡았기 때문이다.

나눔에 대한 의식을 길러줄 때는 아이의 나이를 잘 고려해야 한다. 아이들은 대부분 7~8세 무렵부터 나누고 양보하는 것을 인식하게 되므로 만 3세 이하의 아이들에게 나눔을 강요하는 것은 적절하지 않다. 아직 어린 아이에게 억지로 자신의 것을 나눠주고 양보하게 하면 오히려 사회성 발달을 해치고 마음을 불안하게 만들 수 있으니 주의해야 한다.

나눔에 대한 교육은 만 4세 이후에 시작하는 것이 적절하다. 처음에는 누구나 자신의 것을 나눠주는 것에 거부반응을 보일 수 있다. 이때 부모가 억지로 강요하거나 지나치게 혼을 내면 오히려 반항 심리를 불러일으킬 수 있다. 또 부모가 아이에게 자신의 물건을 나눠줄 것을 요구했다가 이내 '장난' 이었다며 돌려주기를 반복한다면 나눔에 대한 의식이 생기기는 하지만 무엇이든 자신에게 돌아온다는 착각을 할 수 있다. 그러면 나

중에 다른 사람이 자신의 물긴을 정말로 가져갔을 때 이를 받아들이지 못하고 울음을 터뜨린다. 그러므로 나눔에 대한 교육을 할 때는 부모 역시 진지하게 임해야 한다.

최근에는 대부분의 가정에서 아이를 하나만 낳기 때문에 나눔에 대한 의식을 갖기 힘들다. 이런 경우에는 나눔에 관한 동화를 들려주는 것도 좋은 방법이다. 동화 속 인색한 주인공들은 대부분 친구가 없고 외롭지만 나누고 베푸는 주인공들은 행복한 결말을 맞이한다는 내용을 통해 나눔의 중요성을 인식할 수 있도록 도와주는 것이다. 물론 동화를 들려주는 것만으로 아이가 나눔에 대해 완벽하게 이해할 수 있는 것은 아니다. 다른 사람에게 거절당했을 때의 기분을 경험하게 해주며, 이처럼 누군가를 실망시키지 않으려면 내가 가진 것을 나눌 줄 알아야 한다고 가르쳐줄 수도 있다.

아이가 스스로 자신의 물건을 친구에게 나눠줬다면 곧바로 칭찬을 해줘야 한다. 그런데 일부 인색한 부모는 아이가 자신의 것을 친구에게 나눠주는 것을 보고 오히려 핀잔을 주곤 한다. 이런 아이들은 자라서 자신의 부모처럼 인색한 사람이 되기 쉽다. 그러므로 아이를 교육하기에 앞서 부모가 나누고 베푸는 모범을 보이는 것도 중요하다.

좌절을 극복할 수 있는 아이로 키워라

좌절을 극복하는 능력과 관련하여 미국의 커뮤니케이션 전문가 폴 스톨츠(Paul G. Stoltz)는 'AQ(Adversity Quotient, 역경

지수)' 라는 개념을 제시했다. 그는 인생에서 IQ와 EQ 모두 중요하지만 성공을 좌우하는 결정적인 요소는 역경지수라고 주장했다. 그리고 그 누구의 인생도 순조로울 수만은 없기 때문에 자신에게 닥친 역경을 인식하고 극복할 수 있는 사람만이 최후의 성공을 거둘 수 있다고 말했다.

한 사람이 좌절을 극복하는 능력은 일반적으로 유년 시절에 완성된다. 미국의 한 아동심리학 전문가는 이렇게 말했다.

"행복하기만 한 유년 시절을 보낸 사람은 성인이 되었을 때 불행해지기 쉽다."

부모의 지나친 사랑으로 좌절을 경험해보지 못한 아이는 어른이 되었을 때 사회의 치열한 경쟁과 빠른 변화에 적응하지 못한다.

그러므로 어렸을 때부터 좌절을 경험하고 이를 극복하는 연습이 필요하다. 하지만 좌절 교육은 0~1세 아이에게는 적절하지 않다. 이 시기에는 어른들의 절대적인 보호와 보살핌으로 안정감을 느낄 수 있도록 하는 것이 더 중요하다.

좌절을 경험하고 극복하는 연습은 만 1세 이후부터 시작하는 것이 좋다. 1~3세에는 아이가 어려움에 직면했을 때 스스로 극복할 수 있도록 격려해줌으로써 좌절을 극복하는 능력을 키워줄 수 있다. 예를 들어 길을 걷다가 넘어졌을 때 스스로 일어나도록 하는 것이다. 그리고 아이를 위로해줄 때는 아이들은 넘어지는 것이 당연하고 잘못된 일이 아니라고 알려준다.

3세 이후에는 놀이를 통해 좌절을 극복하는 능력을 키울 수 있다. 예를 들어 블록 쌓기 등의 놀이를 하면서 아이가 어려워하면 더 잘할 수 있도록 격려해주고 요령을 가르쳐주는 식이다. 그 밖에도 시련을 극복하고 성

공한 사람들의 이야기를 들려주며 아이가 좌절의 순간도 용감하게 대면할 수 있도록 격려해줄 수 있다.

아이에게 좌절을 극복하는 능력을 키워줄 때 가장 중요한 것은 좌절의 정도를 적절히 조절하는 것이다. 어렵고 힘든 일을 경험할수록 좌절을 극복하는 능력이 더 커지는 것은 아니다. 게다가 아이마다 좌절을 받아들이는 능력에 차이가 있기 때문에 같은 상황에 직면해도 느끼는 고통의 정도가 다를 수 있다.

낙천적이고 적극적인 아이는 좌절을 경험해도 비교적 빨리 극복하지만, 비관적이고 소극적인 아이는 좌절의 순간에서 쉽게 빠져나오지 못한다. 그러므로 부모는 아이의 성향을 잘 파악해 적절한 범위 안에서 교육할 수 있어야 한다.

좌절을 경험하고 극복하는 연습은 다음과 같은 다섯 단계에서부터 시작할 수 있다.

1단계 : 문제를 스스로 해결하도록 도와준다

아이가 실패를 경험했을 때는 먼저 원인을 찾을 수 있도록 도와주고 문제를 스스로 해결해야만 한 단계 더 성장할 수 있다는 사실을 인식시킨다. 이때 부모가 긍정적인 마음을 갖고 있어야 아이도 긍정적인 마음을 갖고 다음 단계로 넘어갈 수 있다.

2단계 : 좌절의 순간에는 아낌없이 격려해준다

아이가 실패를 경험하고 열등감 속에서 괴로워하고 있다면 부모가 적극적으로 격려해줘야 한다. 특히 용기가 부족하고 마음이 약한 아이라면

긍정적인 말로 즉시 격려해주고 좌절의 순간에서 벗어날 수 있도록 도와줘야 한다.

3단계 : 과감히 도전할 수 있게 도와준다

어떤 아이들은 어떤 일을 시도해보지도 않고 불가능하다고 생각한다. 이때 부모는 아이가 자신감을 갖고 도전할 수 있도록 도와줘야 한다. 그리고 성공하는 것도 중요하지만 실패를 통해 더 크게 성장할 수 있다는 사실을 알게 해준다.

4단계 : 자기 자신을 이해하게 한다

실패를 경험하면 아이는 자신이 가진 강점은 보지 못하고 부족한 면만을 보게 된다. 이때 부모는 아이가 자기 자신을 정확하게 이해할 수 있도록 도와줘야 한다. 아이가 자신의 강점을 인식한다면 좌절을 극복하고 용감하게 도전할 수 있다.

5단계 : 좌절을 극복할 수 있는 환경을 만들어준다

부모는 일상생활에서 아이가 모방하는 대상이다. 그렇기 때문에 부모가 작은 시련도 쉽게 극복하지 못하는 모습을 보인다면 아이 역시 실패를 경험했을 때 큰 좌절감을 느끼게 된다. 틀에 박히고 독단적인 가정보다는 민주적이고 자유로운 가정환경에서 자란 아이는 좌절을 더 잘 극복할 수 있다. 아이가 실패를 경험했을 때 가족 구성원들이 적극적으로 격려해주기 때문이다.

도전 정신이 있는 아이로 키워라

한 엄마가 여덟 살 된 아들을 데리고 유명한 과학자를 찾아가 어떻게 하면 아이를 훌륭하게 키울 수 있는지 조언을 구했다. 과학자는 아무 말 없이 모자(母子)를 자신의 실험실로 데려갔다. 아이의 눈에는 실험실 안에 있는 각종 실험도구와 색색의 시약병들이 신기하기만 했다. 그런데 아이가 손을 뻗어 시약병을 만져보려고 하자 엄마가 얼른 나서서 제지했다. 그 모습을 본 과학자가 말했다.

"정답은 바로 여기에 있습니다. 당신이 아이를 제지한 순간 아이의 호기심과 도전 정신은 더 이상 발달하지 못하게 됩니다. 그러면 어른이 되어서도 아무것도 할 수 없게 되죠."

주변에 성공한 사람들을 살펴보면 대부분 도전 정신이 강하다. 그러므로 도전하는 사람만이 성공할 수 있다고 이해할 수 있다. 그런데 용감하게 도전하는 사람이 있는가 하면 충분한 능력을 갖고 있으면서도 감히 시도하지 못하는 사람도 있다. 심리학에서는 이를 '요나 콤플렉스'라고 부른다.

《구약성서》에 등장하는 요나라는 인물은 어느 날 하느님으로부터 니네베라는 곳으로 가서 도시가 죄악으로 가득 차 있으니 곧 하느님의 심판을 받게 될 것이라는 예언을 전하라는 명령을 받는다. 하느님의 예언을 전하는 것은 그 무엇보다 숭고한 일이었고 요나가 오랫동안 꿈꾸던 일이었다. 그런데 막상 현실이 되고 나니 요나는 갑자기 자신이 없어졌고 결국 사명을 거부함으로써 크나큰 명예와 성공을 포기했다. 사실 기회가 찾아왔을 때 자신이 성공할 수 있을 거라고 100% 확신할 수 있는 사람은 없다. 어

떤 사람은 이런 두려움을 이겨내고 용감하게 도전하고, 어떤 사람은 두려움을 이기지 못하고 어렵게 얻은 기회를 포기해버린다.

아이가 성공하기를 바란다면 무엇보다 도전 정신을 키워줘야 한다. 아이들은 2세 무렵이면 무슨 일이든 혼자서 하고 싶어 한다. 바로 이때가 도전 정신을 키울 수 있는 좋은 기회다. 만약 부모가 행동을 제지하거나 호기심을 꺾어버린다면 용기가 부족하고 도전을 두려워하는 아이로 자라게 된다.

아이의 도전 정신을 키워줄 때는 작은 일부터 시작해야 한다. 아직 어린아이를 너무 어려운 일에 도전하게 하는 것은 도움이 되지 않을뿐더러 오히려 두려움을 키울 수 있다. 그러므로 병원에서 예방주사를 맞는 것처럼 사소한 일부터 도전할 수 있도록 해준다.

아이에게 도전 정신에 관한 이야기를 들려주는 것도 좋은 방법이다. 이야기 속에 등장하는 영웅들의 용기와 강한 도전 정신은 아이들에게 좋은 영향을 줄 수 있다. 하지만 도전 정신을 키워주기 위해 무서운 이야기를 들려주는 것은 바람직하지 않다. 아직 현실과 상상을 제대로 구분하지 못하는 아이들은 이야기의 내용들을 아무런 의심 없이 받아들이기 때문에 강한 공포심이 생길 수 있다.

도전 정신을 키워주기 위해서는 부모 역시 아이의 손을 과감히 놓을 수 있는 용기가 필요하다. 아이들은 무언가에 도전하면서 넘어지거나 다칠 수도 있지만 이런 경험을 통해 스스로 더 안전한 방법을 찾아간다.

잘못의 원인을 정확히 알게 하라

대부분의 어른들은 아직 어린아이가 실수나 잘못을 했을 때 그 원인을 정확하게 말해주지 않는다. 아직 어려서 이해하지 못할 거라는 생각에서다. 그래서 진짜 원인 대신 아이가 이해할 수 있을 만한 다른 이유를 찾아 설명한다.

예를 들어 아직 걸음마가 서툰 아이가 걸어가다가 책상에 부딪혀 넘어져 울음을 터뜨렸다. 그러자 아이 엄마가 달려와 이렇게 말했다.

"나쁜 책상! 우리 아이를 넘어지게 하다니. 맴매해야겠네."

엄마가 책상을 몇 번 내리치자 그제야 아이도 울음을 그쳤다. 책상이 엄마에게 혼이 나는 모습을 봤기 때문이다.

하지만 아이가 넘어진 것이 정말 책상의 잘못일까? 아니다. 엄마가 아이를 위해 거짓말을 한 것이다. 아이를 위로해주고 싶은 어른들의 마음은 이해하지만 그렇다고 사실을 왜곡해도 되는 것일까? 이런 방식은 이후 아이의 성장에도 아무런 도움이 되지 않는다. 오히려 자기 문제의 원인을 계속 외부에서 찾으려고 하는 습관이 생겨 무책임한 사람이 되기 쉽다.

사실 진실을 말해준다고 아이가 더 고통스러워지는 것은 아니다.

"넘어져서 아프겠다. 책상도 많이 아프겠지? 그런데 책상에는 눈이 없어서 네가 걸어오는 걸 보지 못했을 거야. 그러니까 다음부터는 네가 잘 피해서

다니자."

엄마가 이렇게 말해줬더라도 아이는 울음을 그쳤을 것이다. 아이가 조심하지 않아서 책상에 부딪혔으니 조금 아프더라도 그 결과를 감당해야 한다. 아무리 어린아이여도 사건의 진상을 알 권리가 있고, 원인을 제대로 알아야만 앞으로 길을 걸을 때 더 주의하게 된다.

어른들이 계속 잘못의 원인을 외부 환경이나 사물 등에서 찾고 책임을 전가하다 보면 아이 역시 실패할 때마다 환경이 안 좋았다거나 운이 안 좋았다거나 하는 등 외부에서 원인을 찾으려 할 것이다. 그런데 이렇게 불확실성이 강한 외부 환경의 영향을 많이 받다 보면 자신의 능력을 정확하게 인식하는 것이 힘들어지면서 열등감을 느끼기도 한다. 게다가 자신의 잘못으로 실패했다는 인식을 갖지 못하면 이런 잘못이나 단점을 쉽게 고치기 힘들다.

반대로 아이가 실수하거나 잘못을 저질렀을 때 어른들이 사건의 원인과 책임을 정확하게 알려준다면 다음부터는 먼저 자신의 행동을 반성해보고 잘못이 있다면 스스로 책임을 지려고 할 것이다. 그렇기 때문에 어려운 상황이 닥쳐도 쉽게 극복하고 외부에서 원인을 찾으려는 아이보다 성공할 가능성이 높다.

외부에서 잘못의 원인을 찾으려는 아이와 자기 자신에게서 원인을 찾으려는 아이가 함께 시험을 봤는데 둘 다 성적이 좋지 않았다고 하자. 외부에서 원인을 찾는 아이는 부모에게 시험 문제가 어려웠다, 시험 시간에 컨디션이 좋지 않았다, 연필이 부러졌다는 등의 핑계를 대면서 열심히 공부하지 않았다거나 신중하지 않아서 시험을 잘못 봤다는 이야기는 절대 하지 않을 것이다. 그러나 내부에서 원인을 찾는 아이는 어떤 부분의 공부가 부족했고, 어떤 부분을 더 신경 써서 공부해야겠다는 구체적인 반성과 계획을 이야기할 것이다. 다음번 시험에서는 어떻게 될까? 분명 외부에서 원인을 찾는 아이는 여전히 성적이 좋지 않을 것이고, 내부에서 원인을 찾는 아이는 훨씬 좋은 성적을 받게 될 것이다.

외부에서 원인을 찾는 아이는 실패를 여러 번 경험하다 보면 점점 부정적이고 소극적으로 변해간다. 하지만 자신의 내부에서 원인을 찾고 실패를 통해 성장하는 아이는 점점 긍정적이고 적극적으로 변해간다.

그러므로 부모는 아이가 어렸을 때부터 실수나 잘못의 정확한 원인을 알려주고 잘못이 있다면 스스로 책임을 지도록 해야 한다. 이런 아이들은 실패를 경험하더라도 이를 통해 한 단계 더 성장하고 자신의 인생을 스스로 설계해 나갈 수 있는 능력을 갖게 된다.

Chapter 11

영국의 교육가 존 로크는 이렇게 말했다.

"잘못된 교육은 잘못 처방된 약과 같다. 한번 잘못된 처방을 내리면 다음번에 고치기가 어렵고 평생 잘못된 처방의 영향 속에서 살아가야 한다."

현명한 부모는 아이에게 심리 문제가 생기고 나서야 탄식하며 후회하는 것이 아니라 처음부터 올바른 교육으로 아이가 나쁜 길로 빠지지 않게 예방해준다.

아이에게도 발언권을 주라

아들: 아빠는 나보다 알고 있는 것이 훨씬 많죠?

아빠: 당연하지!

아들: 전구는 누가 발명한 거예요?

아빠: 에디슨이지.

아들: 그런데 왜 에디슨의 아버지는 전구를 발명하지 못했을까요?

혹시 아이가 아버지의 권위에 도전하는 질문을 했다고 화를 낸 적은 없는가?

"아빠한테 감히 그게 무슨 말버릇이니?"

아이가 아무 말도 못하고 잠자코 있을 때 부모로서의 권위를 느끼고 뿌듯해한 적은 없는가? 많은 부모들이 아이는 어른과 대등한 지위를 가질 수 없다고 생각한다. 그래서 아이의 말을 가로막으며 이렇게 소리치곤 한다.

"입 다물어. 뭘 잘했다고 변명이니?"

"엄마(아빠) 말 들어야지!"

사실 발언권은 사람이 마땅히 누려야 하는 권리인데 왜 아이에게서 이런 권리를 빼앗으려고 하는가? 왜 아이들은 무조건 부모의 말에 따라야 하는 걸까? 부모가 더 똑똑하고 항상 옳기 때문에? 그렇지 않다. 아이에게 발언권을 주지 않는 것은 부모의 독단일 뿐이다.

아이들이 처음 말을 배우기 시작할 때는 부모는 어떻게든 한마디라도

더 배울 수 있도록 가르쳐준다. 그런데 말을 할 수 있는 능력을 완전히 갖추고 나니 이제는 부모의 권위를 내세우며 말을 할 수 있는 능력을 제한한다. 아이들은 무슨 일이든 부모에게 이야기하는 것을 좋아한다. 그런데 부모가 독단적으로 발언권을 빼앗아버리면 쉴 새 없이 말하기를 좋아하던 아이도 언제부터인가 입을 다물어버린다.

현명한 부모는 독립심이 강하고 똑똑한 아이들은 무조건 부모의 말에 따르지 않는다는 사실을 이해한다. 아이에게도 자신의 주장이 있고 어떤 경우에는 아이의 생각이 어른들보다 합리적이기 때문이다. 부모의 말이 모두 진리는 아니고 아이의 말이라고 모두 흘려들어도 되는 것은 아니다.

다섯 살 난 아이가 친한 친구를 도와 다른 아이들과 싸움을 벌였다. 그런데 상대보다 힘이 약한 아이는 싸우다가 옷이 찢어지고 더러워졌다. 집에 돌아온 아이의 모습을 본 아빠가 화를 내며 말했다.

"또 친구랑 싸웠니? 저기 가서 벽을 보고 서 있어! 그리고 잘못했으니 오늘 저녁은 굶어라."

아이는 아무 말도 하지 않고 아빠가 시키는 대로 벽을 보고 서 있었다. 아빠는 친구와 싸우고 들어올 때마다 온갖 변명을 늘어놓던 아이가 오늘은 아무 말도 하지 않자 이를 의아하게 생각했다. 잠시 후 아빠는 아이를 불렀다.

"어째서 오늘은 아무 변명도 하지 않는 거니?"

아이가 작은 목소리로 말했다.

"어차피 제 말은 들어주시지도 않잖아요."

아빠는 화가 났지만 꾹 참으며 말했다.

"그래, 오늘은 들어줄 테니 무슨 일이 있었는지 한번 이야기해보렴."

아이가 상황을 설명하자 아빠는 자신이 아무것도 모르고 아이를 혼냈다는 생각이 들었다.

"그런 일이 있었구나. 우선 옷을 갈아입고 오렴. 그런 다음 아빠랑 어떻게 해야 할지 한번 생각해보자."

그 이후 아빠는 아이가 용감하게 친구를 도와준 일을 칭찬해주며, 그렇지만 어떤 상황에서도 폭력을 쓰는 것은 나쁜 일이라고 알려줬다. 아이는 아빠의 이야기를 듣고 울음을 터뜨리며 다시는 친구와 싸우지 않겠다고 다짐했다.

아이에게 발언권을 주는 것 자체가 부모와 아이가 원활하게 소통하는 방법이다. 부모와 아이가 자주 소통하면 문제를 좀더 쉽게 해결할 수 있고 아이가 청소년기가 되더라도 자신의 고민을 쉽게 털어놓게 된다.

반대로 가정에서 발언권을 주지 않으면 아이는 학교나 사회에 나가서도 발언권을 갖기 힘들다. 이미 가정에서 피동적인 생활에 익숙해졌기 때문에 부당한 대우를 당해도 그냥 참고 넘긴다. 위의 아이처럼 '어차피 어른들은 들어주지 않을 것이다' 라는 생각을 하는 것이다.

발언권을 제대로 주지도 않았으면서 아이가 밖에서 부당한 대우를 받는 것을 보면 오히려 호통을 치는 부모들도 있다.

"왜 말하지 않았어? 말을 안 하면 어떻게 아니?"

이런 부모는 아이가 자신의 이야기를 하려고 했을 때 기회를 주지 않았다는 사실은 잊은 것이다. 발언권을 얻지 못한 아이는 제대로 이야기해본 경험이 없기 때문에 문제가 생겨도 부모에게 어떻게 이야기해야 할지 모르는 것이다.

아이가 부모에게 혼이 날 때 변명하는 것은 자연스러운 일이다. 그런데

변명을 하다가 부모에게 제지를 당하면 아이는 상처를 받고 점점 위축된다. 그리고 발언권을 갖지 못하는 것에 점점 익숙해진다. 이런 아이들이 사춘기가 되었을 때 독립심이 강한 아이라면 부모와 사사건건 부딪치며 관계가 악화될 것이고, 의존적인 아이라면 부모의 말을 잘 따르되 주관이 없고 무기력해진다.

만약 지금 아이의 입을 막고 있다면 당장 그 손을 내려놓아야 한다. 아이의 권리를 존중하고 이해해주며 동등한 위치에서 소통할 수 있어야만 올바른 아이로 키울 수 있다는 사실을 기억해야 한다.

아이에게 뇌물을 주지 말라

만약 아이가 부모에게 무리한 요구를 한다면 어떻게 하겠는가? 당장 들어주기 힘든 요구라면 어떻게 포기시키겠는가? 대부분의 부모들이 떠올리는 방법은 바로 '뇌물'을 주는 것이다. 최신 장난감이나 맛있는 간식 또는 지폐 한 장이면 아이의 요구를 당장 멈추게 할 수 있을 뿐만 아니라 '엄마(아빠) 최고'라는 찬사를 들을 수도 있게 될 것이다.

네 살 난 수연이는 감기를 심하게 앓고 난 뒤로 유치원에 가는 것을 싫어했다. 엄마가 유치원에 데려다주면 울면서 절대 들어가려고 하지 않았다. 엄마가 말했다.

"유치원 친구들이 다 수연이를 기다리고 있는데……, 친구들이 보고

싶지 않니?"

수연이는 여전히 울기만 했다.

"어제 유치원 선생님께 전화가 왔었는데 수연이가 다 나았으니 축하 파티를 해준다고 하셨어."

그래도 수연이가 울음을 멈추지 않자 엄마는 어쩔 수 없이 마지막 카드를 꺼냈다.

"수연아, 오늘 유치원에 잘 다녀오면 주말에 네가 갖고 싶은 장난감 사러 가자."

그제야 수연이는 고개를 들고 엄마를 쳐다봤다.

"엄마, 정말이죠?"

"그래. 정말이야. 그러니까 우선 오늘은 유치원에 가자."

"알겠어요."

엄마는 한숨을 길게 내쉬며 수연이를 유치원에 데려다줬다.

이처럼 아이들은 때때로 들어줄 수 없는 무리한 요구로 부모를 난처하게 만든다. 그러나 부모는 아이를 누구보다 사랑하기 때문에 정당하지 못한 '뇌물'이라는 방법을 통해서라도 그들의 마음을 다치지 않으려고 노력한다. 2세 무렵의 아이는 아직 부모의 말을 완전히 이해하지 못하기 때문에 자신의 요구가 우선이다. 3세 정도 되면 이해력이 높아져 부모의 말에 따르기도 하지만 여전히 자신의 요구를 무조건 만족시켜주기를 바란다. 2~5세는 대부분 1차 반항기에 접어드는 시기이므로 부모의 말을 무조건 따르지 않고 부모를 포함한 주변 사람들을 자신의 방식대로 통제하고자 한다. 그래서 부모가 요구를 들어주지 않으면 심하게 반항하며 수단과

방법을 가리지 않고 들어줄 때까지 떼를 쓴다.

물론 아이가 처음 반항을 할 때는 이런 행동이 어떤 '좋은 결과'를 가져다줄 것이라고 생각하지 못한다. 그런데 반항을 할 때마다 부모가 요구를 들어주거나 더 좋은 결과로 만족시켜준다면 아이는 계속 같은 방법으로 부모에게 요구하게 된다. 또 상대하는 어른에 따라 반항의 정도를 조절하는 방법도 터득하게 된다. 그래서 자신의 요구를 잘 들어주는 어른들에게는 더 강하게 반항하고, 엄격한 어른들에게는 정말 필요한 경우가 아니면 반항을 자제한다.

부모는 일반적으로 아이에게 '뇌물'을 줄 때 아이에게 상을 준다고 생각한다. 물론 물질적 상도 상의 일종이지만 아이가 정당하지 않은 방법으로 상을 요구했을 때 이를 부모가 수용해주는 것은 분명 잘못된 것이다.

'뇌물'을 이용해 부모의 요구에 따르도록 하는 것은 아이에게 굉장히 부정적인 영향을 미친다. 아이가 부모의 '뇌물'에 익숙해지면 아주 작은 일도 '뇌물' 없이는 하려고 하지 않을 것이다. 그런데 이런 방법에 익숙해진 부모는 아이가 조금 더 크면 가사노동이나 공부에도 '뇌물'을 이용하기 시작한다. 예를 들어 바닥을 청소하면 2천 원, 설거지는 3천 원, 창문 닦기는 5천 원, 반에서 10등 안에 들면 만 원, 5등 안에 들면 3만 원, 1등을 하면 5만 원을 주는 식이다. 결국 아이의 의무감, 책임감, 지식에 대한 욕구 등은 물질에 대한 욕심으로 대체되어버리고 부모 역시 더 이상 뇌물과 상을 구분하지 못하고 계속 이런 방법에 의존하게 된다.

일반적으로 상을 주는 목적은 격려해줌으로써 내적 동기를 움직이고 더 큰 성공을 거둘 수 있게 하는 것이다. 그런데 '뇌물'은 물질로써 아이의 욕망을 만족시켜주고 아주 잠시 외적 동기를 움직이게 하는 것에 불과

하다. 상은 물질적인 것보다는 정신적인 격려가 훨씬 중요하다. 그러므로 아이에게 상을 주고 싶다면 진심으로 칭찬하고 격려해주는 것이 비싼 장난감을 사주는 것보다 훨씬 더 큰 효과가 있다.

지키지 못할 약속은 하지 말라

누군가는, 신용 있는 사람이 되려면 다른 사람과 아무 약속도 하지 않으면 된다고 말한다. 하지만 살면서 아무런 약속도 하지 않는 사람은 없다. 어른과 어른 사이의 약속은 대부분 공식적으로 이루어진다. 어른들은 약속을 지키지 않았을 때 자신의 신용에 어떤 타격을 줄지 알고 있다. 그래서 되도록 약속을 적게 하거나 한번 약속한 일은 지키려고 노력한다.

이에 비해 어른과 아이 사이의 약속은 비교적 가벼워 보인다. 최소한 어른들에게는 그렇다. 어른들은 아이와 한 약속을 그다지 진지하게 생각하지 않고 심지어 장난으로 넘겨버리기도 한다. 약속이라는 것은 쌍방의 책임이 동일한 것으로 어느 한쪽의 책임이 더 가볍거나 무겁다고 할 수 없다. 그런데 많은 어른들은 자신의 권위를 앞세워 아이와 한 약속을 대수롭지 않게 여기거나 지키지 않는다. 막상 약속을 지켜야 할 때가 오면 어른들은 온갖 이유를 대며 아이의 입을 막아버린다. 아이와 한 약속을 지키지 않는다고 해서 어른들의 관계처럼 자신의 신용에 타격을 입는 건 아니라고 생각하기 때문이다.

한 직장인 엄마가 아침에 아이를 유치원에 데려다줬다. 그런데 유치원 문 앞에 도착한 아이는 들어가기 싫다며 엄마의 옷을 붙잡고 울음을 터뜨렸다. 이때 아이의 담임선생님이 밖으로 나와 오늘 재밌는 놀이가 많이 준비되어 있다며 아이를 설득했다. 선생님의 이야기를 들은 아이는 한쪽 손을 놓았지만 여전히 한쪽 손은 엄마의 옷을 붙들고 놓을 생각을 하지 않았다. 결국 엄마는 이렇게 말했다.

"오늘은 유치원 끝나고 엄마가 데리러 올게. 그러니까 이제 들어가자."

그제야 아이는 엄마의 옷을 놓고 선생님을 따라 들어갔다. 그날 아이는 하루 종일 기분 좋게 놀며 친구들에게 이렇게 자랑하기까지 했다.

"오늘은 우리 엄마가 데리러 온댔어!"

그런데 유치원이 끝났을 때 아이를 데리러 온 사람은 엄마가 아닌 외할머니였다. 아이는 또다시 울음을 터뜨리며 엄마가 오지 않으면 집에 가지 않겠다고 떼를 썼다.

아이는 아침에 엄마와 한 약속 때문에 흥분되면서도 불안한 하루를 보냈다. 엄마가 데리러 온다고 약속은 했지만 혹시 무슨 일이 생겨 제시간에 데리러 오지 못하거나 약속을 깜박할까 봐 불안하면서도 오늘만큼은 엄마가 자신을 데리러 오기를 간절히 바랐다. 그런데 엄마가 데리러 오겠다는 약속을 지키지 않자 기대가 컸던 만큼 실망도 컸다.

엄마는 아이에게 데리러 오겠다는 약속을 하면서도 이를 대수롭게 생각하지 않았고 하루 종일 완전히 잊어버리고 지내다가 아이가 집에 가지 않겠다고 떼를 쓴다는 이야기를 전해 듣고 그제야 생각이 났을 수도 있다. 물론 데리러 가고 싶은 마음은 굴뚝같지만 회사 일이 바빠 도저히 시간을 내지 못했을 수도 있다. 하지만 상황이 어쨌든 엄마는 약속을 어겼고, 뒤

늦은 사과는 실망한 아이의 마음에 위로가 되지 못했다.

좋은 부모가 되고 싶다면 아이와 지키지 못할 약속은 하지 않는 것이 좋다. 지키지 못할 약속은 부모와 아이 모두에게 아무런 도움이 되지 않는다. 섣불리 약속을 했다가 지키지 못하면 아이는 상처를 입고 부모 역시 죄책감에 시달린다. 그러므로 아이의 요구가 합리적이고 부모가 이를 지킬 수 있는 충분한 능력이 될 때만 약속을 하고, 아이가 비합리적인 것을 요구하거나 부모가 지킬 수 없는 일일 때에는 처음부터 약속을 하지 않는 것이 좋다.

잔소리는 교육이 아니다

엄마는 바로 어제 아이에게 밥을 먹기 전에는 손을 씻고 와야 한다고 잔소리를 했다. 그런데 아이는 오늘도 손을 씻지 않고 식탁에 앉았다.

"밥 먹기 전에는 손을 씻어야 한다고 몇 번을 얘기했니?"

아들은 마지못해 화장실에 손을 씻으러 갔다. 그 뒤로도 엄마는 아이가 손 씻는 것을 깜박하면 이렇게 소리쳤다.

"더러워 죽겠네. 어서 손 씻고 오지 못하겠니?"

그런데 엄마의 눈에 아이의 문제는 이뿐만이 아니었다. 아이는 옷 갈아입는 것을 싫어하고, 숙제도 건성으로 하고, 학교가 끝나면 친구들과 놀다가 저녁이 다 돼서야 집에 돌아왔다. 엄마는 아들의 잘못된 습관을 바로잡

아야겠다는 생각에 매일 아들에게 잔소리를 했다. 옷을 갈아입어라, 숙제를 꼼꼼하게 해라, 학교 끝나면 집에 바로 들어와라……. 하지만 아이는 엄마의 잔소리를 듣는 둥 마는 둥했고 어느 때는 말대답을 하기도 했다.

시시각각 아이의 행동을 감시하고 잔소리하는 엄마들은 늘 피곤하다. 그런데 이런 엄마 밑에서 자란 아이가 더 똑똑하거나 말을 잘 듣는 것은 아니다. 오히려 잔소리를 듣는 것에 지친 아이들은 자신의 잘못을 알고도 고치기는커녕 제멋대로 행동하려고 한다.

사실 잔소리는 교육이 아니라 심리적 학대에 해당한다. 심리학에서는 지나친 자극이나 강한 작용이 장시간 지속되면 심리적으로 반감이 일어날 수 있다고 말한다. 잔소리도 마찬가지다. 부모의 잔소리에 오랫동안 시달린 아이들은 심리적 타성이 생기고 더 이상 부모를 경외하지도 않게 된다. 부모에 대한 경외심이 사라지고 나면 아이들은 조금만 불만이 생겨도 이를 바로 표출하고 사소한 잔소리에도 거침없이 대드는 모습을 보인다.

잔소리를 많이 하는 부모들은 대부분 아이를 신뢰하지 못한다. 그리고 아이가 자신의 말을 제대로 알아들었는지 불안해하며 같은 말을 여러 번 반복한다. 부모는 이런 반복을 통해 자신이 말하고자 하는 내용이 아이의 머릿속에 완전히 각인되기를 바란다. 하지만 이런 바람과는 다르게 아이들은 첫 번째, 두 번째 말할 때까지는 부모의 말을 이해하려고 하지만 그 이후에도 같은 말을 반복하면 반감을 갖고 애써 외면하려고 한다.

성격이 급하고 경청할 줄 모르는 부모는 아이의 나쁜 습관을 하루빨리 고쳐줘야겠다는 조급한 마음에 더 자주 잔소리를 한다. 게다가 아이의 말에 귀 기울이지 않기 때문에 이런 부모의 교육은 잘못된 방향으로 흐르기 쉽다. 결국 아이는 큰 반감을 갖게 되고 부모와 자녀의 관계는 점점 악화된다.

반면 꼭 필요한 경우에만 훈육하는 현명한 부모는 아이가 어떤 잘못을 저질러도 같은 잔소리를 여러 번 반복하지 않는다. 한 번만 이야기해도 아이가 모두 이해했을 것이라고 믿는 것이다. 또 아이의 말에 언제나 귀 기울여주기 때문에 부모와 자녀의 관계가 아주 좋다. 이런 부모 밑에서 자란 아이는 대부분 똑똑하고 자신의 일을 스스로 잘 찾아서 하기 때문에 부모의 수고를 덜어준다.

부모의 방임과 제멋대로인 아이들

어느 주말, 엄마 아빠가 쇼핑을 나가는데 여섯 살 성준이도 따라나서려고 했다. 하지만 지난번에도 성준이를 데리고 쇼핑을 갔다가 말을 안 듣는 통에 엄마 아빠는 물건을 하나도 사지 못하고 돌아왔다. 그래서 이번에는 집에서 게임을 하거나 만화영화를 보고 있으라고 설득했지만 성준이는 바닥에 드러누워 막무가내로 떼를 썼다. 화가 난 아빠는 엄마에게 모른 척하고 그냥 가자고 했지만 마음이 약해진 엄마는 성준이를 데려가자고 설득했다. 결국 아빠는 성준이가 장난감을 사달라고 떼쓰지 않겠다고 약속하면 데려가겠다고 조건을 붙였다. 성준이는 바닥에서 일어나 아빠와 약속을 했다. 그런데 쇼핑몰에 도착한 성준이는 장난감 가게로 뛰어 들어가 최신 로봇을 사주기 전에는 집에 가지 않겠다고 떼를 썼다.

제멋대로 구는 아이들의 가정을 살펴보면 부모 역시 제멋대로인 경우

가 많다. 그런데 이런 습관은 하루아침에 만들어지는 것이 아니다. 어렸을 때부터 부모가 아이의 요구가 합리적인지 비합리적인지 따져보지도 않고 무조건 들어주다 보면 아이는 서서히 제멋대로 굴게 된다.

아이의 자주의식과 독립심을 키워주기 위해 무슨 일이든 아이의 의견을 먼저 물어보는 부모들도 있다. 이것은 좋은 현상이지만 지나치면 아이는 부모를 자신의 뜻대로 좌지우지하려고 한다. 부모가 아이의 의견에 모두 따라주다 보면 아이는 점점 더 제멋대로 굴게 되고 어른들이 안 된다고 하는 일에도 자신의 뜻을 굽히려고 하지 않을 것이다.

위의 이야기에 등장하는 성준이는 제멋대로 구는 아이들의 대표적인 모습이다. 게다가 성준이처럼 어느 정도 나이를 먹은 아이들은 풍부한 '실전 경험' 이 있기 때문에 부모의 마음을 능수능란하게 움직일 줄도 안다. 게다가 이미 자기중심적으로 행동하는 습관이 생겨 더 이상 부모의 말을 들으려고 하지 않는다. 때때로 부모가 크게 화를 낼 때는 듣는 척하지만 마음속으로는 자신의 뜻을 절대 굽히지 않는다.

이런 아이들은 학교에 들어가서도 대부분 공부에 흥미를 느끼지 못한다. 부모가 공부를 열심히 해야 한다고 얘기해도 자신에게 돌아오는 보상이 없으면 더 이상 노력하지 않는다. 그런데 아이가 마땅히 해야 하는 공부를 두고 부모가 흥정을 한다면 아이는 점점 더 제멋대로 굴고 자신이 원하는 것이 있으면 이런 방법을 통해 얻으려고 할 것이다.

자기중심적이고 제멋대로인 아이는 자신의 이익을 해치거나 의견에 따르지 않는 사람들과는 어울리려고 하지 않는다. 물론 어른이 되어서도 본인의 능력이 얼마나 뛰어나든 자신의 뜻에 따르지 않는 사람들과는 어울리지 않기 때문에 사업에 성공하거나 진정한 친구를 사귀기도 어렵다.

그러므로 아이를 올바르게 기우려면 부모가 일정힌 기준을 세우고 절대 방임해서는 안 된다. 부모의 방임으로 제멋대로 구는 아이들은 즉시 적절한 조치를 해서 바로잡아줘야 한다. 구체적으로 다음과 같은 방법을 참고해볼 수 있다.

아이의 반항을 모른 척하라

원하는 것을 얻고자 할 때 아이들이 가장 많이 쓰는 방법은 울며 떼쓰기다. 그런데 이때 부모가 마음을 굳게 먹고 아이를 모른 척하면 이 방법이 소용없다는 것을 알고 다음부터는 막무가내로 떼를 쓰지 않을 것이다.

아이가 떼쓰기를 멈추고 진정이 되었다면 왜 아이의 요구를 들어줄 수 없는지 차근차근 설명해주도록 한다.

아이의 관심을 다른 곳으로 돌려라

아이들은 한 가지 주제에 집중하는 시간이 비교적 짧다. 그래서 아이가 무리한 요구를 한다면 화제를 전환해보는 것도 좋은 방법이다. 예를 들어 저녁 시간이 다 되어서까지 아이가 친구네 집에서 떠나려고 하지 않는다면 아이가 평소 좋아하는 것으로 관심을 돌려보자.

"우리 버스 타러 갈까?"

평소 자동차나 버스를 좋아하는 아이라면 흔쾌히 일어나 버스를 타고 집으로 갈 것이다.

동화 속 주인공의 이야기를 활용하라

아이들은 대부분 자신이 좋아하는 동화 속 주인공들을 닮고 싶어 한다.

그렇기 때문에 비슷한 상황을 만났을 때 동화 속 주인공들은 어떻게 행동했는지 알려주면 아이는 자신의 잘못을 스스로 깨닫거나 더 이상 무리한 요구를 하지 않는다.

어떤 방법을 사용하든 부모가 반드시 기억해야 할 것은 당장의 편의를 위해 아이와 타협하면 이후의 교육이 훨씬 어려워진다는 점이다. 아이가 떼를 쓸 때는 부모가 냉정함을 유지해야 한다. 아이가 원하는 대로 이끌려 다니거나 감정 조절을 하지 못해 심하게 혼을 낸다면 아무런 교육 효과도 없이 부작용만 생길 뿐이다.

부모의 냉담은 보이지 않는 폭력이다

한 아이가 학교 그림 그리기 대회에서 받은 상장을 품에 안고 자랑스럽게 집으로 향했다. 집에 도착한 아이는 엄마에게 가장 먼저 이 소식을 전했다. 그런데 상장을 건네받은 엄마는 어두운 표정으로 아무 말도 하지 않았다. 엄마의 칭찬을 기다리고 있던 아이는 조금 실망했지만 더 이상 아무것도 묻지 않았다.

저녁 식사 시간에 엄마와 아빠는 서로 아무 말도 하지 않았다. 이런 상황은 며칠째 계속되고 있었다. 아이는 엄마와 아빠가 자기에게 화가 나서 일부러 말을 하지 않는다고 생각했다. 그러나 사실 엄마 아빠는 아이에게 화가 난 것이 아니라 이틀 전 부부 싸움을 크게 벌여 서로에게 화가 나 있었던 것이다. 집안 분위기는 내내 냉랭했고 아이는 집에 들어가기 싫어서

친구네 집에서 놀다가 저녁 늦게 집에 들어갔다. 그런데 하루는 집에 너무 늦게 들어왔다는 이유로 엄마에게 호되게 혼이 났고 그날 이후부터는 집에 늦게 들어가는 것도 허락되지 않았다. 아이는 집에서 점점 말이 없어졌고 친구들과 어울리는 것도 싫어하게 되었다.

상대방의 차가운 표정을 보고도 기꺼이 다가가서 어울리고 싶어 하는 사람은 없다. 아이들도 마찬가지다. 아무리 낙천적인 아이라도 부모가 반응해주지 않고 분위기가 냉랭한 집에서 오래 지내다 보면 점점 냉담한 아이로 변해간다.

냉담한 아이는 보이지 않는 가정 폭력으로 만들어진다. 위의 아이처럼 학교에서 상을 받은 것은 칭찬을 받을 만한 일이다. 그런데 엄마가 아무 반응이 없자 아이는 실망했다. 그 뒤에도 엄마 아빠가 계속 냉랭한 반응을 보이자 아이는 자신이 더 이상 사랑받지 못한다는 생각에 친구들과 어울리며 위로를 받으려고 했다. 하지만 엄마의 제지로 친구들과 어울리는 것도 쉽지 않게 되었다. 내성적이고 겁이 많은 아이들은 차가운 가정 분위기 속에서도 대부분 부모의 말에 순종하는 편이다. 하지만 반대 성격의 아이들은 부모의 말에 심하게 반항하는 모습을 보인다.

아이를 체벌하는 것이 잘못되었다는 인식이 퍼지면서 보이지 않는 가정 폭력은 오히려 늘어나는 추세다. 더 이상 체벌을 하지는 않지만 아이를 어떻게 교육해야 할지 몰라 무관심으로 일관하는 것이다. 한 가지 흥미로운 점은 부모의 학력이 높은 가정일수록 자녀에게 보이지 않는 폭력을 가하는 빈도가 높았다.

보이지 않는 폭력은 0~3세의 아이에게 가장 충격을 준다. 비록 이 시기에는 부모의 말이나 행동을 완전히 이해하지는 못하지만 아이들은 냉랭

한 분위기를 온몸으로 느낀다. 유년 시절의 이런 경험은 아이의 잠재의식에 평생 각인된다. 그래서 어린 시절에 부모의 보이지 않는 폭력을 자주 경험한 아이는 어른이 되었을 때 열등감에 시달리거나 인간관계가 원만하지 못할 가능성이 높다.

3세 이후의 아이들은 사물에 대한 이해력이 높아지므로 부모의 보이지 않는 폭력을 경험하면 자신의 사고방식으로 상황을 이해한다. 그래서 위의 아이처럼 사실과는 상관없이 부모가 자신을 사랑하지 않기 때문이라고 생각해버리곤 한다.

그러므로 아이가 현재 어떤 연령대이든 냉담함이라는 보이지 않는 폭력을 가해서는 안 된다. 일반적으로 부모의 이혼으로 새아빠나 새엄마와 함께 사는 아이들이 보이지 않는 폭력에 시달리기 쉽다.

어쩌면 자신의 행위가 보이지 않는 폭력에 해당한다는 사실을 모르는 부모들이 많을 수 있다. 처음에 언급했던 아이의 부모만 해도 부부의 냉전이 아이에게 심리 문제를 일으킬 수 있다는 사실을 전혀 인식하지 못하고 있다. 가정의 행복은 보이지 않는 폭력을 예방할 수 있는 가장 좋은 방법이다. 화목한 가정에서는 부모가 의도하지 않아도 아이는 행복과 즐거움을 느낄 수 있기 때문이다.

놀지 못하는 아이는 성장할 수 없다

서양에는 이런 속담이 있다.

"일만 하고 놀지 않으면 바보가 된다."

놀이는 아이들의 천성이자 일종의 공부다. 놀이는 아이들에게 즐거움과 천진난만함을 선물할 뿐만 아니라 언어 능력을 키우고 신체를 단련시킨다. 긍정적인 성품과 미덕을 키우는 데도 놀이만큼 효과적인 방법은 없다. 중국의 교육가 천허친은 이렇게 말했다.

"아이들은 태생적으로 움직이기를 좋아한다. 놀이는 아이들에게 곧 생명이나 다름없다."

아이들은 대부분의 시간을 노는 데 사용한다. 3세 이전에는 더욱 그렇다. 그래서 0~3세 아이에게는 '무엇을 배우느냐' 보다 '무엇을 하고 노느냐' 는 질문을 더 많이 하게 된다. 놀이가 아이의 인생 초기에 주는 영향은 다른 그 무엇과도 비교할 수 없다.

아이는 놀이를 통해 신체와 지적 능력이 발달하고 심리적으로도 크게 성장한다. 그렇기 때문에 잘 놀지 못하는 아이는 여러 가지 심리 문제를 보일 수 있다. 놀이를 할 수 있는 기회가 자주 없거나 주로 혼자서 노는 아이들은 대부분 내성적이고 열등감에 시달리며 어른이 되어서도 사람들과 원만하게 교류하기 힘들다. 하지만 놀이의 기회를 충분히 제공받고 친구들과 어울려서 놀기를 좋아하는 아이들은 긍정적이고 독립적이며 문제 해결 능력이 뛰어나다.

유년 시절 놀이에 대한 경험은 유년 시절의 기억에만 머무르는 것이 아니다. 어렸을 때 마음껏 뛰어놀았던 아이는 어른이 되어서도 그러한 기억을 떠올리며 행복을 느낀다. 그러므로 어린 시절에 놀이에 대한 즐거운 기억이 없는 사람은 행복의 정도가 그만큼 떨어진다.

이처럼 놀이는 아이들에게 아주 중요한 의미가 있지만 안타깝게도 많은 부모들이 이런 중요성을 간과하고 있다. 요즘 아이들은 친구들과 뛰어

놀 수 있는 충분한 시간이 없다. 놀이 시간이 부족하기 때문에 자연히 심리 문제를 일으키는 아이들도 많아졌다.

어린 시절에 충분히 놀지 못한 아이들은 어른이 되어서 게임 중독에 빠지기 쉽다. 공부를 하느라 놀지 못한 아이들이 특히 그렇다. 이런 아이들은 일단 대학교에 진학하고 나면 공부는 멀리하고 놀이에만 빠지게 된다. 농구나 축구 같은 놀이라면 그나마 다행이지만 온라인 게임이나 포커에 빠지는 경우가 더 많다. 대부분 어린 시절에는 부모의 제약으로 제대로 놀지 못하다가 대학교에 진학하면서 '해방감'을 맛본 아이들이다. 결국 진정한 학문을 추구해야 하는 시기에 노느라 시간을 모두 낭비하거나 게임 중독에 빠져 폐인처럼 살아가는 안타까운 상황이 벌어진다.

아이는 어린 시절에 충분히 놀아야 한다. 그래야만 신체적으로나 정신적으로 온전하게 성장할 수 있다. 그런데 아이를 놀지 못하게 하면 심리의 특정 부분이 성장을 멈춰버린다. 바로 놀이에 관한 부분이다. 이런 아이들은 표면적으로 봤을 때 건강하게 성장한 것 같지만 어린 시절 충족되지 않은 놀이에 대한 욕구 때문에 일단 제약이 풀리고 기회가 생기고 나면 오직 노는 데만 집중한다. 하지만 이미 놀이가 반드시 필요한 시기는 지나가버린 후다.

어린 시절에 충분히 놀지 못해 어른이 되었을 때 심리 문제가 나타난다면 과연 누가 책임을 져야 할까? 부모 아니면 아이? 그런데 누가 책임을 지든 때는 이미 늦었다. 문제가 생겼을 때 후회하는 것은 아무 소용이 없다. 그러므로 오늘부터라도 아이에게 충분히 놀 수 있는 시간과 권리를 제공해주는 것을 어떨까? 지금 아이에게는 지식을 쌓고 자격증을 따는 것보다 놀이를 통해 건강하게 성장하는 것이 더 중요하다.

아이에게 싫은 일을 억지로 시키면 아이도 어른들이 싫어하는 일만 한다

네 살 난 딸아이는 엄마가 집안일을 할 때면 늘 참견하고 도와주고 싶어 한다. 그런데 말이 도와주는 것이지 아이가 일단 손을 대면 집안일은 두 배, 세 배로 늘어난다. 그래서 엄마는 아이의 도움을 거절하고 방에 가서 혼자 놀게 했다. 시간이 흘러 아이는 어느덧 열한 살이 되었다. 엄마는 아이가 집안일을 도우면서 독립심을 키웠으면 했지만 이제 아이는 집안일에 전혀 관심이 없었다. 아빠는 아이가 엄마의 집안일을 도울 수 있도록 한 가지 방법을 제안했다. 일을 도와줄 때마다 용돈을 주는 방법이었다. 설거지를 하면 천 원, 바닥 청소를 하면 3천 원, 빨래를 하면 5천 원……. 아이는 처음에는 용돈을 벌고 싶어서 집안일을 열심히 거들었다. 그러나 얼마 지나지 않아 흥미를 잃었고 엄마 아빠에게 이렇게 선포했다.

"아동의 노동 착취는 엄연한 불법이에요!"

아이들이 크면서 어른들이 싫어하는 일을 하는 이유는 어린 시절에 어른들이 싫어하는 일들만 하게 했기 때문이다. 이 사례에 나오는 아이 역시 어렸을 때는 집안일을 도와주고 싶어 했지만 엄마는 아이가 방에 들어가 혼자서 놀게 했다. 결국 그 뒤로 아이는 집안일을 돕는 것을 싫어하게 되었고 집 안에서 손 하나 까딱하지 않는 게으른 아이가 되었다.

어린 시절에 아이를 놀지 못하게 하면 나중에는 부모의 반대를 무릅쓰고 놀기만 한다. 어렸을 때 다른 아이들과 어울리지 못하게 하면 나중에는 제발 밖으로 나가라고 부탁해도 집 안에만 있으려고 한다. 어렸을 때 아이가 싫어하는 공부를 억지로 시키면 나중에는 공부에 흥미를 잃고 머

리를 쓰지 않는 단순한 일만 하려고 한다.

어린아이들은 부모가 하고 싶지 않은 일을 시켰을 때 거부하고 반항한다. 하지만 아이들의 반항은 아무런 효력이 없고 결국 부모의 권위에 눌려 하기 싫은 일을 억지로 하게 된다. 그런데 이렇게 오랫동안 하기 싫은 일들을 억지로 해왔던 아이들은 자라면서 점점 부모에 대한 반감이 커지고 일부러 부모가 싫어하는 일들만 골라서 하게 된다.

물론 무슨 일을 시키든 부모의 권위에 무조건 순종하는 아이들도 있다. 그런데 이런 아이들은 지나치게 의존적인 성향을 보이고 성인이 되어서도 여전히 부모가 자신의 인생을 이끌어주기를 바란다. 아무리 아이의 인생을 좌지우지하고 싶어 하는 부모라도 이 정도 되면 걱정이 되게 마련이다. 자신의 인생을 스스로 설계하지 못하는 사람이 사회에 나가서 어떻게 살아남을 수 있을까? 그러나 이미 다 커버린 아이에게 독립심을 길러준다는 것은 불가능한 일이다.

그러므로 어렸을 때부터 아이의 의견을 존중해주고, 하고 싶어 하는 일이 있다면 그것을 부모의 권위로 제지하려고 해서는 안 된다. 아이가 좋아하고 하고 싶어 하는 일들은 모두 아이의 천성이 반영된 일이므로 이런 것들을 부모가 못하게 하면 건강하게 성장할 수 없다.

교양 있는 부모가 예의 바른 아이를 키운다

결혼을 했는데도 여전히 지저분하게 하고 다니는 남자를 보면 아내 역시 굉장히 지저분한 사람일 거라고 생각한다. 말투가 거칠

고 욕을 입에 달고 다니는 아이를 보면 부모 역시 교양 없는 사람일 거라는 생각이 들 것이다. 품행이 단정하고 예의가 바른 것은 타고난 지적 능력과는 상관없이 후천적인 교육의 결과이기 때문이다.

한 부부가 두 아이를 데리고 영화를 보러 갔다. 시골의 작은 영화관이었기 때문에 아이들이 볼 만한 영화가 아니었음에도 입장을 규제하지는 않았다. 영화가 시작되고 어른들 영화에 흥미를 느끼지 못한 아이들은 영화관 안을 제멋대로 뛰어다니며 놀았고, 심지어 큰 소리를 내며 스크린 앞을 가로질러 지나가기도 했다. 하지만 부모는 아이들을 제지할 생각이 전혀 없어 보였다.

이 부부의 뒷줄에는 역시 아이 둘을 데려온 또 다른 부부가 앉아 있었다. 이 아이들 역시 영화가 지루한지 부모의 어깨에 기대어 하품을 하고 있었다. 뒷줄에 앉은 부부는 앞에 있는 부부의 아이들 때문에 영화에 집중할 수 없었고, 결국 남편이 나서서 앞줄에 앉은 남편에게 말했다.

"당신네 아이들이 뛰어다녀서 영화에 집중할 수가 없군요. 아이들을 밖에 나가서 놀게 하면 어때요?"

그런데 앞줄에 앉은 남자가 퉁명스럽게 대답했다.

"아이들도 다 제 값을 내고 들어왔는데 좀 뛰어다니면 어떻습니까!"

그동안 밖에서 제멋대로 행동하는 아이들을 보면서 이해를 할 수 없었다면 이제 그 원인을 분명히 알 수 있을 것이다. 이런 아이들은 부모 역시 제멋대로 행동하고 예의가 없는 사람일 가능성이 높다. 어쩌면 부모 역시 자신의 부모에게서 보고 배운 것일 수도 있다. 이런 부모들은 근본적으로 자신의 잘못을 이해하지 못하고 있다. 그래서 앞에서 언급한 예의 없는 아이들의 아빠처럼 영화관에서 아이들이 마음대로 뛰어다녀도 전혀 잘못

되었다고 생각하지 못하는 것이다.

그런데 이런 부모들이 아이의 잘못을 인식하면 아주 거친 방식으로 교육을 한다.

"뭘 잘했다고 대들어! 아빠한테 맞아볼래?"

심지어 아이에게 예의범절을 가르칠 때도 마찬가지다.

"어른이 선물을 줬으면 감사하다고 인사를 드려야지. 뭘 꾸물거리고 있어?"

"어린아이를 울리면 어떻게 하니? 당장 가서 미안하다고 해!"

또 자신의 감정을 제대로 조절하지 못해 아이에게서 어떤 문제를 발견하면 어떻게 교육을 해야 할지 생각하지도 않고 무조건 화부터 낸다. 부모가 감정을 앞세운 상황에서 아이는 아무런 사랑도 느낄 수 없기 때문에 부모가 화를 내고 교육을 하는 것이 자신을 위한 일이 아니라 부모 스스로를 위한 일이라고 생각하게 된다. 그래서 부모가 화를 내면 아이는 겁을 먹고 따르기는 하지만 부모의 말을 진지하게 받아들이지 않는다.

아이에게 예의범절을 가르칠 때는 부모가 먼저 교양과 예의를 갖추고 있어야 한다. '감사합니다', '죄송합니다' 라고 말하는 법을 가르칠 때는 무작정 강요할 것이 아니라 왜 다른 사람에게 감사해야 하고, 미안해야 하는지 이유를 설명해줘야 한다. 그렇지 않으면 아이는 다른 사람에게 진심으로 고마워하거나 미안해하지 않고, 누군가 자신에게 같은 말을 해도 거짓이라고 생각하게 된다.

교양과 예의를 갖춘 부모는 아이에게 예의범절을 가르칠 때도 온화한 목소리로 말하고, 설령 아이가 잘못을 저질러도 이성적으로 차근차근 타이른다. 이런 부모는 아이가 선물을 받았을 때, 이 선물은 누군가가 아이

에게 좋아하는 마음을 표현하기 위해 주는 것이라고 알려준다. 이런 상황을 이해한 아이는 진심을 담아 선물을 준 사람에게 '고맙다' 고 말할 수 있게 된다. 사실 아이는 선물보다 상대방이 자신을 좋아해준다는 사실에 기쁨을 느낄지도 모른다.

그러므로 아이를 예의 바르고 교양 있게 키우고 싶다면 부모 자신이 먼저 이런 성품을 갖춰야 한다. 언제 어떤 상황에서도 부모는 아이에게 예절을 가르쳐줘야 한다. 이것은 예절 교육의 가장 기본적인 원칙이기도 하다.

부모의 '위협'은 아이의 역경지수를 낮춘다

대부분의 사람들은 아이가 실패를 잘 극복하지 못하고 역경지수가 낮은 이유는 부모가 아이를 지나치게 사랑하고 감싸줬기 때문이라고 생각한다. 그런데 부모의 엄격한 교육과 위협 역시 아이의 역경지수를 낮게 만들 수 있다.

엄격하고 독단적인 부모들은 늘 아이보다 높은 위치에 서서 아이의 행동을 통제하고 압박한다. 이때 아이들은 반항할 힘이 없기 때문에 대부분 부모의 말에 그대로 따르는 편이다. 부모는 아이가 자신의 말을 곧이곧대로 따르는 모습을 보며 만족을 느끼지만 이런 일방적인 교육 방식이 아이에게는 큰 상처가 될 수 있다.

과학 과목의 성적이 특히 좋지 않은 아이에게 아빠가 말했다.

"이번 과학 시험에서 10등 안에 들지 못하면 방학 때 자전거를 못 타게 할 거야."

그러나 아이는 아빠의 '바람대로' 10등 안에 들지 못했다. 비록 시험 성적이 좋지 못했지만 아빠는 아이가 정말로 방학 내내 자전거를 타지 않는 모습을 보고 조금 미안한 마음이 들었다. 그래서 주말에 아이에게 함께 자전거를 타러 나가자고 제안했다. 그러나 아이는 전혀 관심이 없다는 듯 친구와 축구를 하기로 했다며 밖으로 나가버렸다. 아빠는 의아했다. 그렇게 자전거를 좋아했던 아이가 왜 갑자기 흥미를 잃어버렸을까?

원인은 간단하다. 아빠가 자전거와 과학 시험을 한데 묶어 아이를 위협했기 때문이다. 사실 과학 시험과 자전거는 아무런 상관이 없었다. 그런데 아빠가 이 두 가지를 연결 지은 것이다. 아이는 처음에는 자전거를 타기 위해 열심히 노력했지만, 아무리 생각해도 자전거를 타기 위해 하기 싫은 과학 공부를 억지로 해야 한다는 것은 이해할 수 없었다. 이렇게 공부한들 과학 성적이 좋아지고, 아빠를 기쁘게 해드리는 것 외에는 좋은 점을 찾을 수가 없었다. 그래서 방학 때 차라리 자전거를 타지 않고 다른 일을 하면서 보내겠다고 결심하며 노력하기를 멈췄다. 결국 아빠의 위협은 아이가 과학과 자전거 모두에 대한 흥미를 잃게 만들었다.

물론 아이가 과학 성적을 잘 받아서 방학 때 원하는 만큼 자전거를 탔을 수도 있다. 하지만 아빠는 그 이후에도 계속 이런 '위협적인' 방식으로 아이를 교육하려고 할 것이고, 어느 날 아빠의 기준에 못 미쳐 자신이 좋아하는 것을 뺏기게 된다면 아이는 큰 상처를 받게 될 것이다.

부모가 이런 방식으로 협박하고 위협하면 아이는 다음과 같은 사고방식을 갖게 된다.

'내가 해야 할 일 A를 잘하지 못하면 이와 연계된 B를 하지 못하게 되고, C · D · E 등 아무것도 할 수 없게 되는구나.'

이런 사고방식이 자리 잡게 되면 아이는 조금만 문제가 생겨도 앞으로 더 큰 문제가 생기지는 않을까 불안해진다. 그리고 이렇게 걱정하는 과정에서 작은 문제는 정말로 큰 문제로 번지기도 한다. 이런 아이들은 아주 작은 실패에도 큰 좌절을 느끼고, 이를 해결하려고 노력하기보다는 문제 상황에서 도피하려는 경향을 보인다.

많은 부모들이 요즘 아이들은 어려움을 극복하지 못하고 쉽게 좌절한다고 걱정한다. 그런데 이런 걱정을 하기 전에 혹시 부모가 아이들의 심리를 나약하게 만든 것은 아닌지 생각해봐야 한다. 아이들은 모두 건강한 심리를 갖고 태어난다. 하지만 부모의 잘못된 교육이 아이들을 잘못된 방향으로 이끄는 것이다.

엄마, 내 마음속을 봐주세요

초판 1쇄 인쇄 | 2016년 6월 15일
초판 1쇄 발행 | 2016년 6월 20일
지은이 | 장빙
옮긴이 | 이지수
펴낸이 | 이춘원
펴낸곳 | 책이있는마을
기 획 | 강영길
편 집 | 이경미
디자인 | 에테르9F
마케팅 | 강영길
관 리 | 정영석
주 소 | 경기도 고양시 일산동구 장항2동 753 청원레이크빌 311호
전 화 | 031-911-8017
팩 스 | 031-911-8018
이메일 | bookvillagekr@hanmail.net
등록일 | 1997년 12월 26일
등록번호 | 제10-1532호

ISBN 978-89-5639-254-7 (03370)

이 도서의 국립중앙도서관 출판예정도서목록(CIP)은 서지정보유통지원시스템 홈페이지(http://seoji.nl.go.kr)와 국가자료공동목록시스템(http://www.nl.go.kr/kolisnet)에서 이용하실 수 있습니다.(CIP제어번호: CIP2016013583)